Bildatlas

GROSSE
SCHLACHTEN

Rolf Fischer

Bildatlas

GROSSE
SCHLACHTEN

VORWORT

Große Schlachten sind dramatische Kulminationspunkte der Geschichte und haben daher zu allen Zeiten viele Menschen interessiert und fasziniert. Freiheit, Ehre und Ruhm konnten in der Schlacht gewonnen oder verloren werden, für den Einzelnen wie für Völker und Nationen. Tausendfacher Tod, großes Blutvergießen und unermessliches Leid gehörten und gehören stets dazu. Zwischen den Extremen vom „heldenhaften Kampf im Felde" und der Sinnlosigkeit und Absurdität des Krieges scheinen die großen Gefühle und Leidenschaften des Menschen auf.

Mit Namen wie Waterloo, Verdun oder Stalingrad sind kollektive Erinnerungen verbunden. An den Orten des Geschehens sind Gedenkstätten errichtet, zu Jahrestagen finden Staatsakte statt und es werden Reden gehalten, glücklicherweise meist nicht mehr im Sinn der Revanche, sondern im Dienst der Völkerverständigung. Dieser Gedächtniskultur liegt die Annahme zugrunde, dass auf diesen Schlachtfeldern Entscheidendes stattgefunden hat, aber auch die, dass ihr Name für etwas steht, aus dem Erkenntnisse für eine friedlichere Gegenwart und Zukunft gezogen werden können. Diesem Ansinnen fühlt sich auch das vorliegende Buch verbunden. Kriege und Schlachten werden nicht ihre Bedeutung und ihren Schrecken verlieren, indem Militärisches als Gegenstand der Betrachtung ausgeblendet wird. Vielmehr sollte aufgezeigt werden, wie es zur Schlacht kam, wie sie verlief, welche Folgen sie hatte.

Viele Schlachten haben Kriege entschieden und der Ausgang des Krieges wiederum hat die Geschichte in eine bestimmte Bahn gelenkt. Andererseits gilt aber auch: Hätte die deutsche Wehrmacht bei Stalingrad gesiegt, hätte Deutschland den Krieg dennoch verloren. Wäre Napoleon nicht bei Waterloo besiegt worden, hätte seine Herrschaft bald darauf an einem anderen Ort ihr Ende gefunden. Bei Verdun schließlich fielen Hunderttausende, ohne dass dies größere Auswirkungen auf den Verlauf des Krieges hatte. Doch eben für sie sollte die Schlacht in Erinnerung gehalten werden.

INHALT

Altertum

In ägyptischen Reliefs und Hieroglyphen aus der Zeit des Neuen Reiches (1550–1070 v. Chr.) wird erstmals in Details vom Verlauf militärischer Konflikte berichtet. Der Krieg, die Schlacht und der Soldat treten aus dem Dunkel der zeugnislosen Zeit, nehmen vage Konturen an und schreiben Geschichte.

Auf engem Pfad zum Sieg – Megiddo

 Im Neuen Reich (1550–1070 v. Chr.) erlangte Ägypten seine größte Machtentfaltung. Pharao Thutmosis III., der seiner regierenden Stiefmutter Hatschepsut auf den Thron gefolgt war, trug mit seinen Feldzügen in die Levante wesentlich zum neuen Glanz des Reiches bei. Der „Napoleon Ägyptens" ließ dabei erstmals eine Schlacht dokumentieren.

Mitte des zweiten vorchristlichen Jahrtausends erstreckte sich Ägypten vom Nildelta am Mittelmeer gut 1000 Kilometer flussaufwärts. Als Thutmosis III. (um 1486–1425 v. Chr.) im Jahr 1458 v. Chr. die Macht übernahm, sah der Pharao die ägyptischen Interessen vor allem im Norden bedroht, im angrenzenden Palästina sowie in Syrien. Dort formierten sich unter der Führung des Fürsten von Kadesch einige Stadtstaaten zum Aufstand gegen die ägyptische Dominanz. Unterstützt wurden sie vom Königreich Mitanni, das sein Zentrum am Oberlauf des Euphrat hatte, aber zunehmend in syrische Gebiete drängte. In den ersten zwei Jahrzehnten seiner Herrschaft führte Thutmosis 17 Feldzüge gegen Palästina und Syrien. Der bedeu-

Blick auf die ausgedehnten Reste von **Megiddo**. Im Altertum lag die Stadt an der Kreuzung zweier wichtiger Handelsstraßen. Heute gilt der Ort als eine der wichtigsten archäologischen Forschungsstätten im Nahen Osten.

Den Triumph von Megiddo ließ **Thutmosis III.** vor allem im **Tempel von Karnak** verewigen, den er dazu umbauen ließ. Das Foto zeigt eines der dortigen monumentalen Reliefs.

tendste war der Erste, der 1457 v. Chr. in der Einnahme von Megiddo gipfelte. Über seinen Verlauf berichten Hieroglyphen und Reliefs im Tempel von Karnak in Luxor, die damit die älteste Schilderung einer Schlacht darstellen.

Riskanter Vormarsch

Nach diesen Angaben wissen wir heute Folgendes: Im Jahr 1457 v. Chr. zog der König zum Mittelmeer und folgte der Küste gen Norden bis zur Stadt Jehen. Dort sandte er einige Kundschafter aus, um die genaue Position und die Stärke der Gegner zu erkunden. Die Späher brachten in Erfahrung, dass der Fürst von Kadesch und die Truppen der föderierten „Fremdländer" sich bei der Festung von Megiddo aufhielten.

Unter drei möglichen Marschwegen nach Megiddo konnte Thutmosis wählen: Er entschied sich nach Beratung mit seinen militärischen Führern für den gefährlichsten. Der Weg führte durch eine enge Schlucht, die Mann für Mann auf einem schmalen Pfad passiert werden musste. Bei einem Angriff wäre die Armee des Pharaos eine leichte Beute ihrer Gegner geworden. Doch Thutmosis' wagemutiger Plan erwies sich als taktische Meisterleistung.

Der Vormarsch der Ägypter blieb unbemerkt und bei Tagesanbruch führten sie einen überraschenden

Frontalangriff auf das gegnerische Heer, dem nur die Flucht in die Stadt blieb. Nach sieben Monaten Belagerung und Hunger gaben die aufständischen Fürsten schließlich auf. Sie willigten in hohe Tributzahlungen ein und leisteten den Treueschwur. Thutmosis zeigte sich gnädig: Entgegen den Gepflogenheiten der Zeit blieb in Megiddo ein Massaker an den Besiegten aus.

Dem militärisch äußerst erfolgreichen Pharao **Thutmosis III.** verdankt das alte Ägypten ganz wesentlich seinen Aufstieg zur Großmacht. Dieses Standbild des Königs aus dem Tempel von Karnak wird heute in Luxor aufbewahrt.

Hinterhalt am Orontes – Kadesch

 Unter der 66 Jahre dauernden Herrschaft Ramses' II. (um 1303–1213 v. Chr.) erwiesen sich die Hethiter als Ägyptens Hauptrivalen im Kampf um die Vorherrschaft in der Levante. Der Konflikt eskalierte in der Schlacht von Kadesch am oberen Orontes, der berühmtesten militärischen Auseinandersetzung der Pharaonenzeit, die Ramses II. den Beinamen „der Große" eintrug.

Die **Schlacht von Kadesch** war nur eine der zahlreichen Auseinandersetzungen zwischen Hethitern und Ägyptern. Erst im 21. Jahr seiner Regierung schloss Ramses II. mit dem neuen Hethiterkönig Hattuschili mit dem ersten bekannten **Friedensvertrag** der Weltgeschichte Frieden. Im Bild ein Fragment des Vertrags – in Keilschrift in babylonischer Sprache verfasst, der Diplomatensprache der damaligen Zeit.

Pharao Ramses II. regierte das Reich am Nil 66 Jahre lang. Bei seiner glanzvollen Inthronisierung hatte er von einer Zeit des Friedens und des Wohlstands geträumt. Die sollte sich jedoch erst zwei Jahrzehnte später einstellen, denn wie schon vor der Schlacht von Megiddo sah Ägypten seine Grenzen im Norden bedroht. Das Königreich der Hethiter entwickelte von deren angestammtem Gebiet im Norden Anatoliens aus ein bedrohliches Expansionsstreben.

Es war eine für ihre Zeit gewaltige Streitmacht, die Ramses II. 1274 v. Chr. über die Küstenstraße des Sinai in Richtung Syrien führte, um die Hethiter in die Schranken zu weisen. Vier Divisionen, die einander im Abstand von je zehn Kilometern folgten, insgesamt wohl 16 000 Fußsoldaten und rund 2000 Streitwagen mit je einem Lenker und einem Bogenschützen, führte er nach Syrien. Die Kolonne aus Kriegern, Pferden und Wagen zog sich über viele Kilometer hin. Die wichtigsten Waffen waren Speer und Schild,

Pfeil und Bogen sowie das Schwert, es wurden aber auch Äxte und Dolche mitgeführt. Die einachsigen hölzernen Streitwagen waren sehr wendig und dienten in erster Linie Bogenschützen als mobile Plattformen im Kampf gegen die feindliche Infanterie.

Als Ramses' Division bereits wenige Kilometer südlich von Kadesch stand, griffen seine Leute zwei Beduinen auf, die angeblich aus der hethitischen Armee desertiert waren. Sie versicherten den Ägyptern, das Heer der Hethiter stehe noch weit nördlich im Gebiet um Aleppo. Tatsächlich lagerte der Hethiterkönig Muwatalli II. mit seiner Armee, die der ägyptischen an Soldaten und Wagen überlegen war, unmittelbar nördlich von Kadesch. Der Pharao fiel auf die Finte herein: Mit nur einer Division überquerte er den Orontes und schlug vor der Stadt sein Lager auf, wo er auf den Rest seines Heeres warten wollte. Als die nächste ägyptische Division den Fluss bereits überquert hatte und auf dem Weg zum Lager des Pharaos war, griffen die hethitischen Streitwagen sie an. Schnell war die Einheit zerschlagen und die Hethiter jagten auf das Lager des Pharaos zu.

Mit Glück zum Waffenstillstand

Doch das Schlachtenglück stand Ramses II. bei: Im rechten Augenblick kam als Verstärkung eine weitere ägyptische Einheit aus kampfstarken Söldnern herbei. Sie war an der Küste entlang nach Norden vorgerückt, stieß von Westen auf Kadesch vor und griff in den Kampf ein. Da auch die restlichen zwei ägyptischen Divisionen nahten, zogen sich die Hethiter zurück. Am folgenden Tag standen sich die beiden Heere am Orontes gegenüber. Die Truppen Muwatallis hatten im ersten Gefecht schwere Verluste unter ihren Streitwagenverbänden hinnehmen müssen. Ramses schickte Einheiten über den Fluss, doch die Übermacht der Gegner verhinderte eine Entscheidung zugunsten der Ägypter. In der Folge wähnten beide Parteien sich in strategisch ungünstiger Position und verständigten sich daher auf einen Waffenstillstand.

Das **Relief im Ramesseum**, einem unter Ramses II. im Tal der Könige errichteten gigantischen Tempel, zeigt eine Szene aus der Schlacht von Kadesch.

durch das Neue Reich regiertes Gebiet

größte Ausdehnung des vom Neuen Reich kontrollierten Gebiets

Für den Bestand und die Ausdehnung des Neuen Reiches (1550–1070 v. Chr.) waren die drei **Schlachten von Megiddo, Kadesch und Sais** von größter Bedeutung. »»

An der Spitze seiner Streitmacht stürmt **Ramses II.** den Hethitern entgegen – so jedenfalls zeigt es dieses Relief im Großen Tempel in **Abu Simbel.** ⟫

Den Eingang des Felsentempels von Abu Simbel bewachen vier sitzende, etwa 20 Meter hohe **Kolossalstatuen** des Pharaos. Den Tempel ließ **Ramses II.** zum 30-jährigen Jubiläum seiner Herrschaft errichten.

Geschönte Bilanz

Die ergebnislos gebliebene Schlacht von Kadesch ist eher als Rückschlag für die Expansionsgelüste des Pharaos zu werten, der sich zwar als tapferer Kämpfer, aber nicht gerade als begnadeter Stratege erwies. Das Ziel der Expedition, die Eroberung von Kadesch, hatte der Pharao jedenfalls nicht erreicht. In Ägypten wurde das Ereignis jedoch als Ruhmestat des Königs gefeiert.

In fünf der wichtigsten Tempel, die unter Ramses II. errichtet wurden, so in Luxor, Karnak und Abu Simbel, entstanden glorifizierende Reliefs, die den angeblichen Sieg über die Hethiter feiern und den Pharao im Streitwagen und beim Niederschlagen von Gegnern als Helden zeigen. Da aber auch von hethitischer Seite einige Berichte über die Schlacht vorliegen, ist es heute möglich, die ägyptische Darstellung als ein frühes Beispiel von irreführender Staatspropaganda zu erkennen.

Die Armeen des Neuen Reiches

Auf dem Weg zum stehenden Heer Für die Frühgeschichte Ägyptens im dritten vorchristlichen Jahrtausend ist nur wenig über das Militärwesen bekannt. Es gab offensichtlich kein stehendes Heer, vielmehr wurden Männer bei Bedarf dienstverpflichtet und bewaffnet. Erst in den Armeen des Neuen Reiches (ab etwa 1550 v. Chr.) dienten wohl auch Freiwillige aus ägyptischen Familien sowie Söldner, etwa aus Nubien. Reliefs zur Schlacht von Kadesch deuten auf den Beginn einer systematischen militärischen Ausbildung zu dieser Zeit hin. Das Leben in den Militärlagern, in denen zum Infanteristen und zum Lenker von Streitwagen ausgebildet wurde, war sehr hart, Berichte einfacher Fußsoldaten sprechen von Schikanen, Drangsalierung und physischer Gewalt gegen Rekruten. Die Armee war entsprechend der Bedrohungen in ein Nord- und ein Südkorps geteilt. Oberster Kriegsherr – auch auf dem Schlachtfeld – war der Pharao.

Merenptah als Retter – Sais

Ende des 13. Jahrhunderts v. Chr. brachen sich an den ägyptischen Grenzen die Wellen einer Völkerbewegung, die aus der Ägäis über die östliche Mittelmeerwelt kam. In der Schlacht bei Sais sah sich das Reich der Pharaonen auch mit dem Ansturm der „Seevölker" konfrontiert.

„Die Völker der Meere schlossen sich auf ihren Inseln zu einer Verschwörung zusammen. Sie hatten den Plan, die Hand auf alle Länder der Erde zu legen. Kein Land hielt ihren Armeen stand." Diese Inschrift aus dem Totentempel Ramses' III. (um 1221–1156 v. Chr.) verweist auf den historischen Umbruch, der um 1200 v. Chr. den gesamten östlichen Mittelmeerraum erschütterte. Über Land und zur See stießen die „Seevölker" auf der Suche nach Land und Existenzgrundlagen aus dem Raum der Ägäis nach Süden vor. Ihr Vorstoß kam unerwartet, schnell und unerbittlich. Wo sie auftauchten verbreiteten sie Angst und Schrecken.

Libyer und Seevölker

Auch das fruchtbare Nildelta in der äußersten Südostecke des Mittelmeers geriet zum Objekt der Eroberungsgelüste. Für die Ägypter wurde die Lage prekär, als sich Libyer und Seevölker verbündeten. Der westliche Nachbar hatte schon mehrfach Versuche unternommen, Teile Ägyptens zu erobern, die Angriffe waren aber kaum mehr als bewaffnete Raub- und Plünderungszüge. In Allianz mit den aus dem Norden vordringenden Stämmen schien die Aussicht auf einen erfolgreichen Schlag gegen das mächtige Reich wesentlich besser zu sein. Angesichts dieser existenziellen Bedrohung zog Pharao Merenptah (gest. 1204 v. Chr.) 1208 v. Chr. in den Westen des Nildeltas. Bei Sais kam es zu einer sechsstündi-

Diese **Porträtbüste** des ägyptischen Pharaos **Merenptah**, dem Sohn und Nachfolger Ramses' II., stammt aus Theben. Heute wird sie im Ägyptischen Museum in Kairo aufbewahrt.

An der Außenseite des Haupttempels Ramses' III. in Medinet Habu, Theben, zeigt dieses Relief Soldaten der **Seevölker** in einer Seeschlacht.

gen Schlacht, in der auf ägyptischer Seite etwa 20 000 Krieger standen, auf der gegnerischen wohl 15 000. Details der Schlacht sind nicht überliefert, Reliefs und Inschriften in Karnak berichten aber von einem großartigen Sieg des Pharaos und von einer hohen Opferzahl: Über 6000 Libyer und mehr als 2000 Angehörige der Seevölker sollen gefallen sein. Tausende gerieten in ägyptische Gefangenschaft, die Hälfte von ihnen Frauen, offenbar den Seevölkern zugehörig, die in ganzen Stammesverbänden auf Wanderschaft waren.

Die Bedrohung Ägyptens durch die Seevölker war mit diesem Sieg keinesfalls gebannt. Im achten Jahr der Regierung Ramses' III. brandete erneut eine große Welle der Eindringlinge an, diesmal aus dem Nordosten und von See aus. Um 1179 und 1177 v. Chr. führte Ramses zwei Schlachten gegen die nun mit den Philistern verbündeten Invasoren, auch auf See gegen die Schiffe der Seevölker. Die entscheidende Landschlacht gewannen die Ägypter am Nordrand des Sinai. Ein Relief im Begräbnistempel des Ramses in Medinet Habu schildert ein Gefecht gegen die Seevölker in vielen Details. „Niemand hielt ihren Waffen stand. Doch hier wurden alle vernichtet und verschwanden, als ob es sie nie gegeben hätte", ließ der siegreiche Pharao verkünden.

Auch **Merenptah** ließ seine Leistungen in Bauten verewigen – so die Darstellungen eines gewonnenen Feldzugs auf dieser Säule in seinem **Palast in Memphis**.

Antike

Militärische Ausbildung, Kriegsvorbereitung und Krieg waren in der griechisch-römischen Antike ein wesentlicher Teil des Alltags. Das Militärische war mit dem Politischen und Sozialen aufs Engste verbunden. Der Ausgang der Schlacht entschied über die Zukunft kleiner Stadtstaaten wie großer Imperien.

Griechen trotzen Persern – Marathon

Die griechische Phalanx war bei allen Gegnern gefürchtet. Bei Marathon machten die sieggewohnten Perser, die erstmals das Kernland der Griechen angriffen, auch ihre erste schlechte Erfahrung mit der Schlagkraft dieser kompakten Kampfformation. Nach dem Sieg erhoben die Griechen ihren Abwehrkampf zum politischen Mythos.

Zur klaren Struktur ihrer Kampfformation gehörte auch, dass die Griechen ihre Waffen einheitlich trugen – **links den Schild, rechts Lanze oder Schwert** –, wie diese griechische Vasenmalerei zeigt.

Innerhalb weniger Jahrzehnte hatte sich ab 550 v. Chr. aus einem kleinen persischen Königreich im Iran eine Großmacht entwickelt. Das Imperium der Perser reichte von der Ägäis bis zum Indus, von Libyen bis Zentralasien. Es umfasste über 20 Länder und wurde vor allem aufgrund überlegener administrativer und militärischer Methoden gewonnen und zusammengehalten. Die Welt der Ägäis war für die Perser nicht mehr als eine von vielen Grenzregionen ihres Reiches, fern ihres Zentrums östlich des Persischen Golfes. Für die Griechen allerdings stellte die persische Expansion eine existenzielle Bedrohung dar.

Auf dem griechischen Festland

In Lydien, dem Westteil Kleinasiens, waren auch die Küstenstädte der ionischen Griechen unter persische Herrschaft gefallen. Zu Beginn des 5. Jahrhunderts regte sich dort erstmals Widerstand gegen den persischen Imperialismus: Im Ionischen

Der persische König **Dareios I.** auf einem Relief in der 520 v. Chr. von Dareios gegründeten Residenzstadt „Thron des Dschamschid". Heute ist sie unter der griechischen Bezeichnung Persepolis bekannt.

Aufstand (499–494 v. Chr.) versuchten die griechischen Städte vergebens, das Joch der Fremdherrschaft abzuschütteln, die Perser schlugen die Rebellion gewaltsam nieder. Da Athen und Eretria die Aufständischen unterstützt hatten, beschloss der persische König Dareios I. (549–486 v. Chr.), zur Vergeltung auf dem griechischen Festland einzumarschieren. Eine erste persische Flottenexpedition scheiterte 492 v. Chr. in einem Sturm. Zwei Jahre später schickte Dareios eine neue Flotte gegen die Griechen. Unter dem Kommando der Feldherren Datis und Artaphernes nahmen die Schiffe der Perser über Samos und Naxos zunächst Kurs auf Eretria, rund 60 Kilometer nordöstlich von Athen gelegen. Der Stadtstaat (polis) hatte der Streitmacht der Perser nicht viel entgegenzusetzen. Nach sechs Tagen Belagerung fiel Eretria, die Stadt wurde zerstört, ihre Einwohner versklavt. Die persische Flotte nahm daraufhin Kurs auf Athen und landete im September 490 v. Chr. in der Bucht von Marathon.

„Unsterbliche" gegen die „Phalanx"

Das persische Heer war für seine schlagkräftige Reiterei und seine sehr gut ausgebildeten Bogenschützen bekannt und gefürchtet. Den Kern der Infanterie stellten die „Unsterblichen", eine 10 000 Mann starke Einheit, die wahrscheinlich die

Das persische Heer setzte auf Berufssoldaten, vorwiegend auf **Bogenschützen**, die sowohl beritten als auch zu Fuß kämpften. Dieser Fries mit Bogenschützen in Lebensgröße stammt aus dem Palast Dareios' I. in Susa und befindet sich heute im Louvre, Paris.

Im September 2011 wurde die Schlacht von Marathon am historischen Ort nachgestellt. Die Szene zeigt **Hopliten beim Angriff** auf die persische Infanterie. Aufgrund ihrer überlegenen Kampftechnik und straff durchorganisierten Kampfformation waren die Griechen den Persern überlegen.

Das griechische Bürgerheer

Freie Bürger unter Waffen Im Griechenland der archaischen (750–um 500 v. Chr.) und der klassischen (um 500–338 v. Chr.) Zeit bildeten freie Bürger der Stadtstaaten (polis) die große Mehrheit der Soldaten. Sie hatten ihre Ausrüstung selbst zu finanzieren und mitzubringen und waren zudem für ihre Ausbildung verantwortlich. In diesem Bürgerheer, das die demokratische Grundausrichtung der Stadtstaaten auch im Militärwesen spiegelte, waren Moral und Disziplin der Soldaten die wichtigsten Faktoren für einen erfolgreichen Einsatz. Der Verband der Phalanx zeigte seine größte Wirkung, wenn Mut und Gemeinsinn die kämpfenden Bürger erfüllten und die Reihen fest geschlossen blieben.

In ihrem 490/489 v. Chr. erbauten **Schatzhaus in Delphi** verwahrten die Athener Teile ihrer Beute aus der Schlacht bei Marathon. Ansicht von Südosten. »

einzige ständig einsatzbereite Truppe der Fußsoldaten war. Vom fünften Lebensjahr an lernten zukünftige Krieger 15 Jahre lang Reiten und Bogenschießen. Nach der Ausbildung waren sie drei Jahrzehnte lang verpflichtet, Militärdienst zu leisten. Da die Perser ein eher kleines der iranischen Völker waren, mussten sie in starkem Maß auf Söldner zurückgreifen. In allen Provinzen des weiten Reiches gab es Einheiten, die im Fall der Mobilmachung zu den Fahnen eilten.

Die griechischen Stadtstaaten hatten ihr wichtigstes Kriegsinstrument in der legendären Phalanx gefunden, einer dichtgeschlossenen linearen Kampfformation mit einer Normtiefe von acht Reihen. Mit der linken Hand hielten die Soldaten den großen Schild, in der rechten Lanze oder Schwert. Die Phalanx rückte im Optimalfall rasch und gleichmäßig vor und traf so mit großer Energie und Wirkung auf den Gegner. Diese geschlossene Kampfesweise hatte zudem psychologische Vorteile, förderte sie doch das Gefühl gegenseitiger Abhängigkeit und ließ auch sensibleren Gemütern kaum Möglichkeit zum Ausscheren. Ihre Nachteile lagen in schwachem Flanken-

schutz, den jedoch meist die Reiterei stärkte, und großer Abhängigkeit vom Gelände. Träger der Phalanx waren die Hopliten, rekrutiert aus den Reihen vollberechtigter Bürger und benannt nach ihrem typischen Schutzschild. Stark bewaffnet und zum eigenen Schutz zusätzlich mit Helm, Panzer und Beinschienen versehen, bildeten sie die kampfkräftige Infanterie griechischer Heere.

Bei Marathon standen die Athener und verbündeten Plataier einer deutlichen persischen Übermacht gegenüber. Wie für alle antiken Schlachten sind Angaben über die Truppenstärke problematisch. Rechnet man jene Perser nicht mit, die auf den Schiffen verblieben beziehungsweise nur zum Tross gehörten, dürften auf dem Schlachtfeld etwa 10 000 Griechen auf nahezu die doppelte Anzahl persischer Krieger getroffen sein. Angesichts der deutlichen Überlegenheit des Gegners und der Dringlichkeit der Abwehr der persischen Invasion hatten die Athener ihren alten Rivalen Sparta um Beistand gebeten, der aber nicht oder zumindest nicht rechtzeitig eintraf.

Vorteile im Nahkampf

Der Athener Stratege Miltiades richtete seine Taktik an den Vorteilen der Phalanx aus: Es galt, der verheerenden Wirkung der persischen Bogenschützen zu entkommen und die gut gerüsteten Hopliten schnell in den Nahkampf zu bringen, in dem sie den leicht bewaffneten Persern überlegen waren. Die Athener legten daher den letzten Teil ihres Vormarschs im Sturmlauf zurück und unterliefen so die gegnerischen Pfeile. Der Wucht der Phalanx hielten die Perser nicht stand. Miltiades vernachlässigte die Mitte zugunsten der Flanken, rückte dort erfolgreich vor und nahm den Gegner dann in die Zange. Die gefürchtete persische Kavallerie trat nicht in Erscheinung. Die Perser konnten sich zwar den Rückzug zu ihren Schiffen freikämpfen, doch die Athener setzten ihnen nach, verfolgten die Flüchtenden in Sumpfgebiete, wo keine Chance auf Entkommen war, und teils sogar bis ins Meer. Die persische Armee entging der völligen Aufreibung, doch ihre Niederlage bei Marathon war eindeutig, bitter und opferreich: Sie verlor 6000 Mann (wobei die vom antiken Historiker Herodot genannte Zahl stark übertrieben sein könnte) und sieben Schiffe, die Athener hingegen hatten nur 200 Tote zu beklagen.

Nach dem Sieg bei Marathon eilte das athenische Heer zurück in seine Heimatstadt, da es einen Angriff der geschlagenen Perser auf das völlig schutzlose Athen befürchtete. Dazu kam es aber nicht, die persische Flotte segelte in Richtung Kleinasien davon. Ein anderer legendärer Wettlauf, der in der Schlacht von Marathon seinen Ursprung hat, gehört eher ins Reich der Legende: Jener Meldeläufer, der angeblich von Marathon nach Athen lief, um den Sieg über die Perser zu verkünden und zugleich vor einem bevorstehenden Angriff zu warnen, und der nach erledigter Mission vor Erschöpfung tot zusammenbrach, scheint eine fantasievolle Schöpfung späterer Geschichtsschreiber zu sein.

Der griechische Feldherr **Miltiades** (etwa 550–489 v. Chr.) hatte einst selbst in Diensten der Perser gestanden und kannte daher deren Kriegsführung genau. Er führte die Griechen bei Marathon zum Sieg.

Treffend fasst dieser historische Stich die Geschehnisse der **Schlacht bei Marathon** zusammen: Geführt von Miltiades auf einem Streitwagen rücken griechische Hopliten dicht gereiht vor und zwingen die Perser in den Nahkampf, in dem sie hoffnungslos unterlegen sind. Die persische Kavallerie kommt nicht zum Zug.

Die griechischen Opfer der Schlacht wurden auf dem Schlachtfeld begraben und später an dem **Grabhügel von Marathon** verehrt. Das war ungewöhnlich. Offenbar orientierte man sich hier an Homer, der in seiner „Ilias" die Helden des Trojanischen Krieges ebenfalls am Ort der Schlacht begraben ließ.

Freiheit oder Knechtschaft – Salamis

Der erste Versuch der Perser, auf dem europäischen Kontinent Fuß zu fassen, war 490 v. Chr. bei Marathon gescheitert. Ein Jahrzehnt später machte Xerxes der Große (519–465 v. Chr.) die größte Streitmacht des Altertums für einen erneuten Feldzug gegen die Griechen mobil. Doch abermals scheiterten die Perser – an der neuen Flotte, die vor allem Athen aufgestellt hatte.

Xerxes hatte 486 v. Chr. als Nachfolger seines Vaters Dareios I. den persischen Thron bestiegen. Drei Jahre später startete er die Vorbereitungen für einen erneuten Feldzug zur Unterwerfung der griechischen Stadtstaaten. Alle Völker des Reiches stellten Kontingente für das Landheer, neben den iranischen Völkern waren etwa Babylonier, Assyrer, Ägypter und Inder vertreten. Phönizier und Ionier waren erprobte Seefahrer und versahen vornehmlich in der Flotte ihren Dienst. Die Stärke des Landheeres wird auf 50 000 bis 100 000 Mann geschätzt, begleitet wurde es von einem Tross, der die Zahl der Soldaten in etwa erreicht haben dürfte. Die Flotte umfasste rund 500 Kriegsschiffe und eine vergleichbare Anzahl von Transport- und Versorgungsschiffen. Da die Kriegsschiffe eine Besatzung von etwa 200 Mann aufwiesen, stießen sicherlich über 100 000 Menschen gen Griechenland in See. Damit brachte Xerxes eine Streitmacht auf den Weg, wie sie die Geschichte noch nicht gesehen hatte.

Um nach Griechenland zu gelangen, musste die persische Streitmacht die damals **Hellespont** genannten Dardanellen überqueren, die Europa von Kleinasien trennen. **Xerxes** ließ dazu zwei Brücken aus 300 Schiffen errichten.

Die **Perserkriege** waren eine Reihe langer Auseinandersetzungen zwischen den Griechen und den von ihnen als barbarisch betrachteten Persern. Nach den Schlachten von **Marathon** und **Salamis** mussten die Perser ihre Ambitionen auf Griechenland für immer aufgeben.

Hopliten und Trieren

Die Griechen hatten natürlich von der Mobilmachung der Perser Wind bekommen. So stellte sich für alle Stadtstaaten rasch die entscheidende Frage, ob für die Freiheit der Kampf auf Leben und Tod aufgenommen werden sollte, hatte sich doch vielerorts erwiesen, dass der persischen Großmacht auf Dauer kaum beizukommen war. Viele, aber keineswegs alle Stadtstaaten gingen das Wagnis dennoch ein und schlossen sich in einem von Sparta geführten Bündnis zusammen. Die militärische Stärke der Griechen lag in ihrem erprobten Landheer, in der Kampfkraft der Hopliten. Mit der Verteidigung auf See hatte man wenig Erfahrung und so waren sich die Verbündeten in der Frage nach der Bedeutung der Flotte für die Abwehr der Perser uneins. Zwar gab es namhafte griechische Seemächte wie Korinth oder Samos, doch Sparta und Athen hinkten in der Schaffung wirkungsvoller maritimer Verbände lange hinterher. Zum Glück für die Griechen hatte sich das zumindest in Athen wenige Jahre vor dem persischen Angriff grundlegend geändert.

Der griechische Feldherr **Themistokles** hatte schon zu Zeiten des Miltiades für eine Verteidigung zur See plädiert. Nach Miltiades' Ausscheiden aus der Politik konnte er seine Pläne umsetzen.

Die griechische Triere

Schnelles Kriegsschiff Die Triere bildete seit dem späten 6. Jahrhundert v. Chr. das Rückgrat der griechischen Flotte. Auf dem schmalen, gut 30 Meter langen „Dreiruderer" legten sich 170 Männer auf drei Ebenen in die Riemen. Zur Besatzung gehörten ferner Steuerleute, ein Rudermeister, ein Flötenspieler, der den Ruderern den Takt vorgab, sowie einige Bogenschützen und Hopliten für den Enterkampf. Kommandeur einer Triere war der Triarch, auf attischen Schiffen meist ein reicher Bürger, der das Schiff auf eigene Kosten ausrüstete und die Besatzung besoldete. Trieren waren aufgrund ihrer leichten Bauweise schnell und beweglich, aber sehr anfällig bei stürmischer See und zum Lastentransport ungeeignet. Die Segel wurden vor dem Gefecht eingezogen. Zur Kampftaktik zählten das Zerstören der gegnerischen Ruderreihen durch nahes Passieren sowie besonders das seitliche Rammen mit dem Rammsporn am Bug.

Dem Strategen Themistokles war es gelungen, ein Flottenprogramm durchzusetzen, in dessen Realisierung von 482 v. Chr. an neue Kriegsschiffe gebaut wurden, vor allem die neue Wunderwaffe zur See, die Trieren.

Xerxes in Athen

Im Frühjahr 480 v. Chr. befahl Xerxes den Aufbruch. Im Mai überquerte das Landheer eine eigens über den Hellespont errichtete Brücke, dann zog es über die Küstenstraße in Thrakien gen Westen und erreichte im Juli das heutige Thessaloniki, den Haupthafen Makedoniens. An einigen strategisch günstigen Stellen versuchten zahlenmäßig weit unterlegene griechische

Truppen unter Führung des Leonidas aus Sparta, den Vormarsch auf Athen und den Peloponnes aufzuhalten, doch sowohl zu Land an den Thermopylen als auch auf See am Kap Artemision setzten sich die Perser durch. In Attika konnte Xerxes Landheer und Flotte vereinen, die Initiative zum Angriff auf das nahe Athen lag bei ihm. Da die ungeschützte Lage Attikas und Athens zur Verteidigung wenig günstig schien, evakuierten die Athener die Stadt. Frauen, Kinder und nicht kampffähige Männer wurden nach Salamis und in andere Gebiete der Umgebung gebracht, die Soldaten gingen an Bord der Kriegsschiffe. Xerxes marschierte in das verlassene Athen ein.

In der Unterzahl – und im Vorteil

Die Flottenverbände der griechischen Stadtstaaten sammelten sich in der Meerenge zwischen Attika und der Insel Salamis. Hier kam es Ende September 480 v. Chr. zu jener Schlacht, die über die Zukunft der griechischen Welt ent-

„Vertraut auf die hölzernen Mauern", hatte das Delphische Orakel den Athenern geraten. Themistokles erkannte darin die Aufforderung, die Kriegsflotte auszubauen. Die griechische Vasenmalerei aus dem 6. Jh. v. Chr. zeigt ein **Kriegsschiff mit Ruderern**. «

scheiden sollte. Die Griechen konnten offenbar am frühen Morgen Gefechtsposition beziehen, ehe die persische Flotte angriff, die mit ihren 500 Schiffen in der nahen Bucht von Phaleron gelegen hatte. Die Griechen profitierten von ihrer Ortskenntnis und positionierten ihre 380 Trieren quer zwischen zwei Landzungen, sodass die Perser

Zwölf Stunden dauerte die **Schlacht von Salamis,** die größte Seeschlacht der Antike. Sie endete mit einem vollständigen Sieg der Griechen, wenngleich die Flottenstärke der Perser nach der Schlacht immer noch größer war als die der Griechen.

sie nicht überflügeln konnten. Das aber gelang den Griechen: Sie umfassten einen Flügel der persischen Flotte und rollten die gegnerische Schlachtreihe auf. Die Trieren zeigten sich den Schiffen der Perser in dem engen Sund überlegen. Es entwickelte sich ein Kampf Schiff gegen Schiff. Dabei geriet es den Persern zum Nachteil, so viele Schiffe auf engem Raum im Gefecht zu haben. Beim Manövrieren verkeilte sich offenbar eine Reihe von Schiffen ineinander und wurde so zur leichten Beute der Trieren und ihrer Rammsporne.

Die Griechen waren die Herren der Schlacht, nach zwölf Stunden zogen sich die Perser nach großen Verlusten an Schiffen und Soldaten in den Ausgangshafen zurück. Die große Masse der persischen Streitmacht verließ schließlich das griechische Festland ganz, da der Winter nahte und Xerxes zudem befürchtete, die Griechen könnten die Brücke über den Hellespont zerstören und ihm den Rückzug abschneiden. Die Perserkriege waren mit dem Sieg bei Salamis noch nicht beendet. Erst nach einem erneuten Triumph der Griechen in der Landschlacht von Plataiai 479 v. Chr. und einem weiteren

Seesieg gaben die Perser ihr Ziel, Griechenland zu erobern, endgültig auf. Wenig später lösten sich auch die griechischen Küstenstädte an der Küste Kleinasiens von der persischen Herrschaft und traten dem Attischen Seebund bei.

Sieg der Demokratie

Die Schlacht bei Salamis stellte für die Griechen und vor allem für Athen, das das Hauptkontingent der verbündeten griechischen Flotte gestellt hatte und zur vorherrschenden Macht in Griechenland aufstieg, einen Meilenstein der Geschichte dar. Das einfache Volk hatte einen enormen Prestigezuwachs erfahren. Denn die einfachen Bürger, die Theten, wares es, die die Schiffe gerudert hatten. Ihre Politiker und Geschichtsschreiber, allen voran Herodot, sahen in der erfolgreichen Abwehr der persischen Invasion denn auch den Sieg der griechischen Demokratie sowie der Freiheit über Knechtschaft und Despotie der „asiatischen Barbaren". Damit verbanden sie nicht weniger als die Rettung der griechischen Zivilisation. So erlangte die Schlacht eine Bedeutung, wie sie Jahrhunderte später anderen „europäischen Schicksalsschlachten" gegen Hunnen, Mauren oder Osmanen zugesprochen werden sollte.

Mit ihrem Rammsporn stößt eine griechische Triere in den Rumpf eines persischen Kriegsschiffs und macht es kampfunfähig – so zeichnete der britische Experte für griechisch-römische Geschichte Peter Conolly eine Szene der **Schlacht von Salamis**.

Schiefe Schlachtordnung – Leuktra

Sparta besaß lange Zeit das stärkste Heer Griechenlands und demonstrierte vom 7. bis zum 4. Jahrhundert vielfach seine militärische Macht. In der Schlacht bei Leuktra verlor das Heer der Spartiaten jedoch den Nimbus der Unbesiegbarkeit, weil der Gegner es mit einer innovativen Schlachtordnung überrumpelte.

In dieser Schlacht lief alles schief für die sieggewohnten Spartaner – und das im buchstäblichen Sinn des Wortes. Epaminondas, Feldherr der rivalisierenden Thebaner, hatte eine neue, äußerst effektive Ordnung für seine Truppen ausgeklügelt, mit der er Militärgeschichte schrieb und die auch zwei Jahrtausende später noch Nachahmer fand. In Gefechten unter griechischen Landstreitkräften wurde traditionell jeweils der rechte Flügel mit den Eliteeinheiten besetzt. Die kampfstärksten Verbände beider Parteien trafen so auf den schwächeren linken Flügel des Gegners und hatten in der Regel keine großen Probleme, die Oberhand zu gewinnen. Dann wendeten sie sich zur Mitte, wo sie schließlich zur Entscheidung aufeinandertrafen.

Revolutionäre Taktik

Bei Leuktra brach Epaminondas im August 371 v. Chr. mit dieser Tradition. Er konzentrierte seine besten Einheiten auf dem linken Flügel und staffelte sie zudem dichter und tiefer als in der Mitte und auf dem rechten Flügel. Beim Vormarsch ließ er diesen Flügel schneller voranschreiten, der rechte blieb zurück. Der ungewöhnlich stark besetzte linke Flügel der Thebaner traf so auf den „ehrenhaften" rechten Flügel der Spartaner und überrannte ihn förmlich. Mit der Aufreibung des starken Flügels des Gegners war die Schlacht praktisch gewonnen. Die

In einer kurzen Zeitspanne (371–362 v. Chr.) gab es in Griechenland drei Hegemonialmächte: zu Sparta und Athen gesellte sich Theben, das seinen Aufstieg vor allem dem Feldherrn **Epaminondas** verdankte.

Epaminondas dirigiert die thebanische Armee, die der spartanischen numerisch klar unterlegen war, in **schiefer Schlachtordnung** zum Sieg. Etwa 1000 Spartaner fielen, darunter über die Hälfte der 700 Spartiaten – angesichts der sinkenden Bevölkerungszahl Spartas ein verheerender Schlag für die einst stärkste Macht Griechenlands.

„Schiefe Schlachtordnung" war offenkundig ausschlaggebend für den Sieg. Mit dieser ersten Niederlage begann der Niedergang Spartas, die Thebaner gewannen die Vorherrschaft in Griechenland.

Epaminondas hatte den Überraschungseffekt seiner Schlachtordnung und den Erfolg auf seiner Seite, weil noch nirgendwo so gekämpft worden war. Spätere Feldherren kannten diese Taktik natürlich. Wollten sie sie anwenden,

war entscheidend, dass der Gegner nicht frühzeitig von der vorgesehenen Ordnung erfuhr und durch Umgruppierungen oder Verstärkung des entsprechenden Flügels den vermeintlichen Vorteil ausglich oder gezielt den schwachen Flügel des Feindes attackierte. Alexander der Große, Cäsar, der preußische König Friedrich der Große und viele andere Feldherren setzten, wann immer es geboten schien, auf die Schiefe Schlachtordnung.

Ein Weltreich am Boden – Gaugamela

Kein anderer Herrscher hat die Welt des Altertums so grundlegend verändert wie Alexander der Große. In der Schlacht von Gaugamela besiegelte der makedonische König den Untergang des Persischen Reiches und stieß dann als „König von Asien" bis an die Grenzen der bekannten Welt vor.

Das berühmte „**Alexandermosaik**" aus der Casa del Fauno in Pompeji, Museo Archeologico Nazionale, Neapel, enthält das wohl berühmteste Porträt des Makedonen. Es kopiert ein hellenistisches Gemälde.

Alexanders Vater Philipp II. (um 382–336 v. Chr.) hatte Mitte des 4. Jahrhunderts v. Chr. in wenigen Jahren das kleine Königreich Makedonien zu einer der führenden Mächte der Ägäis erhoben. In der Schlacht von Chaironeia schlug er 338 v. Chr. ein griechisches Koalitionsheer und setzte damit die makedonische Hegemonie über Griechenland endgültig durch. Statt sie zu unterwerfen, vereinte Philipp die griechischen Stadtstaaten unter seiner Führung im Korinthischen Bund, der sich bald entschlossen zeigte, gegen das Persische Reich mobil zu machen. Das erklärte Motiv für den Feldzug gegen die Perser waren Rache und Vergeltung für die Zerstörung vieler griechischer Städte und Tempel, darunter der Athener Akropolis, durch die „asiatischen Barbaren" auf ihren Kriegszügen 150 Jahre zuvor.

Ursprünglich verfolgte der makedonische König Alexander das Ziel, die Griechen in Kleinasien von der Herrschaft der Perser zu befreien. Im Verlauf der **Feldzüge Alexanders des Großen** erwuchs daraus der Plan, die Ostgrenze der bewohnten Welt zu erreichen.

„Vorspiel" bei Issos

Als Philipp II. 336 v. Chr. einem Attentat zum Opfer fiel, trat der gerade einmal 20-jährige Alexander seine Nachfolge an. Bereits zwei Jahre später überquerte er mit einer Armee von gut 45 000 Soldaten den Hellespont. Nach einem ersten Sieg gegen persische Satrapen, wie die Statthalter größerer Provinzen hießen, unterwarfen sich die „befreiten" griechischen Städte Kleinasiens dem Makedonen. Alexander zog weiter in Richtung Syrien und traf 333 v. Chr. in der Ebene von

Alexander der Große

Feldherr, Eroberer, Entdecker Im makedonischen Pella geboren, genoss Alexander (356–323 v. Chr) den Unterricht von Aristoteles, der ihm den Zugang zur griechischen Bildung vermittelte. Nach der Ermordung seines Vaters Philipp II. ließ Alexander seinerseits potenzielle Konkurrenten und Feinde beseitigen und sicherte sich so den makedonischen Thron und damit die Macht über ganz Griechenland. Getrieben von Ehrgeiz, aber auch vom Drang, den ruhmreichen Taten der Helden Homers nachzueifern, zog er aus dem kleinen Königreich Makedonien aus. Im Alter von 25 Jahren hatte Alexander mit seinen Siegen über die Perser bereits die Welt verändert und die Grundlagen für das hellenistische Zeitalter gelegt: Griechische Sprache und Kultur traten im Gefolge seines siegreichen Heeres ihren Triumphzug durch den Vorderen Orient bis nach Zentralasien, an die Grenzen der damals bekannten Welt, an. Alexander ging als einer der genialsten und bedeutendsten Feldherren in die Geschichte ein.

BIOGRAFIE

Issos erstmals auf den persischen Großkönig Dareios III. und sein zahlenmäßig weit überlegenes Heer. Die erbitterte Schlacht endete mit der Flucht des Dareios und dem Rückzug seines dadurch mutlos gewordenen Heeres. Die Familie des persischen Königs blieb zurück und fiel Alexander in die Hände. Der setzte dem Rivalen aber nicht nach, sondern zog zunächst nach Ägypten, das ihm kampflos zufiel. Dareios traf derweil die Vorkehrungen für die unweigerlich bevorstehende Entscheidungsschlacht gegen die makedonischen Eroberer. Anfang Oktober 331 v. Chr. war es soweit:

Bei Gaugamela am Tigris standen sich zwei gewaltige Streitmächte gegenüber und beide Feldherren waren sich bewusst, dass es ums Ganze ging.

Schwerfällig gegen beweglich

Der Anblick, der sich Alexander und seinen Soldaten in der weiten Ebene des Tigris bot, muss Furcht einflößend gewesen sein: In einer Breite von über drei Kilometern und trotzdem tief gestaffelt, hatten sich 40 000 Reiter und wahr-

Jan Brueghel der Ältere zeigt in seinem Gemälde „**Schlacht von Arbela**" (1602, Louvre, Paris) das Schlachtenchaos. Gaugamela, nach dem die Schlacht traditionell benannt wird, war ein kleines Dorf in der Nähe von Arbela.

Den Berichten der Chronisten zufolge stürzte sich **Alexander** mitten ins Schlachtgetümmel. Zahlreiche Künstler der Nachwelt haben dieses Motiv verarbeitet.

scheinlich über 200 000 Mann Fußvolk zum Kampf formiert. Aus allen Teilen des Reiches hatte Dareios die Elite der Krieger zusammengebracht, darunter skythische und iranische Reiterverbände sowie einige Zehntausend griechische Söldner. In erste Linie stand die Reiterei, dahinter die Infanterie. Vor dem Zentrum der ersten Linie standen in furchterregender Gestalt 15 indische Kriegselefanten, an ihren Flanken etwa 200 Streitwagen mit langen Sicheln zu beiden Seiten. Dareios hatte das als Schlachtfeld ausgewählte Gelände sorgsam vorbereiten und teilweise ebnen lassen, um den effektiven Einsatz der Streitwagen zu gewährleisten. Gegen die gegnerische Kavallerie waren außerdem Pfähle in den Boden gerammt und Schlingen gespannt worden. Die Perser planten die Schlacht als kavalleristische Umzingelung, die die makedonische Phalanx von der Flanke und von hinten her angreifen sollte, sodass dann der Angriff des Fußvolks die Entscheidung bringen sollte.

Alexanders Heer umfasste etwa 8000 Reiter und 35 000 Infanteristen, war aber im Gegensatz zur persischen Streitmacht sehr kampferfahren. Das Zentrum bildeten die in einer Phalanx aufgestellten Hopliten mit fünf Meter langen Stoßlanzen, den Sarissen, flankiert von der Reiterei. Noch vor der ersten Linie waren Bogenschützen, Speerwerfer und Steinschleuderer postiert. Aufgrund der Breite der persischen Schlachtlinie musste Alexander mit einer Umzingelung der Flügel rechnen und griff daher zu einer innovativen Maßnahme. Er hielt hinter der Schlachtreihe eine etwa 20 000 Mann starke Truppe zurück, die ihr bei Überflügelung den Rücken freihalten sollte. Hinsichtlich der Truppenstärke deutlich unterlegen, war das Heer Alexanders den Persern an Kampferfahrung weit voraus und verfolgte eine geradezu revolutionäre Art der Kriegführung: Den exakt aufeinander abgestimmten, aber flexiblen Einsatz von Kavallerie, schwerer und leichter Infanterie. Dareios' mächtiges, aber auch schwerfälligeres Heer war hingegen in Initiative und Beweglichkeit sehr begrenzt und darauf angewiesen, dass der auf das Gelände fixierte taktische Plan aufging.

Vorstoß in die Lücke

Die antiken Quellen, die vom Verlauf der Schlacht berichten, konzentrieren sich vornehmlich auf Alexander und die mit ihm kämpfenden Einheiten, vieles andere bleibt im Dunkeln. Als die Schlacht begann, zog Alexander durch einen schnellen Ritt der Reiterei des rechten Flügels in Richtung des nicht von Dareios präparierten Geländes einen

Die **Entscheidung bei Gaugamela**: Auge in Auge begegnen sich Alexander (links) und Dareios. Mitten in der Schlacht lässt der Perserkönig seinen Wagen wenden und flieht samt seiner Garde. Gelegentlich wird diese Darstellung auch in Zusammenhang mit der Schlacht bei Issos (333 v. Chr.) gebracht. ➤➤

Einen drastischen Eindruck von der Unüberwindbarkeit der **makedonischen Phalanx** vermittelt der kolorierte Holzstich „Die Phalanx im Kampfe mit Persern" aus dem 19. Jahrhundert.

Großteil des linken Flügels der Perser nach außen. Die persische Kavallerie startete hier den erwarteten Umfassungsangriff, dem die zur Verteidigung bereitgehaltenen Truppen Alexanders zähen Widerstand leisteten. Durch diesen Linksruck tat sich zwischen dem Zentrum der persischen Schlachtlinie, wo sich auch der König mit einer Eliteeinheit befand, und dem attackierenden linken Flügel eine Lücke auf. Genau in diese Lücke stieß nun Alexander mit seiner Reiterei und der in der Mitte postierten, noch nicht in den Kampfes involvierten Infanterie mit voller Wucht vor.

Der kühne Angriff zielte direkt auf Dareios und die ihn umgebende Truppe, die bald ins Wanken geriet und nicht standhalten konnte. Wie schon in Issos zwei Jahre zuvor, ergriff Dareios die Flucht, obwohl die Schlacht zu diesem Zeitpunkt noch keineswegs entschieden war. Die Flucht des Feldherrn aber gab den Ausschlag: Die Perser gaben den Kampf verloren.

Alexander machte sich an die Verfolgung des Königs, konnte seiner aber nicht habhaft werden, da er ihn in dem Staubmeer, zu dem sich die trockene Ebene während des Kampfes entwickelt hatte, aus den Augen verlor. Sein Triumph war dennoch unbestritten, seine Fähigkeit, Aktionen und Reaktionen des Gegners vorherzusehen und entsprechend zu taktieren, erneut bewiesen. Noch auf dem Schlachtfeld feierten die Soldaten Alexander als neuen „König von Asien".

Alexander der Große – hier eine antike Büste – starb in noch jungen Jahren. Sein Reich zerfiel in den Kriegen seiner Nachfolger.

39

Hannibal vor den Toren – Cannae

In den drei Punischen Kriegen (264–146 v. Chr.) stritten Karthago und Rom um die Herrschaft im westlichen Mittelmeer. Im Zweiten Punischen Krieg drang das karthagische Heer unter Hannibal (um 246–183 v. Chr.) über die Alpen nach Italien vor. Beim apulischen Städtchen Cannae kam es zu einer Umfassungsschlacht, die Eingang in die militärischen Lehrbücher fand.

Um 300 v. Chr. hatten es die Römer geschafft, die stärkste Macht in Italien zu werden. In den Punischen Kriegen besiegten sie Karthago und weiteten ihre Vormachtstellung aus. Garant für diese Erfolge war das **römische Heer** mit Infanterie und Kavallerie, die hier auf der berühmten Trajanssäule in Rom (113 n. Chr.) dargestellt sind.

Schon der Plan, die Römer im eigenen Reich herauszufordern, musste als äußerst wagemutig angesehen werden. Zu diesem Zweck aber ein Heer von 40 000 Fußsoldaten und 9000 Reitern sowie eine Herde Elefanten im Herbst über die bereits verschneiten Alpen zu führen, schien geradezu aberwitzig. Der Blutzoll, den die Truppen zu zahlen hatten, war dann auch hoch: Wohl die Hälfte der Soldaten und fast alle Dickhäuter blieben im Gebirge auf der Strecke, doch der Alpenzug des Hannibal findet bis heute als beispielloser Geniestreich Anerkennung. Jenseits der Alpen eilte das karthagische Heer 218 v. Chr. von Sieg zu Sieg. Die Furcht, von der die Römer ergriffen wurden, hat sich im später geprägten Ausspruch „Hannibal ante portas" (Hannibal vor den Toren) überliefert, mit dem vor existenziellen Gefahren für den Bestand des Reiches gewarnt werden sollte. 217 v. Chr. überquerten die Invasoren den Apennin und marschierten auf der Suche nach neuen Verbündeten bis Nordapulien, in die Kornkammer der Römer, wo sie mit Cannae eine strategisch wichtige Stadt besetzten.

Die Alpen nannten die Zeitgenossen auch „die Mauern Roms", sie nach den ersten Schneefällen zu passieren, galt als völlig unmöglich. Das Pastellgemälde von Raymond Sheppard zeigt den **Zug des hannibalischen Heeres** mit all seinen Gefahren. ≪

41

Der „Halbmond von Cannae"

Die Römer stellten ein neues Heer auf, das größer war als jedes andere, das sie bisher in die Schlacht geschickt hatten. 80 000 Mann – zur Hälfte römische Bürger, zur Hälfte italienische Bundesgenossen – sollten Hannibals Armee bei Cannae stellen und in einer Entscheidungsschlacht vernichten. Der Karthager befehligte rund 50 000 Soldaten, darunter Libyer, Kelten, Ligurer und Italiker, bei den Reitern hatte er mit 10 000 Mann ein leichtes Übergewicht. Wenige Kilometer vor Cannae schlugen die Römer am Ufer des Aufidus ihr Lager auf. Am Morgen des 2. August 216 v. Chr. formierten Hannibal sowie der römische Befehlshaber, Konsul Gaius Terentius Varro, ihre Verbände.

Die typische römische Schlachtordnung dieser Zeit sah die Infanterie in der Mitte postiert, zu beiden Seiten von der Kavallerie flankiert. Dieser Grundaufstellung blieben die Römer auch bei Cannae treu, allerdings stellten sie die Infanterie wesentlich tiefer als gewöhnlich, verstärkten also die Tiefe auf Kosten der Breite, um im Zentrum besonders massiv zu sein. Die römische Reiterei fand ihren Platz am rechten Flügel, die der Bundesgenossen am linken. Die Karthager formierten sich in der berühmt gewordenen Form des „Halbmonds von Cannae", bei der die mittleren Abteilungen des Fußvolks vorgezogen wurden und sich die Linie in Bogenform präsentierte. Auch hier schloss sich zu beiden Flanken die Reiterei an. Hannibal setzte im Zentrum der Infanterie die weniger kampferprobten Verbände ein, was zunächst als wenig klug, im Nachhinein aber als genialer Schachzug erscheint. Vor den Linien kamen auf beiden Seiten Leichtbewaffnete zum Einsatz, die mit ihren Geschossen auch den Kampf eröffneten.

Hannibals Falle schnappt zu

Die karthagische Reiterei auf dem linken Flügel ging mit einem Angriff auf die zahlenmäßig unterlegene römische Kavallerie in die Offensive. Da dieser Teil des Schlachtfelds nah am Fluss lag und wenig Raum

Von der spanischen Machtbasis Karthagos, Carthago Nova, aus zog Hannibal nach Norden und überquerte die Alpen. In ihrem Kernland besiegte er die Römer mehrfach, ehe der Sieg des Römers Publius Cornelius Scipio bei Zama den **Zweiten Punischen Krieg** (218–201 v. Chr.) beendete.

Zwar verbreiteten die wenigen **Kriegselefanten**, die die Alpenüberquerung überstanden hatten, durchaus Angst und Schrecken unter den Römern – wie hier bei der Schlacht an der Trebia (218 v. Chr.). An der Schlacht von Cannae nahm allerdings keines der mächtigen Tiere mehr teil. **‹‹**

Ein **antikes Denkmal** und einige Ruinen erinnern heute in Apulien in Süditalien noch an die historische Schlacht **von Cannae**.

Stolz präsentieren die Karthager **nach der Schlacht** die römischen Feldzeichen. Als Zeichen des überwältigenden Sieges sendete man die erbeuteten Ringe der gefallenen Römer nach Karthago.

Die Karthager, die für die damalige Zeit äußerst hochwertiges Eisen und entsprechende Waffen herstellten, trugen Rüstungen mit Metallhelmen, Rundschilde, Piken und ein kurzes Schwert. Im Bild ein **karthagischer Helm**, wie er bei der Schlacht von Cannae getragen wurde.

für die üblichen Manöver zu Pferde blieb, rissen die Karthager den Großteil der römischen Reiter bei der ersten Attacke vom Pferd und bekämpften sie am Boden im Nahkampf Mann gegen Mann. Hierin kaum erprobt, war die römische Reiterei schnell aufgerieben. Dann rückten die Infanterieverbände gegeneinander vor. Dabei hielt das schwach aufgestellte Zentrum der Karthager nicht lange Stand und wich zurück. Die Römer drückten den Bogen ein und immer mehr der tief stehenden Reihen folgten den im Zentrum weichenden Karthagern. Damit gingen sie Hannibal in die Falle. Die Flügel der karthagischen Infanterie schwenkten nämlich ein, griffen die vorgestoßenen römischen Verbände an den Flanken an und nahmen sie so in die Zange. Zudem griff die karthagische Reiterei, die auf dem linken Flügel schnell gesiegt hatte, in den noch unentschiedenen Kavalleriekampf auf dem rechten Flügel ein, was zur Flucht der römischen Reiter führte. Damit konnte die karthagische Kavallerie die römische Infanterie nun zusätzlich im Rücken attackieren. Die Schlacht war entschieden, mit katastrophaler Bilanz für die Römer. Wenigstens 50 000 römische Soldaten lagen tot auf dem Schlachtfeld, höchstens 16 000 entkamen, darunter der Oberbefehlshaber Varro.

Sieg in der Schlacht, Niederlage im Krieg

Die Schlacht von Cannae ging als Musterbeispiel für die desaströsen Folgen einer Umfassung durch den Gegner in die militärische Ausbildung späterer Generationen ein. Auch weil es eine deutliche Übermacht war, die in Apulien zugrunde ging. Der Althistoriker Theodor Mommsen fand Ende des 19. Jahrhunderts treffliche Worte für das, was bei Cannae geschehen war: „Es ist vielleicht nie ein Heer von dieser Größe so vollständig und mit so geringem Verlust des Gegners auf dem Schlachtfeld selbst vernichtet worden wie das römische bei Cannae." Das Reich war von dieser Niederlage so beeindruckt und deprimiert, dass noch die Geschichtsschreiber folgender Generationen nach Gründen und Ausflüchten suchten. Sie machten den „unehrenhaften" Kampf der karthagischen Reiter verantwortlich, auch den Staub, der die Sicht nahm, oder gar die tief stehende Sonne. Die Ursachen lagen jedoch eher darin, dass das römische Milizheer, dessen Soldaten zum großen Teil Bürger waren, die nach Bedarf mobil gemacht wurden, dem in ihrem Kern professionellen Heer der Karthager unterlegen war. Besonders was die Führung betraf. Das republikanische Rom hatte keine professionelle Generalität und keinen genialen Feldherrn und wollte sie seinem Verständnis nach auch nicht haben. Denn die damit unweigerlich verbundene Machtkonzentration in den Händen einzelner Personen widersprach dem

Geist der Republik. So war die Niederlage nicht zuletzt dem politischen Verständnis der römischen Bürgerschaft geschuldet.

Hannibal gewann die Schlacht – aber er verlor den Krieg. Nach dem grandiosen Sieg bei Cannae zog er nicht gen Rom. Warum er es nicht tat, ist eine Frage, die seit Langem diskutiert wird. Sein Problem war von Beginn an, dass er in Italien stets neue Verbündete gewinnen musste, um seine Streitmacht und seine Macht zu konservieren. Zwar konnte er nach dem Sieg bei Cannae seine Truppen durch neue Allianzen wieder verstärken, doch es blieben zu wenige, um die Entscheidung herbeiführen zu können. Zwischen 212 und 209 v. Chr. trat die Wende ein: Die Römer eroberten erste an Hannibal gefallene Gebiete zurück. 203 v. Chr. musste der Karthager nach Afrika übersetzen, wo er ein Jahr später gegen Scipio den Älteren die entscheidende Niederlage erlitt. Karthago war wieder auf sein afrikanisches Gebiet beschränkt und durfte nur noch mit der Erlaubnis Roms Krieg führen.

Der Satz „Hannibal ante portas" (Hannibal vor den Toren) steht noch heute als Redewendung für nahendes Unheil. Doch am Ende beging **Hannibal**, hier die Hannibalbüste vom Palazzo del Quirinale in Rom, 183 v. Chr. Selbstmord in Libyssa in Bithynien.

Gallier gegen Rom – Alesia

Julius Cäsar war 59 v. Chr. römischer Konsul geworden, doch sein politischer Ehrgeiz war damit nicht gestillt. Als Statthalter der römischen Provinzen in Gallien suchte er den großen militärischen Erfolg, um sich für den Kampf um die Macht in Rom in Stellung zu bringen.

Gaius Julius Cäsar ist als genialer Feldherr und Staatsmann in die Geschichte eingegangen. Zeitgenössische Büste, Museo Archeologico Nazionale, Neapel.

Sechs Jahre führte Julius Cäsar (100–44 v. Chr.) bereits Krieg in Gallien, als im Spätsommer 52 v. Chr. die entscheidende Schlacht um die Herrschaft im Land zwischen Pyrenäen und Rhein bevorstand. Dem arvernischen Fürsten Vercingetorix war es gelungen, die zerstrittenen gallischen Stämme hinter sich zu vereinen. Beim in der Nähe des heutigen Clermont-Ferrand gelegenen Hauptort der Arverner, Gergovia, hatte er dem römischen Feldherrn eine erste Niederlage beigebracht und sich mit seinen 20 000 Kriegern in die Bergfestung Alesia im Burgund (beim heutigen Dijon) zurückgezogen.

In Eilmärschen rückten die Römer gegen das auf einem Felsplateau gelegene Alesia vor. Römische Pioniere begannen umgehend mit dem Bau komplexer Befestigungsanlagen. Vercingetorix war es nämlich noch vor der Einkesselung gelungen, Boten zu verbündeten Stämmen zu schicken, um sie um militärischen Beistand zu bitten. Aus Furcht vor diesem Entsatzheer ließ Cäsar einen Todesstreifen anlegen, wie ihn zuvor noch niemand ersonnen hatte: Um bis zu den vier Meter hohen Palisaden als letztem Hindernis vorzudringen, mussten die Angreifer Fallgruben mit gespitzten Stämmen, zwei Wassergräben sowie Sperren aus schräg aufgerichteten Pfählen überwinden.

Gegenseitige Umzingelung

Die Situation der Eingeschlossenen schien aussichtslos. Doch dann erschien das Entsatzheer, rund 50 000 Gallier, die bald zum Angriff übergingen. Das war das Signal für Vercingetorix, den Ausfall zu wagen. Die Römer sahen sich von allen Seiten bedrängt. Cäsar schickte seine germanischen Reiter ins Gefecht und die Gallier mussten der Wucht des Angriffs weichen. Am folgenden Tag attackierten die Gallier erneut von außen und innen. Ihr Sieg schien nur eine Frage der Zeit. Cäsar aber ließ einige Kohorten das Schlachtfeld weiträumig umreiten. Der Schachzug zeigte die erhoffte Wirkung: Die nun ihrerseits umzingelten Gallier gerieten in Panik und gaben den Kampf verloren.

Zehntausende tote Gallier lagen auf dem Schlachtfeld, die Römer hatten etwa 8000 Tote zu beklagen. Die Voraussetzungen für die endgültige Unterwerfung Galliens und für Cäsars Aufstieg zum mächtigsten Mann Roms waren mit diesem Sieg geschaffen.

Auch der stolze **Arvernerkönig Vercingetorix** (Vercingetorix-Denkmal auf dem Mont Auxois in Alise-Sainte-Reine, am Ort der Schlacht) musste sich Julius Cäsar ergeben. Er wurde gefangen genommen und 46 v. Chr. in Rom hingerichtet.

Rekonstruktion des römischen Verteidigungsrings gegen das Entsatzheer. Innerhalb dieses Ringes war der Belagerungsring um Alesia gezogen (Archeodrome, Freilichtmuseum zur Vor- und Frühgeschichte Burgunds). «

Marc Anton gegen Octavian – Actium

Der Ermordung Julius Cäsars 44 v. Chr. folgte im Römischen Reich eine Zeit der politischen Wirren und Bürgerkriege. Gut ein Jahrzehnt später lag die Macht in den Händen zweier Feldherrn: Den Westen des Reiches kontrollierte Cäsars Erbe Octavian, den Osten Marcus Antonius. Vor der griechischen Küste trafen die Rivalen aufeinander.

Octavian (63 v. Chr.–14 n. Chr.) und Antonius (um 82–30 v. Chr.) waren in der Zeit der Bürgerkriege nach Cäsars Tod Verbündete, Freundschaft aber verband sie nie. Um die Situation zu stabilisieren, verheiratete Octavian seine Schwester Octavia mit Antonius, doch auch die familiäre Verbindung konnte die wachsende Rivalität nicht entschärfen. Als sich Antonius im Jahr 32 v. Chr. von Octavia trennte, um sich endgültig seiner Geliebten, der ägyptischen Königin Kleopatra, zu verschreiben, eskalierte der Konkurrenzkampf. Octavian ließ im Senat das angebliche Testament des Antonius verlesen, in dem dieser Kleopatras Kindern Teile des Reiches zugesprochen haben soll. Mit diesem „Verrat" war der Bruch vollzogen, Octavian konnte dem Rivalen den Krieg erklären.

Eingeschlossen in der Ambrakischen Bucht

Mit einer Flotte von 230 Schiffen und 50 000 Mann segelten Antonius und Kleopatra 32 v. Chr. von Ägypten aus nordwärts. In Ephesos, an der Küste Kleinasiens, überwinterten sie, ihr Landheer, laut antiken Quellen über 100 000 Soldaten stark, rückte derweil nach. Antonius plante, nach Italien vorzustoßen, ließ jedoch davon ab, als Octavian mit einer Flotte von 100 Schiffen in Dalmatien landete und sich dann nach Süden wandte. Ende August des Jahres 31 v. Chr. lag die Flotte Antonius' und Kleopatras in der Ambrakischen Bucht bei Actium, an der Nordwestküste Griechenlands. Ihr Landheer stand an der Spitze der südlichen Halbinsel, die diese Bucht umfasst. Octavians Truppen hatten an der nördlichen Einfahrt zur Bucht Stellung bezogen, seine

Der römische Politiker und Feldherr **Marcus Antonius** war ursprünglich Anhänger Cäsars. Er stellte sich gegen die Mörder Cäsars und versuchte, seinen Einfluss zu vergrößern – und damit geriet er in Konflikt mit Octavian.

Römisches Kriegswesen der Kaiserzeit

Die Anfänge des Berufsheeres Die ersten drei Jahrhunderte der römischen Kaiserzeit (27 v. Chr.–476 n. Chr.) gelten als Glanzzeit des römischen Militärs. Im Hinblick auf Organisation und Kampfkraft kam in Europa nichts den römischen Legionen auch nur annähernd gleich. Zwar gewannen die Römer nicht alle Schlachten, doch die Kriege dieser Epoche konnten sie am Ende immer zu ihren Gunsten gestalten. Augustus stellte statt der republikanischen Bürgermilizen ein Berufsheer aus einer festgelegten Anzahl von Legionen auf. Seinen Kern bildete die schwere Infanterie, gepanzerte Schwertkämpfer mit Wurfspeeren und Kurzschwert. Dazu kamen Hilfstruppen, deren Soldaten zumeist aus den Provinzen stammten, beispielsweise mit dem Speer kämpfende Reiter, leichte Infanterie, Bogenschützen und Schleuderer.

Flotte kontrollierte die Einfahrt, während seine rechte Hand Agrippa mit einer zweiten Flotte von 300 Schiffen südlich des Gegners gelandet war, dessen Versorgungswege auf dem Land abgeschnitten hatte und sich schließlich mit Octavians Flotte vor der Bucht von Actium vereinte.

Damit konnte Octavian auf Zeit spielen. Wiederholt bot ihm Antonius die Schlacht an, doch er ging nicht darauf ein, wohl wissend, dass Versorgung und Stimmung der geg-nerischen Soldaten sich stetig verschlechterten. Antonius blieb schließlich nur eine Möglichkeit: Er musste mit seiner Flotte einen Ausbruchsversuch aus der Bucht unternehmen, um wenigstens sein Leben, das der geliebten Pharaonin und die gut gefüllte Kriegskasse zu retten. Um seine Truppen nicht zu entmutigen, musste er die Fluchtabsicht jedoch kaschieren. Er ließ entgegen der üblichen Praxis die Groß-segel an Bord, die in der Schlacht hinderlich, aber für die

Im alten Rom wurden Seeschlachten wie die bei Actium gern realitätsnah in Schaukämpfen nachgestellt. Diese Wanddekoration aus Pompeji zeigt eine solche **Naumachie**.

Flucht vor den nur geruderten Schiffen Octavians notwendig waren, und gab das als Maßnahme aus, um fliehende Schiffe des Gegners besser erreichen und vernichten zu können.

Flucht mit der Kriegskasse

Am Morgen des 2. September 31 v. Chr. ruderte das Geschwader des Antonius durch die Meerenge bei Actium und bezog vor der Einfahrt zur Bucht Stellung in Form eines Bogens. Die etwa 170 Schiffe lagen eng beieinander, um einen Durchbruch des Gegners durch die eigene Linie zu verhindern, die Flügel reichten bis nah ans Ufer, um einer Überflügelung zu begegnen. Die 60 Schiffe Kleopatras positionierten sich hinter dem Zentrum. In dieser Formation wollte Antonius den Angriff der nahezu doppelt so starken Flotte des Octavian abwarten und danach die Blockade durchbrechen. Octavian und Agrippa hatten ihrerseits die Flügel der Flotte verstärkt, um einer Einkreisung vorzubeugen. Ihre Liburnen waren zwar kleiner als die Schiffe des Antonius und verfügten über weniger Bordwaffen, waren aber wendiger. Als die Schlacht gegen Mittag begann, versuchte Antonius zunächst, den Gegner durch den Einsatz der Katapulttürme seiner Schiffe auf Distanz zu hal-

Diese Illustration von Ludovico Pogliaghi aus dem 19. Jahrhundert zeigt **Antonius** bei dem Versuch, die aus der Schlacht fliehende **Kleopatra** zu erreichen. Beiden gelang die Flucht nach Ägypten.

Die **Schlacht bei Actium** war eine der letzten großen Seeschlachten der Antike. Das Landheer, das der fliehende Antonius zurückgelassen hatte, lief schließlich auf Octavians Seite über.

ten. Bald aber kam Bewegung in die Linien. Agrippa wich auf dem linken Flügel zum Schein aufs offene Meer zurück, ließ dann wenden und die Schiffe zu einer Umfassung der zahlenmäßig unterlegenen Verfolger ausschwärmen. Im Zentrum attackierten jeweils mehrere Liburnen einzelne Schiffe des Antonius und nahmen deren Ruder ins Visier. Die Schlacht war nicht entschieden, als es den nicht in das Gefecht verwickelten Schiffen der Kleopatra gelang, unter Ausnutzung des aufkommenden Nordwinds mit voller Wucht durch eine Lücke zu stoßen und Richtung Süden davonzusegeln. Auch Antonius gelang daraufhin mit einigen Schiffen die Flucht. Der Großteil seiner Flotte kämpfte weiter. Erst als Octavian dazu überging, sie mit Brandpfeilen und von Katapulten abgefeuerten glühenden Pechgeschossen zu bekämpfen, fiel die Entscheidung. Antonius' Soldaten gingen elend zugrunde: Sie verbrannten auf ihren Schiffen, erstickten am Rauch oder ertranken nach dem Sprung von ihren brennenden Schiffen.

Kaiser Augustus

Der Erhabene Der Geburtsname des ersten römischen Kaisers war Gaius Octavius. Im Jahr 44 v. Chr. wurde er von seinem Großonkel Julius Cäsar testamentarisch adoptiert und zum Haupterben eingesetzt. Für die Zeit bis ins Jahr 27 v. Chr. wird er gewöhnlich Octavian genannt, obwohl er diesen Namen selbst nie führte, dann verlieh ihm der Senat den Titel „Augustus" (der Erhabene). Nachdem er seine Mitherrscher ausgeschaltet hatte, begründete er das römische Prinzipat (Kaisertum in der Gestalt der alten Republik), das 300 Jahre Bestand haben sollte. Zudem stellte Augustus durch die „Pax Augusta", den Kaiserfrieden, Ruhe und Ordnung im Reich her und es brach eine Zeit des Friedens und Wohlstands in Italien und den Provinzen an.

BIOGRAFIE

Im Augusteischen Zeitalter erlebten Kunst und Architektur eine neue Blüte. Sie war nicht zuletzt Teil der Herrschaftspropaganda, die der Legitimation der neuen Ordnung dienen sollte. Das Marmorrelief zeigt eine Szene des **Triumphzugs**, der im August des Jahres 29 v. Chr. **anlässlich des Sieges in der Schlacht von Actium** abgehalten wurde.

Die Geburt des römischen Kaisertums

Antonius' Taktik war aufgegangen, die Flucht mit Kleopatra und der Kriegskasse gelungen. Strategisch war die Schlacht bei Actium für ihn jedoch ein einziges Desaster. Er hatte sein Heer verloren, sein Ruf als ehrenwerter Feldherr war ruiniert, der Kampf um die Macht in Rom war zugunsten seines Rivalen entschieden. Octavian folgte den beiden nach Ägypten. Als er auch dort siegreich war, stürzte Antonius sich 30 v. Chr. in sein Schwert, die ägyptische Königin nahm sich wenig später ebenfalls das Leben. Octavian kehrte im Triumphzug nach Rom zurück, wo er als Augustus das römische Kaisertum begründete.

Augustus (Octavian, Marmorstatue im Vatikan) war römischer Kaiser von 27 v. Chr. bis 14 n. Chr. Unter seiner Herrschaft dehnte sich das Römische Reich vor allem in Afrika und Europa erheblich aus. »

Sieg im Unterholz – die Varusschlacht

Seit dem Jahr 12 v. Chr. waren die Römer vom gesicherten Rheinland aus wiederholt nach Germanien vorgestoßen und hatten das Land zwischen Rhein und Elbe innerhalb zweier Jahrzehnte weitgehend unter ihre Kontrolle gebracht. Ein Cheruskerfürst bereitete der zunächst recht friedlichen Nachbarschaft ein abruptes Ende.

Publius Quinctilius Varus (um 47 v. Chr.–9 n. Chr.) entstammte der römischen Oberschicht und hatte bereits eine Reihe hoher Ämter ausgefüllt, als er im Jahr 7 n. Chr. Statthalter des römischen Kaisers in Germanien wurde und in dieser Funktion zudem das Kommando über die fünf am Rhein stationierten römischen Legionen übernahm. Als Varus sein Amt in der fernen Grenzregion antrat, galt Germanien als befriedet. Seit fünf Jahren hatte es kein nennenswertes Anzeichen von Unruhe oder Aufbegehren unter den germanischen Stämmen gegeben. Zu den Fürsten verbündeter Stämme, die Varus in seiner neuen Funktion bisweilen als Gäste begrüßte, gehörte auch der zu jener Zeit etwa 26-jährige Cherusker

Der Cherusker Arminius war adliger oder gar königlicher Herkunft. Sein Ziel war es, mit seinem Stamm unabhängig von Rom zu bleiben. In der **Varusschlacht** siegte er glanzvoll gegen drei römische Legionen. In der Zeit danach widerstand er den Angriffen des Germanicus, der den Oberbefehl der römischen Truppen am Rhein innehatte.

Arminius (um 17 v. Chr.–um 21 n. Chr.), der in Rom ausgebildet worden war und als Führer germanischer Verbände im römischen Heer dessen Stärken und Schwächen kennengelernt hatte.

Aufbruch in unbekanntes Terrain

Im Herbst des Jahres 9 stand der Aufbruch des Varus und dreier seiner Legionen vom Sommerquartier, über dessen Lage keine gesicherte Kenntnis besteht, ins Winterlager bei Xanten an. Da dem römischen Statthalter zu Ohren kam, dass im Cheruskerland Unruhen ausgebrochen seien, beschloss er, einen Umweg durch diese Region zu machen, um sie zu befrieden. Angeblich hatte Varus einen Hinweis erhalten, dass Arminius ein Komplott schmiede und die Römer in einen Hinterhalt gelockt werden sollten. Beunruhigt zeigte er sich davon jedoch kaum. Denn was sollten schon ein paar wilde germanische Haufen, die mit bloßem Oberkörper kämpften, gegen drei Legionen der kampfkräftigsten Militärmacht ihrer Zeit ausrichten? Mit wohl 17 000 Soldaten, dem dazugehörigen nicht militärischen Tross und großem Selbstvertrauen brach Varus im September auf. Zunächst folgte er bekannten Routen, doch als der Umweg eingeschlagen wurde, geriet die Kolonne in unbekanntes, schwieriges Gelände. Auch das Wetter scheint den Germanen mit Regen und Sturm in die Karten gespielt zu haben. Über schmale Pfade, durch schier endlose Wälder, durch Schlamm und Morast zog sich der römische Tross kilometerlang dahin und kam nur mühsam voran.

Gemetzel in den Wäldern

Arminius war sich zweifellos bewusst, dass für die Germanen in einer offenen Feldschlacht gegen ein in Formation kämpfendes römisches Heer keinerlei Aussicht auf Erfolg bestand. So griffen die Germanen schließlich im Schutz des Waldes an, ließen ihre Pfeile und Speere auf die Römer niedergehen und zogen sich rasch wieder zurück, ohne fürchten zu müssen, dass der Gegner ihnen nachsetzte. Schon am ersten Tag erlitten die Römer große Verluste, konnten aber ein Lager für die Nacht errichten. Am folgenden Tag wurden sie, eingekesselt von einer offensichtlich stetig wachsenden Zahl von Gegnern,

Römische Vorstöße

Um die Zeitenwende unternahmen die Römer eine Reihe von Vorstößen, um ihr Reich auch rechts des Rheines auszudehnen. Mit keiner dieser Expeditionen konnten sie sich nachhaltig in Germanien etablieren. Die **Varusschlacht** im Jahr 9 n. Chr. steht bis heute symbolisch für dieses Scheitern.

Deutsche Dichter, etwa Heinrich von Kleist, machten den Cheruskerfüsten Arminius zur nationalen Symbolgestalt. Eingedeutscht wurde der Name zu „Hermann". Bei der Einweihung des **Hermannsdenkmals** bei Detmold im Teutoburger Wald (nach Entwürfen von Ernst von Bandel) im Jahr 1875 war auch Kaiser Wilhelm I. zugegen.

1987 wurde bei Bramsche-Kalkriese diese **Gesichtsmaske eines römischen Reiterhelms** gefunden, ein Beleg dafür, dass die berühmte Varusschlacht hier stattgefunden hat. Kalkriese kann als einziger der mutmaßlichen Schlachtorte archäologisches Material vorweisen.

wieder attackiert. Es ist zu vermuten, dass die germanischen Hilfstruppen der Römer meuterten und zum Feind beziehungsweise zu den Landsmännern überliefen, anders ist die in den antiken Quellen überlieferte sang- und klanglose Niederlage der römischen Legionen kaum zu erklären. Am dritten Schlachttag kam es zum entscheidenden Angriff der Germanen und zu einem schrecklichen Massaker. Nachdem Varus und zahlreiche hohe Offiziere sich angesichts der Aussichtslosigkeit der Lage früh ins Schwert gestürzt hatten, brachen Moral und Disziplin der Legionäre zusammen. In einem Blutrausch metzelten nun die siegestrunkenen Germanen die Römer nieder, auch jene, die sich kampflos ergaben, entkamen nicht dem oft grausamen Tod. Das Schlachtfeld muss mit Leichen und Blut völlig bedeckt gewesen sein. Das Zeichen des Triumphes, den Kopf des Varus, schickte Arminius dem Markomannenkönig Marbod, der im Böh-mischen Becken herrschte und für ein Bündnis gewonnen werden sollte. Im fernen Rom soll Augustus derweil ausgerufen haben: „Varus, gib die Legionen zurück!" Wie hart die Römer die Niederlage in den germanischen Wäldern getroffen hat, verdeutlicht die Tatsache, dass die Ordnungsnummern der vernichteten Legionen, es waren die 17., die 18. und die 19., nie wieder vergeben wurden. Einige Jahre nach der Varusschlacht gaben die Römer ihre Ambitionen auf Germanien endgültig auf. Der Rhein blieb die Grenze.

In der seit Langem und heftig diskutierten Frage, wo die „Schlacht im Teutoburger Wald" stattgefunden hat, deutet mittlerweile vieles auf ein Areal bei Kalkriese in den Ausläufern des Wiehengebirges hin. Aber nicht nur die Verortung ist schwierig, auch mit Blick auf die Umstände und den Hergang der Schlacht basieren alle Schilderungen weithin auf Indizien.

Im Zuge seiner erfolglosen Feldzüge im rechtsrheinischen Gebiet ließ **Germanicus**, Varus' Nachfolger als römischer Statthalter in Germanien, aufgefundene **Überreste von Varus' Legionären** beerdigen.

Diese **römischen Lanzen- und Geschossspitzen** wurden beim niedersächsischen Ort Kalkriese gefunden.

Das Ende der Han am Roten Felsen

 Das chinesische Reich der Han-Dynastie (202 v. Chr.–220 n. Chr.) war hinsichtlich Größe und Bedeutung dem Römischen oder Persischen Reich vergleichbar. Im 2. Jahrhundert setzte infolge innerer Konflikte der Niedergang ein. Nach der Schlacht am Roten Felsen war das Reich der Han endgültig am Ende.

Der chinesische Politiker, Kriegsherr und Dichter **Cao Cao** lebte während der späten Han-Dynastie. Sein Ruhm schlug sich auch in der Oper nieder, wo er als Figur auftrat, wie diese Theatermaske zeigt.

Zur Zeit seiner größten Ausdehnung erstreckte sich das Reich der Han über 3000 Kilometer, von Korea bis Zentralasien, von der Mongolei bis ans Südchinesische Meer. In der späteren Han-Zeit geriet die kaiserliche Regierung jedoch immer stärker in Bedrängung. Sie verlor schließlich die Kontrolle über das Militär an mächtige Befehlshaber, die sie selbst ernannt hatte und die nun Kriege gegeneinander führten. 208 kam es schließlich zur Konfrontation dreier Machthaber, die aus den inneren Kämpfen als Sieger hervorgegangen waren. Der starke Mann des Nordens war Kanzler Cao Cao, der in jenem Jahr eine militärische Expedition in den Süden startete. Dort, im Einzugsgebiet des Flusses Jangtse, schlossen die Kriegsherren Sun Quan und Liu Bei, ein Onkel des Kaisers, angesichts der Bedrohung durch Cao Cao ein Bündnis.

Entscheidung durch den Wind

Im Winter 208 lagen sich die Heere der Rivalen an den Ufern des Jangtse, am Roten Felsen, gegenüber. Das Heer aus dem Norden war etwa 200 000 Mann stark, das der Alliierten mit etwa 50 000 Soldaten zahlenmäßig deutlich unterlegen. Cao Caos Truppen hatten jedoch keinerlei Erfahrung mit Gefechten auf dem Wasser und so ließ der Befehlshaber seine 50 Schiffe mit Trossen verbinden und darauf Holzbohlen befestigen, damit seine Männer wie auf dem Land kämpfen konnten. Sein Heer lag am nördlichen Ufer und da im Winter in dieser Region gewöhnlich Nordwind wehte, verwarf Cao Cao Befürchtungen, der Gegner könnte eine Feuerattacke gegen die schwimmende Holzfestung führen. Zwar wehte der Wind zu dieser Jahreszeit meist aus Nordwesten, doch keineswegs immer. Als er dann tatsächlich einmal von Süden wehte, schlugen die Alliierten zu. Sie täuschten die Kapitulation vor und schickten zehn Schiffe voller mit Öl getränktem Brennholz als vermeintliche Delegation in Richtung der gegnerischen Flotte. Als die Boote kurz vor dem Ziel waren, wurden sie in Brand gesteckt. Der Wind trieb sie in die vertäute und manövrierunfähige Flotte des Cao Cao. Kein Schiff entging dem Feuer und auch auf das Lager ging der Brand über.

吳主孫權

Sun Quan, einer der Gegner von Cao Cao am Roten Felsen, begründete die Wu-Dynastie, die in der „Zeit der drei Reiche" (220–280) mit der Wei-Dynastie von Cao Caos Sohn Cao Pei und der Shu-Han-Dynastie Liu Beis um die Macht in China konkurrierte. Die Darstellung stammt aus der „Rolle der 13 Kaiser" aus dem 7. Jahrhundert (Boston Museum of Fine Arts).

Liu Bei ließ sich 221 zum Kaiser ausrufen. Sein Shu-Han-Teilreich wurde 263 von Wei annektiert, das 280 auch das andere südliche Teilreich Wu eroberte. Das Porträt des Kaisers stammt aus der Zeit der Qing-Dynastie (1616–1911).

Der Versuch Cao Caos, das Reich der Han nach langen Wirren wieder zu einen, war gescheitert. In der Folgezeit konsolidierte er das Han-Reich im Norden, während seine siegreichen Gegner nun den Süden beherrschten.

Die Schlacht an der Milvischen Brücke

Seit 293 regierten jeweils zwei Kaiser (Augusti) und zwei Unterregenten (Caesares) gemeinsam das Römische Reich. Als Konstantin I. (um 273–337) von seinen Soldaten 306 zum Augustus ausgerufen wurde, zerfiel das System der „Tetrarchie" wieder. Der Kampf um die Alleinherrschaft stand bevor – und mit ihm schwere militärische Auseinandersetzungen.

„Wie nun Konstantin auf den Thron gekommen war und sehen musste, dass die Hauptstadt der ganzen Welt, die Herrscherin des Römischen Reiches, der Knechtschaft eines Tyrannen unterworfen war, traf er die notwendigen Rüstungen zum Sturz der Tyrannenherrschaft." So deutet der antike Geschichtsschreiber Eusebius von Caesarea Konstantins Motiv für die Schlacht an der Milvischen Brücke. Der „Tyrann" und Rivale des Konstantin war Maxentius, der sich 306 in Rom zum Kaiser hatte ausrufen lassen. Maxentius herrschte über Italien und Nordafrika, während Konstantins Machtbereich in Britannien, Gallien und Spanien lag. Zur entscheidenden Schlacht um die Alleinherrschaft im Westen des Reiches kam es vor den Toren Roms, nahe der Milvischen Brücke, einem Übergang der Via Flaminia über den Tiber.

„In diesem Zeichen wirst du siegen!"

Im Frühjahr 312 überschritt Konstantin mit einem Heer von 40 000 Mann die Alpen und erzielte in Norditalien erste Erfolge gegen Truppen des Maxentius. Im Herbst zog er auf Rom vor, wo sich sein Rivale aufhielt. Vieles deutete darauf hin, dass es zu einer Belagerung der „Hauptstadt der ganzen Welt" kommen würde, doch Maxentius entschied sich für eine offene Schlacht am Jahrestag seiner Ernennung zum Kaiser, dem 28. Oktober. Sein Plan sah vor, das zahlenmäßig unterlegene Heer Konstantins bis zum Tiber durchbrechen zu lassen, um es dann vor dem Fluss einzukesseln. Mit diesem Ziel ließ Maxentius angeblich auch die Milvische Brücke zer-

Zu Ehren von **Kaiser Konstantin I.** wurde in Rom in der Maxentiusbasilika am Forum Romanum eine riesige Statue errichtet – allein der hier dargestellte Kopf ist 260 Zentimeter groß.

In der **Schlacht an der Milvischen Brücke** in Rom trafen die Heere der beiden Widersacher Konstantin und Maxentius aufeinander (Fresko von Giulio Romano, Vatikan, Rom).

Die **Milvische Brücke,** auf Italienisch: Ponte Milvio, wurde 207 v. Chr. als Holzbrücke errichtet und später als steinernes Bauwerk erneuert. Lange war sie der wichtigste Zugang zur Stadt Rom von Norden her.

stören. Maxentius scheiterte auf ganzer Linie, schließlich sollen seine eigenen Truppen mit dem Rücken zum Tiber gekämpft haben. Er selbst ertrank nach einem Sturz in den Fluss.

Die siegreiche Armee soll in dieser Schlacht unter dem Zeichen des Kreuzes gekämpft haben. Nach einer Legende hatte Konstantin am Vorabend des Kampfes eine Erscheinung in Form eines christlichen Kreuzes, auf dem der Schriftzug „In diesem Zeichen wirst du siegen!" zu lesen war. Seinen Sieg gegen die Übermacht glaubte er daher Gottes Hilfe geschuldet. Als Alleinherrscher förderte Konstantin fortan die noch junge Religion der Christen.

Attila auf den Katalaunischen Feldern

Das Vordringen der Hunnen nach Europa löste im späten 4. Jahrhundert die Wanderung vor allem germanischer Stämme nach Westen und Süden aus, die wiederum wesentlich zum Zerfall des Weströmischen Reiches beitrug. In Gallien stellten sich die Römer und ihre Verbündeten den Hunnen auf den Katalaunischen Feldern entgegen.

König Attila in der Schlacht auf den Katalaunischen Feldern, hier auf einer Kreidelithografie aus dem 19. Jahrhundert. Sein Zug der Verwüstung durch Europa läutete den Untergang Westroms ein und bildet damit eine Zäsur zwischen Antike und Mittelalter.

Als die „Geißel Gottes" galt Attila den Abendländern. Der König der Hunnen (gest. 453) und berühmteste aller Nomadenführer der Völkerwanderungszeit war ein charismatischer Herrscher, dessen Reich sich um seinen Mittelpunkt im heutigen Ungarn vom Kaukasus bis fast zum Rhein erstreckte. Mit seiner Streitmacht, in der neben Hunnen auch Ostgoten, Thüringer, Franken und Burgunder kämpften, unternahm er nach dem Jahr 445 Raubzüge in die Donauprovinzen, nach Italien und Gallien. 451 stießen die Hunnen über Mainz und Köln schließlich bis Paris vor. Auf den „Campi Catalauni", benannt nach dem gallischen Stamm der Katalaunen, bei Châlons-sur Marne in der Champagne forderte Flaevius Aëtius, römischer Heermeister Galliens, den scheinbar unbesiegbaren Feldherrn heraus.

„Dreschboden zahlloser Völker"

Auch das „römische" Heer von Flaevius Aëtius setzte sich hauptsächlich aus „Barbaren" zusammen: Seine wichtigsten Verbündeten waren die Westgoten, aber auch Armorikaner (Bretonen), Sachsen und Franken verstärkten die Reihen. Es kämpften also nicht hauptsächlich Römer gegen Hunnen, sondern auch Germanen gegen Germanen. Der gotische Historiker Jordanes hat das Schlachtfeld daher als „Dreschboden

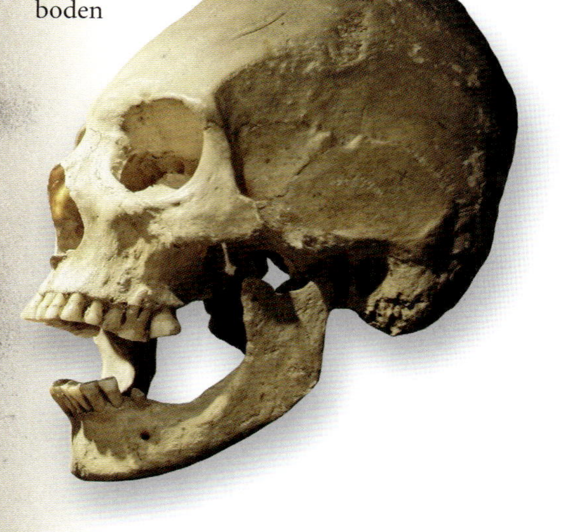

Ab 375 drangen die **Hunnen** aus den Steppen Südrusslands Richtung Westen und schließlich nach Europa vor. Besonders unter Attilas Führung verbreiteten sie dort ab 451 Angst und Schrecken (Holzstich, um 1890).

zahlloser Völker" bezeichnet. Das Schlachtfeld der Katalaunischen Felder war sehr weitläufig, sodass sich eine zentrale Befehlsgebung offensichtlich als unmöglich erwies und taktische Manöver kaum möglich waren. Die Zahl der Soldaten war auf beiden Seiten etwa gleich groß. Die jeweiligen Stämme kämpften weitgehend im Verbund und es entbrannte ein erbittertes Ringen Mann gegen Mann. Die römischen Bogenschützen gaben den Ausschlag. Schließlich dominierten die Westgoten das Geschehen und kesselten die Hunnen ein, die somit in der Falle saßen, aber nicht aufgaben. Beide Parteien hatten große Verluste erlitten und waren zu erschöpft, um die Entscheidung herbeizuführen. Zum ersten Mal hatte Attila nicht gesiegt. Sein Kontrahent zeigte sich großzügig und ließ ihn mit seinen verbliebenen Männern ziehen. Die Hunnen marschierten nach Italien und bedrohten bald auch Rom.

Dieser **Schädel** wurde als der **eines Hunnen** identifiziert. Die Hunnen hatten deformierte Schädel, weil ihnen diese schon im Kindesalter mit Bandagen abgebunden wurden, um sie in eine länglichere Form zu bringen. **«**

Flavius Aëtius gilt als der letzte große weströmische Staatsmann und Feldherr. In die Geschichte ist er vor allem wegen seines Sieges über Attilas Hunnen eingegangen.

Mittelalter

Für einige Jahrhunderte waren die Ritter, die bewaffneten Reiter, die absoluten Herrscher auf dem Schlachtfeld. Das Rittertum brachte eine neue Art der Kriegsführung und eine neue Gestalt des Kriegers hervor. Gegen Ende der Epoche brachte die Infanterie die Kavallerie in Bedrängnis und erstmals lag Pulverdampf über dem Schlachtfeld.

Sieg der Franken bei Tours und Poitiers

Im frühen Mittelalter erstarkte die germanische Herrschaft in Westeuropa. Ausgehend von ihrem Kernland um Maas- und Rheinmündung gaben die Franken bald in den einst römischen Provinzen von Gallien und Germanien den Ton an und unterwarfen angrenzende Gebiete auch weit östlich des Rheines. Im 8. Jahrhundert sahen sie sich mit von Süden eindringenden Muslimen konfrontiert.

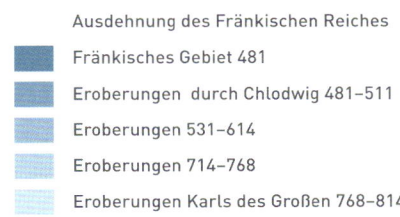

Chlodwig I. weitete das **Frankenreich** bis zum Atlantik, zu den Pyrenäen und zur Provence aus. Karl der Große fügte das Langobardenreich und weite Gebiete von der Elbe bis zur Adria in das Reich ein.

711 drangen die Mauren, islamisierte Berber vom Nordrand der Sahara, und muslimische Araber über Gibraltar auf die Iberische Halbinsel vor. Innerhalb weniger Jahre eroberten sie weite Teile des dort bestehenden christlichen Gotenreichs und starteten dann auch erste Züge über die Pyrenäen. Es handelte sich bei diesen Vorstößen auf fränkisches Gebiet weniger um eine systematische Expansion mit dem Ziel der Eroberung und Landnahme fremden Territoriums, als vielmehr um Kriegs- und Raubzüge von schlagkräftigen Kampftrupps, die vor allem auf schnelle Beute aus waren.

Raubzüge der Mauren

Karl Martell (um 688–741) war aus inneren Auseinandersetzungen um die Macht im Fränkischen Reich als Sieger hervorgegangen. Er festigte nach 718 in Feldzügen gegen Sachsen, Bayern und Alamannen die Einheit des Reiches und dehnte dessen Grenzen aus. Die Bedrohung durch die Mauren war nur eine der militärischen Herausforderungen, vor die sich der Großvater Karls des Großen während seiner Herrschaft gestellt sah. Die muslimischen Vorstöße über die Pyrenäen stellten für ihn in erster Linie nicht einen islamischen Angriff auf die christliche Welt dar, sondern eine

Gefahr für seine persönliche Machtstellung und seine Herrschaft. Erst Jahrhunderte nach der Schlacht entstand der Mythos um Karl Martell als dem „Retter des Abendlands", der dem islamischen Expansionsdrang nach Europa ein Ende setzte.

Als die Mauren nach einer Reihe erfolgreicher Plünderungszüge, die sie bis ins Burgund führten, im Oktober 732 offenbar auch die Stadt Tours an der Loire ins Visier nahmen, brachte Karl Martell sein fränkisches Heer in Stellung und sicherte sich die Unterstützung der Langobarden. Irgendwo zwischen den Städten Poitiers und Tours kam es zur Konfrontation mit dem muslimischen Heer unter Führung des sieggewohnten Abd ar-Rahman. Er befehligte eine kombinierte Streitmacht aus Kavallerie und Infanterie, wäh-

Karl Martell, hier mit den Insignien der späteren Kreuzritter dargestellt, begründete seinen Ruf besonders durch den Sieg gegen die Mauren bei Tours und Poitiers (Holzstich, um 1855). **«**

Das Fränkische Reich

Merowinger und Karolinger Das Fränkische Reich war die nachhaltigste germanische Reichsgründung der Völkerwanderungszeit. Im späten 5. Jahrhundert durch die Eroberungen des Merowingers Chlodwig I. entstanden, existierte es bis ins späte 9. Jahrhundert, als sich die Reichsteile Westfränkisches Reich, Ostfränkisches Reich, Burgund und Italien verselbstständigten. Bedeutendster Herrscher war der Karolinger Karl der Große (747–814), der das Reich beträchtlich ausdehnte und im Jahr 800 in Rom zum Kaiser gekrönt wurde.

Mit erhobener Streitaxt kämpft Karl Martell auf einem weißen Ross gegen die **Mauren**. Diese Muslime arabischer Herkunft und islamisierten Berber herrschten seit 711 über große Teile der Iberischen Halbinsel und Nordwestafrikas. In Spanien konnten sie sich bis 1492 halten.

rend das fränkische Heer dieser Zeit den Kampf gewöhnlich in geschlossener Formation der Infanterie suchte. Über die Stärke der Heere liegen keinerlei gesicherte Angaben vor, in der Regel wird von 15 000 bis 20 000 Soldaten auf jeder Seite ausgegangen, obwohl zeitgenössische Quellen wesentlich höhere Zahlen anführen und von einem arabischen Heer mit 100 000 Mann sprechen.

Fränkische Infanterie hält stand

Nach sieben Tagen des Abwartens und einigen Scharmützeln gingen die Mauren zum Angriff über. Karl Martells Fußsoldaten, die bereits auf vielen Feldzügen erfolgreich gekämpft hatten, schlossen sich offenbar zu einer Phalanx zusammen, an

Karl Martell war zwar einer der mächtigsten Herrscher in der Geschichte des Frankenreichs, hatte aber keine Königswürde inne, sondern war Hausmeier. Hier zieht er in einem Triumphzug in Paris ein.

Für die Franken war es ein Glück, dass der **Führer der Mauren, Abd ar-Rahman,** schon zu Beginn der Kämpfe fiel (Skulptur von Theodore Gechter, 19. Jh., Louvre, Paris).

der die Angriffe der Muslime, gleich ob Infanterie oder Reiterei, wiederholt abprallten. Der Großteil der berittenen Bogenschützen der Mauren wurde eingeschlossen und vernichtet. Als nach herben Verlusten auch ihr Feldherr Abd ar-Rahman bei einem der Angriffe getötet wurde, zogen sich die Mauren bei Anbruch der Nacht vom Schlachtfeld in ihr Lager zurück. Das ebenfalls erschöpfte fränkische Heer folgte ihnen nicht, da Karl Martell fürchtete, in einen Hinterhalt zu geraten. Am folgenden Tag rückten die Franken gegen das Lager vor, fanden es aber verlassen. Die Taktik der sehr stabilen Infanterielinie erwies sich in dieser wie in vielen weiteren Schlachten als probates Mittel gegen die feindliche Reiterei. Ihr Gelingen erforderte jedoch ein Höchstmaß an Tapferkeit und Disziplin seitens der Fußsoldaten, das nicht viele Heere aufbrachten. Die schwer gepanzerte fränkische Reiterei, der für spätere Zeit große Effektivität bescheinigt ist, scheint an der Schlacht von Tours und Poitiers noch nicht beteiligt gewesen zu sein. Zumindest sprechen die Quellen, die dem Geschehen zeitlich am nächsten sind, nicht davon. Erst nach dem Sieg begann Karl Martell, sein Heer neu zu organisieren. Er stärkte die Kavallerie, um den defensiven Qualitäten seiner Infanterie auch in der Offensive etwas Schlagkräftiges zur Seite zu stellen.

Mit Panzerreitern zum Sieg – Lechfeld

500 Jahre nach den Hunnen versetzten erneut Nomaden aus dem Osten das Abendland in Angst und Schrecken. Im frühen 10. Jahrhundert drangen die Ungarn auf Raubzügen nach Sachsen, Bayern, Frankreich und Italien vor. König Otto I. (912–973) sammelte deutsche Heere, um den Ungarneinfällen ein Ende zu bereiten.

Um 900 erfolgte die Landnahme der Ungarn im Gebiet zwischen Donau und Karpaten. Um ihre nomadische Lebensweise aufrechterhalten zu können, unternahmen sie Raubzüge nach West- und Mitteleuropa und drangen dabei bis zur Nordsee und über die Pyrenäen vor. Ihre militärische Schlagkraft lag vor allem in ihren berittenen Bogenschützen, die schnelle Attacken mit Pfeilbeschuss ausführten und sich rasch wieder zurückzogen. Den Nahkampf suchten sie erst, wenn der Feind bereits entscheidend geschwächt war. 955 drangen ungarische Verbände erneut in Bayern ein und schlugen nach einigen Plünderungszügen bei Augsburg ihr Lager auf. Otto I., 936 in Aachen zum ostfränkischen König gewählt und im sächsischen Magdeburg residierend, zog auf die Nachricht vom Ungarneinfall nach Bayern, um seine Truppen mit den Heeren der Bayern, Franken und Schwaben zu vereinen. Seine Streitmacht umfasste etwa 20 000 Soldaten, darunter 10 000 Panzerreiter.

Otto I., der Große, wurde 936 in Aachen zum König erhoben und 962 in Rom zum Kaiser gekrönt. Die Sitzstatue aus dem 13. Jahrhundert im Magdeburger Dom zeigt ihn neben seiner Frau Editha.

Entscheidung im Nahkampf

Am 10. August 955 zog das vereinte Heer gen Augsburg, es nahm eine Route durch dichten Wald, um dem gefürchteten Pfeilregen der Ungarn zu entgehen. Diese umgingen jedoch die vorderen Einheiten der Marschkolonne und griffen erfolgreich den letzten Heeresteil und den Tross an. Der König schickte einen kampfstarken Verband zu Hilfe, dem es gelang, die Gefangenen zu befreien und auch den Tross zurückzuerobern. Auf dem Lechfeld kam es dann zum Hauptgefecht. Die Ungarn konnten hier ihre eigentliche Stärke, die Taktik der wirkungsvollen Nadelstiche, nicht einsetzen, denn sie sahen sich zum Frontalangriff und Nahkampf gezwungen, in dem sie gegen die wuchtigen Panzerreiter schnell auf verlorenem Posten standen. Sie ergriffen bald die Flucht, doch Otto I. hatte Vorsorge getroffen und Truppen postiert. So wurden die Ungarn fast vollständig vernichtet.

Die Schlacht auf dem Lechfeld hatte weitreichende Konsequenzen: Die Zeit der ungarischen Raubzüge war endgültig vorbei und Otto erhielt als „Beschützer der Christenheit" stärkeres Gewicht unter den europäischen Königen. 962 wurde er vom Papst zum ersten Kaiser des römisch-deutschen Reiches gekrönt.

So ich nun auff die zeyt Otto des kaysers pin ko
men. so wil ich von den dingen sagen. die zu sei
nen zeytten zu auffspurg geschehen send Do sich d
kayser otto beraytet wider berengarium den künig bo
lamparden als wider ain wietrich vnd geitigen von
der alle gerechtikait vmb gelt hab Doch so forcht
in der selb wietrich. wan er die machtikait des kay
sers wol wisset. vnd durch ratt des herzogen bo lutt

In dieser Szene der **Schlacht auf dem Lechfeld** (Buchmalerei, 1457) kennzeichnen die roten
Kopfbedeckungen die Ungarn, während rechts das Reichsbanner mit Adler zu sehen ist.

Historischer Scheinrückzug – Hastings

Harold II. Godwinson war im Januar 1066 König von England geworden, doch seine Thronfolge war umstritten. So sah der letzte angelsächsische König der Insel sein Reich bald von außen bedroht. Bei Hastings nahm schließlich eine neue Ära der englischen Geschichte ihren Anfang.

Nachdem ihr Schildwall aufgebrochen ist, sind die **englischen Fußtruppen** dem mit Lanze und Kurzschwert ausgestatteten **normannischen Ritterheer** hoffnungslos unterlegen – und die normannische Eroberung Englands nimmt ihren Lauf.

Gleich drei Regenten glaubten aufgrund von Verwandtschaft oder entsprechenden Zusagen Ansprüche auf den englischen Thron zu haben: Während der dänische König sich entschloss, die Entwicklung abzuwarten, machten sowohl der norwegische König Harald Hardråde als auch der Herzog der Normandie, Wilhelm der Bastard, unmissverständlich deutlich, dass sie zur Erlangung der Krone auch zu militärischen Mitteln greifen würden. Der Angelsachse Harold II. musste sich also zugleich auf einen Angriff im Norden wie im Süden vorbereiten. Da er die Normannen von jenseits des Ärmelkanals für die größeren Rivalen hielt, positionierte er sein Heer Anfang September 1066 an der Südküste, um der Invasion aus Frankreich zu trotzen.

In Abteilungen geordnet standen die Normannen dem englischen Schildwall gegenüber. Die Fußsoldaten und Bogenschützen Wilhelms begannen die Schlacht, entschieden wurde sie von der normannischen Reiterei, die durch einen **Scheinrückzug** für die teilweise Auflösung des englischen Schildwalls sorgte und so die Möglichkeit zum Durchbruch schuf. »

Im Eilmarsch nach Süden

Der erste Angriff erfolgte jedoch durch die Norweger über Schottland, wo sich heimische Kämpfer dem Heer anschlossen. Am 20. September marschierten die Invasoren auf York zu und erzielten gegen kleinere Verbände englischer Earls erste Erfolge. Drei Tage später aber überrumpelte die herbeigeeilte Armee Harolds II. die Norweger bei Stamford Bridge und fügte ihnen eine vernichtende Niederlage zu. Die Engländer feierten noch den Sieg, als sie von der Landung Wilhelms Nachricht erhielten. In Eilmärschen zogen sie daraufhin über London in Richtung Südküste, wo die Normannen bereits mit Schanzarbeiten begonnen hatten.

Am Senlac Hill, etwa zehn Kilometer nordwestlich des Küstenorts Hastings, nahmen die Gegner am 14. Oktober 1066 Aufstellung. König Harold II. besetzte mit seinem Heer den Grat des Hügels und das davor gelagerte Terrain und wählte eine oft erprobte Kampfformation, den Schildwall: Seine Infanteristen bildeten mit ihren sich überlappenden Schilden eine regelrechte Festung. In der Mitte positionierte er seine schwere Infanterie, die Huscarls, Männer von hohem Stand, die durch ein langes Kettenhemd geschützt ihre gewaltige Streitaxt mit beiden Händen führten. Die Soldaten auf den Flügeln kämpften mit Lanze und Schwert. Wilhelms Prunkstück und stärkste Waffe war die mit langer Lanze und Kurzschwert versehene

Huscarls

Professionelle Kämpferelite Der Begriff „Huscarls" stammt ursprünglich aus dem Skandinavien der Wikingerzeit und bezeichnete freie, zum Waffentragen berechtigte Männer. Sie waren professionelle Krieger und dienten in der Leibwache von Adligen und Königen. Nachdem die Dänen 1014 die britische Insel erobert hatten, bildeten Huscarls die Elitetruppe des anglo-dänischen Heeres. Sie ritten in die Schlacht, saßen für den Kampf aber ab. Ihre gefürchtetste Waffe war die Bartaxt oder Dänische Axt. Chronisten der Schlacht bei Hastings berichten, dass Huscarls mit einem Schlag dieser Axt Pferde und Menschen fast durchteilen konnten.

Harold II. (1022–1066; Darstellung auf dem Teppich von Bayeux) wurde 1066 vom obersten Rat der Geistlichen und Adligen in England zum König gewählt. Doch er hatte zwei erbitterte Konkurrenten, die in den Kampf zogen, um ihm die Krone streitig zu machen. ››

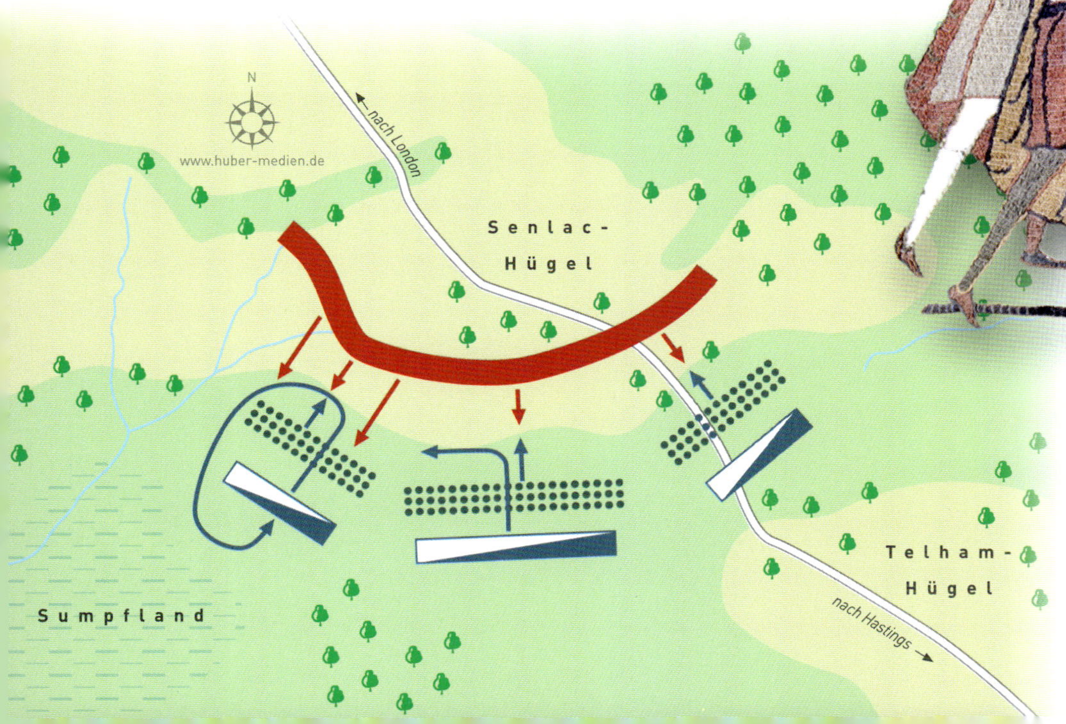

N

www.huber-medien.de

nach London

Senlac-
Hügel

Telham-
Hügel

nach Hastings ➤

Sumpfland

▬▬▬ Angelsächsischer Schildwall

▦▦▦ Normannische Fußsoldaten und Bogenschützen

▱ Normannische Reiterei

Der **Teppich von Bayeux** von 1070/80 erzählt in rund 60 Szenen, wie der Normanne Wilhelm König von England wurde. Hier stürmt **normannische Kavallerie** gegen **angelsächsische Infanterie** an.

Reiterei, die wohl effektivste ihrer Zeit. Vor dieser in drei Abteilungen aufgestellten Kavallerie standen die Fußsoldaten und Bogenschützen. Die Stärke der beiden Heere war mit jeweils 7000 bis 8000 Mann ausgeglichen.

Mithilfe einer Finte zur Krone

Die Schlacht begann am frühen Morgen mit einer Attacke der normannischen Fußsoldaten, die aber nicht mehr als ein Vorgeplänkel war, denn Wilhelms Taktik sah vor, den angelsächsischen Schildwall mit wiederholten Angriffen seiner Reiterei ins Wanken zu bringen und aufzubrechen. So kam es dann auch. Angriff auf Angriff brandete auf den Wall, doch dank der großen Disziplin und des Mutes der englischen Soldaten hielt er den normannischen Reitern über Stunden stand. Wilhelm griff schließlich zu einem gewagten Manöver – dem Scheinrückzug der Kavallerie. Er ließ seine Kavallerie scheinbar flüchten und hoffte, die Engländer würden angesichts des nahen Sieges ihren Schildwall lockern, damit ein Teil der Solda-

Die mittelalterliche Buchmalerei zeigt, wie **Wilhelm der Eroberer König Harold II.** tötet. In der Folgezeit herrschten normannische Könige über England, das sich dem romanischen Kulturkreis öffnete.

ten den „Flüchtenden" nachsetzen und sie aufreiben konnte. Genauso geschah es auch. Englische Soldaten stürmten den Hügel hinunter, um den Gegner zu verfolgen. Die normannische Kavallerie schwenkte und griff in geschlossener Formation die Verfolger an. König Harold II. formierte die Verbliebenen zwar neu in einem Schildwall, doch seine Soldaten waren erschöpft und demoralisiert. Sie kämpften aber weiter, bis ihr König durch einen Pfeilschuss ins Auge fiel.

Mit dem Sieg in der Schlacht bei Hastings begann die Herrschaft der Normannen auf der britischen Insel. Wilhelm zog mit seinem Heer Richtung Norden und traf auf nur noch schwachen Widerstand der alten Führungsschicht. Weihnachten 1066 ließ sich der Herzog der Normandie zum König von England krönen. Aus Wilhelm dem Bastard war Wilhelm der Eroberer geworden. Bis 1071 schloss er die Eroberung Englands ab.

Auf dem **Senlac Hill**, auf dem die Angelsachsen ihren Schildwall gebildet hatten, wurde zum Gedenken an die Schlacht die Benediktinerabtei **Battle Abbey** errichtet.

Kreuzritter im Heiligen Land – Arsuf

 1095 wurde das christliche Europa vom Fieber der Kreuzzüge ergriffen. Hundert-tausende brachen in den folgenden 200 Jahren auf, um am Heiligen Krieg gegen die „Feinde der Christenheit" teilzunehmen und so Buße für die eigenen Sünden zu leisten. Im Dritten Kreuzzug (1189–1192) sollte Jerusalem von den Muslimen zurückerobert werden.

Im Verlauf des Dritten Kreuzzugs trafen im Heiligen Land zwei Feldherren aufei-nander, über die sich in späteren Jahrhunderten ein Netz von Legenden legte: der englische König Richard I, genannt Richard Löwenherz (1157–1199) und Saladin (1138–1193), Sultan von Ägypten und Syrien. Richard Löwenherz repräsentierte den guten König und mutigen Ritter, Saladin avancierte als Gegenspieler der Kreuzfahrer zum größten aller Helden der muslimischen Welt und genoss auch im christlichen Abendland ein hohes Ansehen.

1187 hatten Saladins Sarazenen bei Hattin ein großes christliches Heer geschla-gen, danach Akkon und Jerusalem erobert. Auf die Nachricht vom Fall der Heili-gen Stadt rief Papst Gregor VIII. zu einem neuen Kreuzzug auf. Diesem Ruf folgte auch Richard Löwenherz: Mit seinen Kreuzrittern gelangte er über den Seeweg zunächst nach Zypern und landete dann in Akkon, das er nach kurzer Belagerung einnahm und als Stützpunkt für die Kreuzfahrer einrichtete. Etwa 3000 Überle-bende der Garnison, darunter 300 Frauen und Kinder, ließ er vor den Stadtmauern niedermetzeln. Daraufhin zog er an der syrischen Küste entlang gen Süden, in Richtung Jaffa. Die Flotte der Kreuzfahrer folgte dem Heer an der Küste und lie-ferte den Nachschub.

Die Protagonisten der Schlacht von Arsuf waren **König Richard Löwenherz** (links) und **Sultan Saladin** (rechts). Mosaikfliesen im ehemaligen Benediktinerkloster Chertsey Abbey in der englischen Grafschaft Surrey aus dem 13. Jahrhundert.

Reste der **Kreuzfahrerfestung Arsuf**. 74 Jahre nach der Schlacht von Arsuf fiel die im heutigen Israel nahe Tel Aviv gelegene Stadt zurück an die Muslime, die die Befestigungen schleiften.

Voran in „kämpfendem Marsch"

Der Marsch zu Land im Hochsommer 1191 war ein mühsames und gefährliches Unterfangen: Die schwer gepanzerten Ritter litten besonders unter der Hitze, sodass nur während der Morgenstunden marschiert wurde, zudem war jederzeit mit Angriffen der leichten Kavallerie Saladins zu rechnen. Richard ließ sein Heer in der Formation des „kämpfenden Marsches" vorrücken, die äußerste Disziplin von den Soldaten verlangte. Die 10 000 Fußsoldaten bildeten dabei ein schützendes Karree um die Elitetruppe, die wohl 1500 Ritter umfassende Reiterei, sowie den Tross. Sie sollten Angriffe der berittenen Bogenschützen abwehren, die vor allem die für den Kampf der Ritter unentbehrlichen Pferde ins Visier nah-

Das **Saladin-Denkmal** vor der Zitadelle in Damaskus (Syrien) zeigt die Symbolfigur der islamischen Welt in der Pose des Kriegers.

Die französische Buchmalerei aus dem Jahr 1337 zeigt eine **Kampfszene** zwischen Kreuzrittern und Muslimen im Heiligen Land (Bibliothèque Nationale, Paris).

men. Die Streitmacht Saladins folgte Richards Heer wie ein Schatten und unternahm wiederholt Attacken gegen die marschierende Formation, die aber trotz aller Scharmützel in Reih und Glied blieb.

Am 7. September 1191, als sich die Kreuzfahrer dem kleinen Küstenort Arsuf näherten, griffen die Sarazenen an. Saladin wollte die Kreuzritter zwingen, ihre Formation aufzugeben und in kleinen Gruppen zu kämpfen, die seine Soldaten dann hätten einschließen und niederwerfen können. Sein Heer kreiste das marschierende Karree der Kreuzfahrer ein und attackierte es mit ständigen Vorstößen und Pfeilen. Den christlichen Armbrustschützen, durch Lanzenträger geschützt, gelang es, die Gegner auf Distanz zu halten. Die Infanterie am Ende des Zuges war gezwungen, rückwärts zu marschieren, Schilde und Waffen dem Feind zugewandt, denn muslimische Reitertruppen griffen sie mit Lanze und

Papst Urban II.: „Gott will es!"

Aufruf zum Kreuzzug Im Jahr 1070 hatten die muslimischen Seldschuken Jerusalem erobert. Dabei wurde auch die Grabeskirche Christi zerstört. Christliche Wallfahrer konnten die heiligen Stätten nur noch unter großen Gefahren erreichen. Daher rief Papst Urban II. auf einer Synode in Clermont 1095, der bis dahin größten abendländischen Kirchenversammlung, zum „gerechten Krieg" gegen den Islam auf. Das Echo war überwältigend: Der Ruf „Deus le volt" (Gott will es) brandete auf.

Schwert an. Die Fußsoldaten wehrten alle Attacken auf das Ende des Zuges ab, die Verteidigungsform konnte über Stunden gehalten werden, die Reiter im Zentrum waren noch immer nicht aktiv in den Kampf einbezogen.

Attacke der Johanniter

Der Druck auf Richards Heer wuchs stetig. Als es Arsuf schon fast erreicht hatte, brachen 300 Ritter der Johanniter aus der Formation aus und schlugen in einem Vorstoß einen Flügel der Sarazenen zurück. Richard musste befürchten, dass sie eingeschlossen würden, und schickte daher die

Templer sowie bretonische Ritter zum Angriff gegen den anderen Flügel. Als die Sarazenen an den Flanken bereits arg mitgenommen waren, führte Richard Löwenherz mit den verbliebenen Rittern den Schlag gegen das Zentrum. Saladins Armee brach auseinander, seine Soldaten flüchteten, auf dem Schlachtfeld lagen 7000 Tote.

Doch schon am nächsten Tag führte Saladins Reiterei erneut Attacken auf die Kreuzritter. Einen großen Angriff unternahm der Sultan jedoch nicht mehr. Jerusalem konnte Richard trotz seiner militärischen Meisterleistung bei Arsuf nicht einnehmen. Er sah sich schließlich gezwungen, einen Waffenstillstand mit Saladin zu schließen.

Richard I. in der Schlacht bei Arsuf (Holzstich nach Gustave Doré). Der englische König ist als edler und tapferer Ritter, aber auch als erfolgloser Politiker in die Geschichte eingegangen.

Auf dem Weg zur Nation – Bouvines

In kaum eine andere Schlacht des Mittelalters waren so viele europäische Mächte verwickelt wie in jene, die am 27. Juli 1214 an der Brücke von Bouvines nahe Lille gefochten wurde. In Frankreich avancierte das Ereignis zum nationalen Mythos, im Deutschen Reich besiegelte sie den Aufstieg des Staufers Friedrich II. zur Macht.

Die militärischen Lager waren klar getrennt: Auf der einen Seite standen der französische König Philipp II. August (1165–1223) und sein Heer, auf der anderen eine Armee von Verbündeten unter Führung von Otto IV. (um 1177–1218), Kaiser des Heiligen Römischen Reiches. Die Hintergründe der Schlacht und die Motive der beteiligten Parteien waren indes sehr verwickelt. Englands König unterstützte Otto, weil er verlorene Territorien in Frankreich zurückgewinnen wollte, französische Fürsten wandten sich gegen den eigenen König, weil er ihre Souveränität beschnitt, und dem Welfen Otto selbst ging es bei Bouvines vor allem um Streitigkeiten mit Papst Innozenz III., der ihn exkommuniziert hatte und Philipp unterstützte, sowie seine Auseinandersetzung mit den Staufern im Streit um den deutschen Thron.

À l'attaque!

Das französische Heer traf vor dem Gegner auf dem Schlachtfeld ein und bezog in drei Abteilungen Aufstellung, die jeweils aus Infanterie und Kavallerie bestanden. Die Verbündeten rückten in einem Eilmarsch an, das Heer zog sich daher stark in die Länge und es waren noch nicht alle Einheiten eingetroffen, als die Schlacht begann. Der linke Flügel der Verbündeten und der rechte des Gegners eröffneten die Schlacht mit einem Kavalleriegefecht Pferd gegen

König Philipp II. August (links) und **Kaiser Otto IV.** treffen in der Schlacht aufeinander (französische Buchmalerei, 14. Jh.). Für die politischen Positionen beider Herrscher hatte die Schlacht schwerwiegende Konsequenzen. ◀◀

Pferd, wobei die französischen Ritter bald die Oberhand gewannen. Ihr König erwartete im Zentrum, wo er die Infanterie vor der Reiterei postiert hatte, derweil den Angriff Ottos. Der ließ nicht lange auf sich warten: Mit der Wucht ihres Angriffs drängten die Deutschen die Franzosen zunächst zurück, der Vorstoß geriet aber bald ins Stocken. Als Ottos rechte Abteilung eingriff, waren die beiden anderen schon in Auflösung begriffen und die Niederlage besiegelt.

Der „Sonntag von Bouvines" ist von der frühen französischen Geschichtsschreibung zum „Tag, an dem Frankreich entstand" stilisiert und zu einem nationalen Mythos erhoben worden. Auch wenn das überspitzt ist, so stärkte der Sieg doch die französische Königsmacht und stellte einen wichtigen Schritt auf dem Weg zum zentralisierten Staat dar. Der Welfe Otto dagegen verlor seine Königsmacht im Deutschen Reich zugunsten des Staufers Friedrich II.

In der **Schlacht bei Bouvines** kämpften die Truppen Ottos IV. (links) unter dem Reichsbanner mit Adler, der Gegner unter dem französischen Wappen mit den drei Lilien (Kupferstich von Matthäus Merian, 1630).

Mongolensturm in Schlesien – Liegnitz

Unter der Führung von Dschingis Khan (um 1162–1227) errichteten die Mongolen im frühen 13. Jahrhundert das größte Landreich der Geschichte, das vom Ostchinesischen Meer bis an den Rand Osteuropas reichte. Seine Söhne und Enkel setzten die Eroberungspolitik fort.

Der Chronist Thomas von Split charakterisierte im 13. Jahrhundert die **mongolischen Krieger**: „Ihr äußerer Anblick ist von schrecklicher Wildheit. Sie haben kurze Beine, aber eine weite Brust." (persische Buchmalerei, 15. Jh.)

„Geißel Gottes"

Lange Zeit hatten die Herrscher Europas die Bedrohung aus dem Osten unterschätzt. Verstrickt in Konflikte und Machtgeplänkel, kam keine wirkungsvolle Allianz gegen den Ansturm der Mongolen zustande. Erst als Dschingis Khans Enkel Batu (1205–1255) auf seinem Europafeldzug nach der Unterwerfung der russischen Fürstentümer in Polen und Ungarn einfiel, hob das große Klagen über die „Geißel Gottes" aus den Weiten der asiatischen Steppe an.

Ihren Angriff auf Mitteleuropa starteten die Mongolen als große Zangenbewegung. Den kleineren Teil des Heeres schickte Batu Richtung Nordwesten, während er selbst mit dem Hauptheer, das etwa 50 000 Mann stark war, gen Ungarn zog. Die nördliche Heeressäule vernichtete im Winter 1240/41 kleinere polnische Aufgebote, nahm Krakau ein und zog weiter die Oder hinauf. Bei Liegnitz stellte sich Herzog Heinrich II. von Schlesien der Invasion entgegen. Sein schnell ausge-

In der **Schlacht bei Liegnitz** schlugen die Mongolen ein Ritterheer unter Führung von Herzog Heinrich II. von Schlesien (Kupferstich von Matthäus Merian, 17. Jh.) und verwüsteten Liegnitz. Im Vordergrund trennen mongolische Krieger gefallenen Gegnern die Ohren ab, die sie angeblich als Beleg für ihre Siege sammelten und mitnahmen. Die mongolische Expansion nach Westen ebbte nach der Schlacht zwar ab, doch herrschten die Mongolen noch lange in großen Teilen Russlands. ▶▶

hobenes Heer von 5000 Soldaten war ein bunter Haufen aus Rittern des schlesischen Adels und diverser deutscher Orden, den Resten polnischer Aufgebote sowie bewaffneten Zivilisten als Infanteristen. Nur einen Tagesmarsch entfernt rückte König Wenzel von Böhmen mit einer 5000-köpfigen Armee an, doch die Mongolen suchten den Kampf und die Entscheidung vor der Vereinigung der beiden Heere.

Aderlass des schlesischen Adels

Am 9. April 1241 stießen die Heere auf einer Anhöhe südöstlich von Liegnitz aufeinander. Eine Einheit der mongolischen leichten Reiterei lockte die erste Linie der gegnerischen Ritter in ein Scharmützel und täuschte dann geschlossen die Flucht vor. Die Schlesier ritten auf der Verfolgung

mitten ins mongolische Heer hinein, dessen Flanken nun einschwenkten und ihren gefürchteten Pfeilhagel auf die Gegner niedergehen ließen. Dann attackierte die schwere Kavallerie und dezimierte die Truppen Heinrichs entscheidend. Seine Infanterie floh, als die mongolischen Reiter auf sie zuritt.

Heinrich II. und ein großer Teil des schlesischen Adels starben in der Schlacht bei Liegnitz. Für die Mongolen schien der Weg ins Herz Europas offen zu stehen. Als jedoch Ende 1241 der Großkhan im fernen Karakorum starb, brachen sie ihren Feldzug ab, zogen zurück nach Osten und erschienen nie wieder in Europa.

Das Reich des Mongolenfürsten Batu, das dieser in den Jahren 1237–1240 in Russland gegründet hatte, existierte mehr als 500 Jahre, ehe es 1783 von Katharina II. dem Russischen Reich eingegliedert wurde.

Die Schlacht auf dem Eis am Peipussee

1226 war der Deutsche Orden zur Unterwerfung und Missionierung der Prußen in das Kulmer Land an der Weichsel gelangt. Von dort drangen die Ritterbrüder immer weiter ins Baltikum vor. Am Peipussee stoppte der Fürst von Nowgorod ihre Expansion in Richtung Osten.

Das Baltikum und die im Osten angrenzende Nowgoroder Republik, ein einflussreicher russischer Stadtstaat, standen am Ende des 12. und in der ersten Hälfte des 13. Jahrhunderts im Fokus diverser Mächte. Aus Skandinavien drängten Dänen und Schweden in die Region, aus dem Westen stießen Kreuzritter vor, die in päpstlichem Auftrag missionieren und den lateinischen Glauben im orthodoxen Nowgorod durchsetzen sollten, aus dem Süden stürmten die Mongolen an, deren loser Oberherrschaft sich Nowgorod 1237 unterwarf.

Die **Schlacht am Peipussee** gegen die Deutschordensritter (in weißer Tracht mit schwarzem Kreuz) steht für die dauerhafte Grenzsicherung im Westen Russlands. Im nationalen Bewusstsein der Russen ist sie fest verankert (Diorama mit über 300 Figuren).

Alexander Newski

In dieser bedrohlichen Situation stieg Alexander Newski (um 1220–1263), Fürst und Feldherr Nowgorods, zum Retter auf. Kaum 20-jährig errang er 1240 an der Newa (was ihm den Beinamen Newski eintrug) einen glänzenden Sieg gegen ein schwedisches Heer. Daraufhin nahm er die deutschen Ritter ins Visier, eroberte zunächst die alte russische Festung Koporje von Deutschen und Dänen zurück, danach Pskow an der Südspitze des Peipussees. Nach einigen Scharmützeln kam es am 5. April 1242 schließlich zur legendenumwobenen „Schlacht auf dem Eise".

Stoß in den Rücken

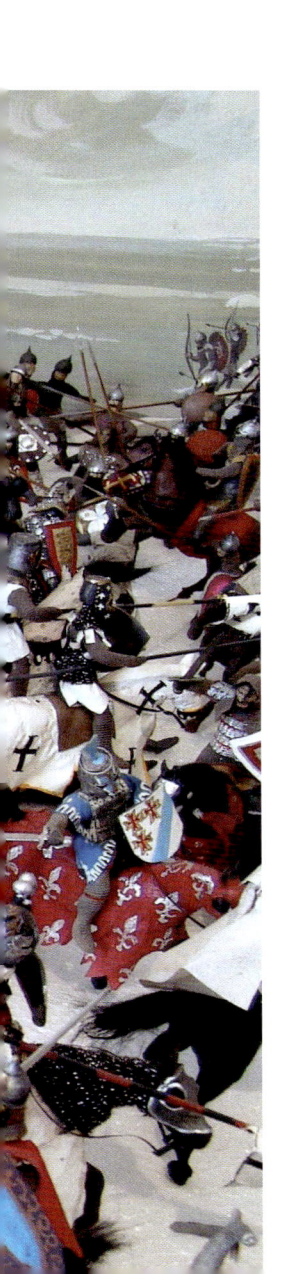

Ob die Schlacht tatsächlich auf dem zugefrorenen See stattgefunden hat oder an seinen vereisten Ufern, ist ungewiss. Auf russischer Seite dürften 5000 Mann gekämpft haben, darunter die „Druschina", das persönliche Heergefolge des Fürsten, sowie berittene kasachische Bogenschützen. Die Kreuzfahrer traten mit kaum mehr als 2000 Mann an. Zu den nur etwa 30 Deutschordensrittern gesellten sich dänische Ritter und estnische Infanterie. Die Esten flohen angeblich bereits beim Anblick der russischen Armee. Dennoch griffen die Kreuzritter an, trafen in Keilformation mit großer Wucht auf die Infanterie im Zentrum der gegnerischen Linie und konnten hier zunächst die Oberhand gewinnen. Die Flanken des russischen Heeres hielten hingegen stand. Die russische Kavallerie griff daraufhin die Flanken des Gegners an. Als Alexander Newski seine zurückgehaltene Druschina in den Rücken der Kreuzritter schickte, war die Entscheidung gefallen.

Alexander Newski, der Verteidiger der russischen Westgrenze, gilt heute als Nationalheld und ist eine der populärsten Figuren der russischen Geschichte.

Alexander Newski verdankte es auch seinem diplomatischen Geschick im Umgang mit den Mongolen, dass Khan Batu ihm 1252 die Großfürstenwürde verlieh.

Ritterelite gegen Fußsoldaten – Crécy

Der Hundertjährige Krieg (1337–1453) zwischen Frankreich und England wurde ausschließlich auf französischem Boden ausgetragen. In seiner frühen Phase kam es bei Crécy zu einer denkwürdigen Schlacht, die den Niedergang des Rittertums einläutete.

Mit einer 15 000 Mann starken Armee landete der englische König Edward III. (1312–1377) im Juli 1346 in der Normandie, um seinem bereits neun Jahre zuvor erhobenen Anspruch auf die französische Krone mit einem Feldzug Nachdruck zu verleihen. Nach der Plünderung der Stadt Caen zog er mit seinem Heer quer durch Nordfrankreich in Richtung Paris, geriet aber bald in Bedrängnis, da seine nur unzureichend versorgten Soldaten erschöpft waren. Edward dirigierte seine Männer schließlich nach Norden, um sich in Flandern mit verbündeten Truppen zu vereinen. Die Marschsäule kam jedoch nur langsam voran, auch weil sie in ihrem großen Tross eine neue, schwere Waffe mitführte – Kanonen.

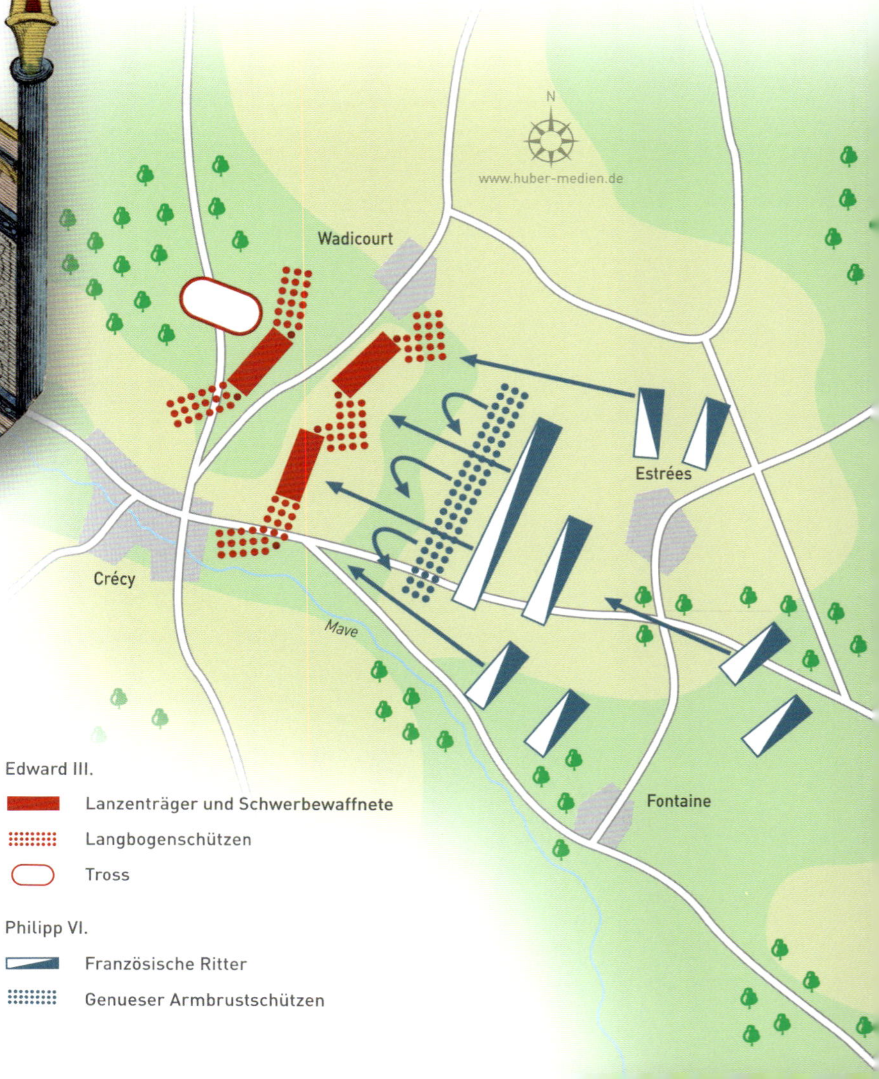

König Edward III. – hier in seiner Rüstung dargestellt – ist eine herausragende Figur der englischen Geschichte. 50 Jahre lang saß er auf dem englischen Thron, eine Zeitspanne, die nur wenige andere Könige übertrafen.

Auf einem Hügel zog **Edward III.** sein den Franzosen zahlenmäßig deutlich unterlegenes Heer zusammen. Seine **innovative Strategie** führte dennoch zum Sieg.

Wadicourt

www.huber-medien.de

Estrées

Crécy

Mave

Fontaine

Edward III.

🟥 Lanzenträger und Schwerbewaffnete

▦ Langbogenschützen

⬭ Tross

Philipp VI.

◣ Französische Ritter

▦ Genueser Armbrustschützen

Keine Furcht vor einer Übermacht

Beim Übergang über die Somme griffen die Franzosen das erste Mal an und versuchten, die Engländer an der Querung des Flusses zu hindern. Es kam zu einigen kleinen, aber heftigen Gefechten, in deren Zug die Engländer einen Teil ihres Trosses verloren, doch die große Masse erreichte unbeschadet das andere Ufer und setzte ihren Marsch fort. Bei dem kleinen Dorf Crécy fand Edward ein günstiges Terrain und der gewiefte militärische Taktiker entschied, sich der Armee des französischen Königs Philipp VI. (1293–1350) in einer Schlacht zu stellen, obwohl diese zahlenmäßig dreimal so stark war wie seine eigene.

Wunderwaffe Langbogen

Edward scheint voller Vertrauen in die Schlagkraft seiner Truppen und sein eigenes taktisches Talent gewesen zu sein. Er befehligte ein Heer aus englischen Rittern und Langbogenschützen sowie walisischen Lanzenträgern, wobei er vor allem auf die 6000 gut ausgebildeten „Archers" setzte, die über die Hälfte seiner etwa 10 000 Soldaten stellten. Ihr Langbogen war die gefürchtetste Waffe jener Zeit, die Pfeile hatten bei einer Reichweite von über 350 Metern mit ihren verstärkten Spitzen buchstäblich durchschlagende Wirkung. Diese Bogenschützen waren bei den englischen Königen und Feldherren hoch geschätzt,

Die Engländer waren geübt im Umgang mit dem **Langbogen**, der bis zu zwei Meter groß sein konnte. Im Vordergrund dieser Darstellung der **Schlacht bei Crécy** (Bibliothèque Nationale, Paris) sieht man auch Armbrustschützen beim zeitaufwendigen Nachspannen.

während sie in kontinentalen Armeen meist noch als notwendiges Beiwerk der edlen Ritter galten. So auch in der Armee Philipps VI., deren französische Ritter oft ausgezeichnete und mutige Einzelkämpfer waren, die Ruhm und Ehre auf dem Schlachtfeld suchten, sich aber nicht gern taktischen Anforderungen oder einer zentralen Kommandostruktur unterwarfen. Die Masse des französischen Heeres, wohl an die 15 000 Mann, bildete eine eilig ausgehobene, an

den Umgang mit Waffen kaum gewöhnte Bauernmiliz, die von den Rittern gewöhnlich als auf dem Schlachtfeld im Weg stehende Staffage angesehen wurde.

Strategisch günstig postiert

Edward III. hatte den Vorteil, sein Heer auf der Höhe eines leicht ansteigenden Geländes aufstellen zu können, und ließ es in zwei Reihen antreten. In der ersten Reihe standen Lanzenträger und abgesessene Schwerbewaffnete in zwei Blöcken, die jeweils von in Keilformation postierten Bogenschützen flankiert waren. Dahinter, auf dem Grat des Hügels, hielt der König selbst sich mit einer Reserve aus Reitern und Bogenschützen auf. Um die Wucht des erwarteten Angriffs der französischen Kavallerie zu brechen, legten die Engländer vor ihrer ersten Linie Gruben und Sperren an. Die französischen Einheiten rückten recht ungeordnet auf das Schlachtfeld zu. Völlig überzeugt von der so oft bewiesenen Schlagkraft seiner Ritter scheint sich Philipp VI. keine großen Sorgen um Schlachtordnung, Taktik und Kommandostrukturen gemacht zu haben. Wie sollten sich die einfachen Fußsoldaten Edwards seiner berittenen Elite erwehren können? Wahrscheinlich würden sie beim ersten Angriff der Kavallerie die Flucht ergreifen.

Armbrust versus Langbogen

Neben Rittern und Bauernmiliz befehligte Philipp VI. auch etwa 6000 Genueser Armbrustschützen, die beim Vorrücken auf das Schlachtfeld in die erste Reihe beordert wurden. Sie waren vom schnellen Vormarsch erschöpft und sollen den Feldherrn um eine Ruhepause vor dem Kampf gebeten haben, doch die nachfolgenden Ritter, dem Kampf entgegenfiebernd, trieben die Schützen praktisch vor sich her und auf den Gegner zu. Zu allem Unglück waren die Sehnen ihrer Waffen auch noch durch Nässe in Mitleidenschaft gezogen, zudem lag das Ziel recht hoch und gegen die Sonne. Das Spannen einer Armbrust erfordert einen hohen Kraftaufwand und vergleichsweise viel Zeit. Die englischen Langbogenschützen hingegen konnten, während der abgeschossene Pfeil noch in der Luft war, einen zweiten und die fähigsten sogar einen dritten in Richtung Gegner schießen. Ihr Pfeilregen schlug daher arge Lücken in die Reihen der Genueser.

König Philipp VI. (Liegefigur von seinem Grabmal, 14. Jh., Saint-Denis) ist der Begründer des Hauses Valois, dem 13 Könige Frankreichs entstammten. Er regierte Frankreich von 1328 bis 1350.

Der Hundertjährige Krieg

Verhängnisvolle Blutsbande Nach dem Aussterben der französischen Königsdynastie der Kapetinger in direkter Linie erhob der englische König Edward III. 1337 aufgrund verwandtschaftlicher Beziehungen Ansprüche auf den französischen Thron. Zwischen England und Frankreich entbrannte ein Konflikt, der mit jahrzehntelangen Unterbrechungen über 100 Jahre andauerte. Die Engländer besetzten weite Teile Frankreichs, 1420 wurde der englische König Heinrich V. per Vertrag zum französischen Regenten ernannt. Erst mit dem Auftreten von Jeanne d'Arc änderte sich die Situation. Bis 1453 gewannen die Franzosen alle Gebiete mit Ausnahme von Calais zurück.

In der **Schlacht von Crécy** setzten die Engländer erstmals Kanonen ein, deren Reichweite etwa 300 Meter betrug. In der französischen Buchmalerei aus dem 15. Jahrhundert erkennt man die Flaggen von Edward III. (mit Lilien und Löwen, links) und Philipp VI. (nur Lilien, rechts).

Im 14. Jahrhundert setzte eine neue militärische Entwicklung ein: Die alten Ritterheere waren nicht mehr die alleinigen Herren des Schlachtfelds – Bogenschützen und Feuerwaffen gewannen an Bedeutung. Hier sind **Ritter** noch **im Kampf Mann gegen Mann** in der Schlacht von Crécy dargestellt, vorn die gekrönten Häupter.

Fehlende Ordnung

Die hinter den Armbrustschützen drängende Kavallerie ritt dann auch einen Teil der eigenen Leute nieder, als sie den ersten Angriff auf die englische Linie unternahm. Sie attackierte ohne jede Ordnung zunächst die abgesessenen Schwerbewaffneten und die Lanzenträger. Beim Ritt bergauf ging eine Pfeilsalve nach der anderen auf sie nieder. Die Gruben und Sperren taten ein Übriges, sodass viele Ritter die gegnerische Linie nicht erreichten. Zum ersten Mal in der Geschichte lag auch Pulverdampf über einem Schlachtfeld. Die Engländer brachten ihre fünf Kanonen zum Einsatz, deren Entwicklungsstand aber noch sehr zu wünschen übrig ließ. Die verschossenen Blei- oder Steinkugeln erzielten daher kaum Wirkung.

Es entwickelte sich ein chaotisches Schlachtengetümmel. Philipp schickte auch den Rest seines Heeres ohne erkennbare Ordnung ins Gefecht. Nur aufgrund ihrer großen Über-

macht konnten die Franzosen die Engländer über Stunden immer wieder attackieren. Gegen Mitternacht mussten sie erkennen, dass sie die Schlacht nicht gewinnen konnten. Im Schutz der Dunkelheit zogen sich die Reste des französischen Heeres zurück. Wie vernichtend die Niederlage für die Franzosen und ihre Ritter war, zeigt die Zahl der Opfer: Während die Franzosen über 10 000 Tote zu beklagen hatten, sollen nur wenige Hundert Engländer gefallen sein.

Viele folgende Schlachten glichen in ihrem Verlauf der von Crécy. Wiederholt siegten die leicht beweglichen, mit Langbogen und Äxten bewaffneten, nichtritterlichen englischen Fußkämpfer über die schweren französischen Reiter mit Lanze und Schwert. Von nun an war der gepanzerte adelige Ritter nicht mehr absoluter Herrscher auf den Schlachtfeldern Europas, auch wenn er noch über Jahrhunderte in Schlachten aktiv war. Zudem kündigte der erste Einsatz von Kanonen in Crécy eine neue Epoche der Kriegsführung an.

Osmanen erobern Balkan – Amselfeld

Sultan Osman I. Ghasi (1258–1326) legte in Anatolien den Grundstein für das nach ihm benannte Osmanische Reich, das sich bald zu einem Vielvölkerstaat entwickeln sollte. 1354 überquerten die muslimischen Osmanen die Dardanellen, gründeten bei Gallipoli einen ersten Stützpunkt auf europäischem Boden und stießen ins Innere des Balkans vor.

Sultan Murad I. (1326–1389) fiel es nicht sonderlich schwer, den osmanischen Machtbereich in Südosteuropa auszudehnen. Vom Byzantinischen Reich war kaum mehr übrig geblieben als das Gebiet um Konstantinopel und auf dem Balkan waren die christlichen Staaten in Zwistigkeiten verstrickt. 1361 nahm Murad die Stadt Adrianopel (heute Edirne) ein und erhob sie vier Jahre später zur Hauptstadt. 1364 schlugen die Osmanen ein serbisch-bulgarisches Heer

Für die Herausbildung des serbischen Nationalbewusstseins spielte die Schlacht auf dem Amselfeld eine gewichtige Rolle. Dieser Farbdruck nach einem patriotischen Gemälde des 20. Jahrhunderts zeigt in heroischer Positur in den Freiheitskampf ziehende **serbische Reiterei**.

Der serbische **Fürst Lazar Hrebeljanović** führte die christliche Streitmacht auf dem Amselfeld an. Das Gemälde aus dem Jahr 1870 zeigt den Fürsten in höchster Gefahr auf seinem getöteten Ross (links).

und eroberten bis 1387 ganz Makedonien vom Golf von Thessaloniki bis in die Gegend von Skopje sowie Bulgarien einschließlich Sofia, das sich 1385 einer osmanischen Übermacht ergab.

Janitscharen – Elite der Osmanen

Kern des osmanischen Heeres und Garant seiner militärischen Schlagkraft waren die Janitscharen, eine Einheit aus Berufssoldaten, deren Ausbildung in der Kriegskunst bereits in jungen Jahren begann. In der Anfangszeit wurde diese Elitetruppe von 10 000 Soldaten meist aus christlichen Kindern rekrutiert, die Waisen waren oder schlicht entführt wurden. Die Janitscharen bildeten die Leibgarde des Sultans, schworen ihm unbedingte Treue und besaßen einen hohen sozialen Status.

Serbiens Trauma

Nachdem Serben (1381) und Bosnier (1388) den Osmanen einige zwar nicht entscheidende, aber doch empfindliche Niederlagen beigebracht hatten, rückten die Invasoren 1389 erneut auf serbisches Gebiet vor. Fürst Lazar Hrebeljanović (1329–1389) sammelte daraufhin ein serbisches Heer, dem sich Bosnier, Albaner und Bulgaren anschlossen, und wählte das Amselfeld, ein Gebirgsbecken im Kosovo, als Schlachtfeld. Über den Verlauf der Schlacht ist nur wenig bekannt. Uneinigkeit unter den Befehlshabern scheint ein Grund für die Niederlage der Verbündeten gewesen zu sein, auch von Verrat sprachen die Chronisten. Sultan Murad I. wurde in der Schlacht von einem serbischen Adligen getötet, als Vergeltung ließen die Sieger den Fürsten Lazar und einen großen Teil des serbischen Adels hinrichten. Serbien wurde Vasall des Osmanischen Reiches, der Name Amselfeld geriet zugleich zum Synonym für eine vernichtende Niederlage wie auch für das Streben nach nationaler Einheit und Souveränität.

Zur Erinnerung an die Schlacht auf dem Amselfeld wurde ein **Denkmal** errichtet. In Serbien ist der Veitstag (Vidovdan), der Jahrestag der Schlacht, Gedenk- und Feiertag.

Ohne Hilfe der Jungfrau – Tannenberg

Anfang des 15. Jahrhunderts hatte der Staat der Deutschen Ordensritter seine größte Ausdehnung erreicht. Er beherrschte die südliche Ostseeküste von Pommern bis zum Finnischen Meerbusen. Die Expansion ging vor allem zulasten der Nachbarn Polen und Litauen.

Ab 1386 geriet der Ordensstaat jedoch politisch in die Defensive. Die Hauptgegner schlossen sich zusammen. Die Fürsten Litauens konvertierten zum Christentum. Der litauische Großfürst Jagiello heiratete die polnische Königin Hedwig und wurde König Polens. Der bewaffneten Missionierung als Kriegsgrund war damit der Boden entzogen. Zum Krieg führte 1409 ein Aufstand in Schamaiten (Niederlitauen), das unter der Herrschaft des Ordens stand. Litauer und Polen unterstützen die Rebellen. Daraufhin übersandte der Großmeister des Ordens den Herrschern seine Fehdebriefe.

Vorgeplänkel

Da sich die Feldzugsaison des Jahres bereits dem Ende zuneigte, kam es zunächst nur zu geringen Kampfhandlungen. Am 8. Oktober wurde ein befristeter Waffenstillstand bis zum 21. Juni 1410 geschlossen. Aufgenommene Verhandlungen blieben ohne Ergebnis. Die Koalition einigte sich daraufhin auf ein gemeinsames Vorgehen.

Der Großmeister sammelte sein Aufgebot fernab in Schwetz. Der livländische Ordenszweig verweigerte ihm

Jagiello war seit 1377 Großfürst von Litauen und seit 1386 als **Wladislaw II.** König von Polen (Kupferstich, 16. Jh.). Die Universität von Krakau ist nach ihm als Jagiellonische Universität benannt.

wegen eines Abkommens mit Litauen die Heeresfolge. Als die Vormarschroute der Gegner bekannt wurde, ließ er ein Kontingent zurück, da Entlastungsangriffe der Polen zu erwarten waren. Polen und Litauer trafen sich absprachegemäß und drangen gemeinsam auf das Territorium des Ordensstaats vor. Das Ordensheer zog ihnen entgegen und verschanzte sich am Fluss Dwerenz. Das Koalitionsheer nahm jedoch dort den Kampf nicht auf, sondern versuchte, den Gegner östlich zu umgehen, wobei es das Durchzugsgebiet verheerte. Als am 13. Juli 1410 auch Gilgenburg verwüstet wurde, befahl Großmeister von Jungingen, alsbald die Schlacht zu erzwingen. Am Morgen des 15. Juli standen sich die Heere im Gelände zwischen den Dörfern Tannenberg, Grünfelde, Ludwigsdorf und Faulen gegenüber.

Duell der Schutzpatrone

Das Ordensheer stellte sich in zwei, die Koalition in drei Linien auf. Die Ordensmacht verfügte über Aufgebote des Landadels und der preußischen Stände sowie „schlachtenbummelnde" Ritter und Söldner. Nur etwa 400 Ordensritter standen in ihren Reihen. Auf der Gegenseite standen kampferprobte polnische Ritter, schlecht bewaffnete ländliche Aufgebote und böhmisches Fußvolk. Die Litauer hatten ihre leichte Kavallerie durch ruthenische, weißrussische und tatarische Einheiten verstärkt. Die Anzahl der Kämpfer ist unterschiedlich überliefert. Die Koalition war wohl im Verhältnis drei zu zwei überlegen.

Das Gelände war wegen kleiner Anhöhen und recht dichter Bewaldung für Reiterangriffe ungünstig. Da sich die Koalition in den Waldberei-

Lange zogen sich die Auseinandersetzungen zwischen Polen und Litauen einerseits und dem Deutschen Orden andererseits hin. Sie endeten in der **Schlacht bei Tannenberg** mit der Niederlage des Ordens (Gemälde, 1931, von Wojciech Kossak). «

Zu Beginn des 15. Jahrhunderts hatte der **Deutsche Orden** seine größte **Ausdehnung** erreicht. Allerdings schob sich Litauen wie ein Keil zwischen seine preußischen und livländischen Besitzungen.

■ Gebiet des Deutschen Ordens um 1400

Der Hochmeister des Deutschen Ordens, **Ulrich von Jungingen**, fand in der Schlacht bei Tannenberg den Tod (links).
Rechts daneben triumphiert der **litauische Großfürst Vytautas** (Gemälde, 1878, von Jan Matejko).

chen aufgestellt hatte, wartete das Ordensheer ihren Angriff ab, der aber lange Zeit nicht erfolgte. Der Orden stand unter dem Patronat der Jungfrau Maria. Ein Angriff konnte daher als Sakrileg ausgelegt werden. Die Prophezeiungen der Heiligen Brigitta für die Polen hatten weniger Strahlkraft. Ob nun taktisches Kalkül oder Angst vor der Macht der Jungfrau, der polnische König verharrte Stunden im Gebet.

Polnische Reserven zeigen Wirkung

Gegen Mittag übersandte der Großmeister als Angriffsaufforderung zwei Schwerter an die gegnerischen Führer. Davon unabhängig eröffneten die litauischen Reiter gegen den linken Ordensflügel den Angriff. Ein Gegenangriff trieb sie in die Flucht und drängte weitere Banner zum Zentrum ab. Dabei löste sich aber auch die geschlossene Formation

Wladislaw II. Jagiello stürzt in dieser Federlithografie (1863) in der Schlacht auf die Hauptfahne der deutschen Ordensritter los – die weiße Fahne mit schwarzem Kreuz – und reißt sie wütend zu Boden. **«**

der Angreifer auf. Auf dem rechten Flügel griffen die polnischen Ritter an, wurden gestoppt und verloren das Reichspanier. Die deutschen Ritter werteten dies als Sieg und stimmten den Siegeschoral an. So abgelenkt, eroberten die Polen im Gegenstoß ihr Feldzeichen zurück. Daraufhin versuchte der Großmeister, mit einigen Bannern die Entscheidung durch Angriff auf die durch Flucht der Litauer entblößte polnische Flanke zu erzwingen. Von Jungingen verlor dabei das Leben. Damit ging die einheitliche Führung verloren. Die Schlacht verzettelte sich in Gefechte einzelner Banner. Dann führte der polnische König Reserven ins Feld und auch die Litauer kehrten zurück. An den Flanken umfasst, war die Niederlage des Ordensheeres besiegelt, nur wenigen Einheiten gelang die Flucht. Reste, die sich beim Heerlager sammelten, wurden von den Verfolgern und dem eigenen Tross besiegt, der kurzerhand die Seiten wechselte.

Die Verluste und die Kriegskontributionen läuteten die wirtschaftliche Agonie und das spätere endgültige Ende des Ordensstaats ein. Die Schlacht von Tannenberg zählt zu den Traumata der deutschen Geschichte – und steht in Polen im Rang eines nationalen Mythos.

Aderlass des Adels – Azincourt

Bis 1415 hatte Frankreich viele der im Zuge des Hundertjährigen Krieges (1337–1453) an England verlorenen Gebiete zurückerobern können. Der englische König Heinrich V. erneuerte jedoch den Anspruch auf die französische Krone und setzte mit einem Heer über den Ärmelkanal.

Im Pfeilhagel der englischen Langbogenschützen wurde die **angreifende französische Kavallerie** zurückgeschlagen.

Nachdem Heinrich V. (1387–1422) im Jahr 1413 den englischen Thron bestiegen hatte, führte er zunächst diplomatische Verhandlungen mit den Franzosen, warb parallel dazu jedoch bereits Söldner an. Als die Gespräche scheiterten, segelte Heinrich im August 1415 mit seinem Heer Richtung Normandie und belagerte dort zunächst die Stadt Harfleur nahe der Mündung der Seine. Nach wochenlanger Belagerung, die ein Drittel seines Heeres aufzehrte, gewann der englische König Harfleur als Basis für seine Operationen in Nordwestfrankreich. Mit dem Rest seines Heeres, nicht mehr als 6000 Mann, begab er sich auf den Marsch nach Calais.

Frankreich war durch innere Konflikte geschwächt, König Karl VI. verfiel zunehmend dem Wahnsinn und Burgund hatte einen Pakt mit Heinrich V. geschlossen, sodass sich das Königreich von zwei Seiten bedroht sah. Gegen den Erzrivalen brachte man dennoch ein Heer auf, das dem Gegner an Stärke deutlich überlegen war. Unter Heinrichs Soldaten grassierte die Ruhr und die Verpflegung geriet immer spärlicher. Bei der Burg von Azincourt verstellten die Franzosen unter Führung von Charles d'Albret, als „Connétable" nach dem König Oberbefehlshaber der Armee, ihnen den Weg.

Absitzen zum Kampf!

Am 25. Oktober des Jahres 1415 standen sich die Heere zum Gefecht gegenüber. Vier Fünftel der englischen Soldaten waren Bogenschützen, die an den Flanken der nur etwa 1000 Schwer-

Wie schon Edward III. in Crécy verließ sich **Heinrich V.** (rechts auf dem Pferd) in der **Schlacht von Azincourt** stark auf seine Langbogenschützen (französische Buchmalerei, 15. Jh.).

bewaffneten postiert waren. Die Franzosen schienen aus der verheerenden Niederlage ihrer Kavallerie bei Crécy 70 Jahre zuvor gelernt zu haben und ließen die meisten ihrer Ritter zum Kampf absitzen, zudem stellten sie flankierende Kavallerieeinheiten zur Attacke auf die englischen Bogenschützen auf. Das Schlachtfeld war zu beiden Seiten von Wald gesäumt und verengte sich in der Mitte, was für das breiter aufgestellte französische Heer ein Nachteil war. Ergiebiger Herbstregen hatte zudem den Boden aufgeweicht.

Anders als bei Crécy verzichteten die Franzosen auf ungestüme Angriffe. Vier Stunden verharrten sie in ihren Stellungen, um den Gegner zur Initiative zu zwingen. Schließlich rückten die Engländer langsam bis auf Reichweite heran. Ihre Bogenschützen rammten gespitzte Pfähle zum Schutz in den Boden und begannen zu schießen. Die flankierende französische Kavallerie reagierte und attackierte die Bogenschützen, wurde aber auf beiden Flanken

Treffen

Zusammengehörende Truppenteile Als Treffen werden Truppenteile bezeichnet, die in einer Linie stehen und taktisch zusammengehören. Das erste Treffen steht dabei dem Gegner am nächsten, das dahinter stehende zweite ist in der Regel zur Unterstützung des ersten gedacht und schützt auch dessen Rücken und Flanken. Das dritte Treffen bildet meist die Reserve und steht dem Feldherrn zur besonderen Verfügung. Die nach Treffen ausgerichtete Heeresaufstellung war schon in der Antike bekannt.

zurückgeschlagen. Dann rückte das erste Treffen der Franzosen vor. Auf dem schlammigen Grund kamen die Schwerbewaffneten, deren Rüstungen an die 30 Kilogramm wogen, aber nur langsam voran und boten den Pfeilen der Bogenschützen derweil ein gutes Ziel. Als sie die Linie des Gegners erreicht hatten, begann ein erbitterter Nahkampf, in dem die englischen Bogenschützen nun mit Schwertern, Beilen und Dolchen an der Seite ihrer Schwerbewaffneten kämpften.

Die Schwerbewaffneten mussten auf so engem Raum kämpfen, dass sie ihre Waffen häufig nicht wirksam einsetzen konnten. Stürzten sie zu Boden, kamen sie nur

schwer wieder auf die Beine. Mit Messerstichen durch die Schlitze der Rüstungen oder mit dem Streithammer wurden sie getötet, viele auch gefangen genommen. D'Albret schickte das zweite Treffen zur Unterstützung ins Gefecht, eine Wende konnte aber auch dieser Truppenteil nicht einleiten.

Kein Pardon für Gefangene

Das Schlachtfeld war mit Leichen übersät und es stand nicht gut für die Franzosen, als Heinrich V. die Nachricht erhielt, dass ein lokaler Adliger mit eigenen Truppen seinen Tross

Im **Nahkampf** waren die leichter bewaffneten, beweglicheren Kämpfer im Vorteil. Die wütenden Attacken der französischen Kavallerie konnten die Engländer immer wieder zurückschlagen.

Auf englischer Seite wurden zwar **Gefangene** gemacht, doch gab Heinrich V. während die Schlacht tobte den Befehl, sie zu töten (französische Buchmalerei, um 1484).

angegriffen habe und ein Angriff in den Rücken drohe. Da die Franzosen zudem ihre letzte Reserve in den Kampf warfen, befahl der englische König, die Gefangenen zu töten, da er keine Männer zu ihrer Bewachung aufbringen konnte. Als die letzten Angriffe der Franzosen abgewehrt waren, ließ er das unehrenhafte Töten der Gefangenen einstellen. Der Rest des französischen Heeres, zahlenmäßig wohl noch immer den Engländern überlegen, zog ab. Ein großer Teil des französischen Adels, darunter drei Herzöge, fiel bei Azincourt. Für Heinrich war der Weg nach Calais frei, die Grundlage für die Eroberung der Normandie war gelegt. Bis 1419 brachte Heinrich sie in zwei weiteren Feldzügen unter seine Kontrolle.

Politische Folgen

Die militärische Niederlage des auch politisch zwischen der königstreuen Partei auf der einen Seite und Anhängern des Herzogs von Orléans auf der anderen Seite gespaltenen und geschwächten Frankreichs war so katastrophal, dass Heinrich V. Frankreich im Jahr 1420 den Vertrag von Troyes aufzwingen konnte. Unter anderem sah er vor, dass Heinrich die französische Königstochter Katharina von Valois heiratete und so einen Anspruch auf den französischen Thron gewann. Nach dem Tod des französischen Königs Karl VI. sollte Heinrich die Krone tragen und in Personalunion über England und Frankreich herrschen. Tatsächlich konnte Heinrich die französische Krone nie übernehmen, da er bereits zwei Jahre später, am 31. August 1422, unerwartet starb.

Dreschflegel gegen Kreuzritter – Veitsberg

Der Märtyrertod des Kirchenreformers Jan Hus (um 1370–1415) auf dem Scheiterhaufen löste in Böhmen schwere Unruhen aus. Der Papst erklärte seine Anhänger zu Ketzern und rief zum Kreuzzug gegen die Hussiten auf. Die Hussitenkriege waren die Folge.

Der **Reformator Jan Hus** wurde am 6. Juli 1415 auf dem Konzil zu Konstanz als Ketzer verbrannt (Holzschnitt, 16. Jh).

Die böhmischen Rebellen waren entschlossen, sich dem kaiserlich-katholischen Heer unter Führung des deutschen Königs Sigismund (1368–1437, von 1433 an auch Kaiser des Heiligen Römischen Reiches) militärisch entgegenzustellen. Hinter Jan Žižka (um 1360–1424) sammelte sich ein Volksheer von wohl 10 000 Mann, dessen große Mehrheit aus Bauern und Handwerkern bestand, die vornehmlich mit für den Kampf präparierten Mistgabeln, Dreschflegeln und Äxten bewaffnet waren. Die Hussiten setzten allerdings erstmals in großem Maß einfache Handfeuerwaffen mit Treibladungen ein, bauten Wagen zu fahrenden Festungen um, waren sehr mobil und von einem tiefen Glauben an ihre Sache getrieben.

Das kaiserliche Heer war den Hussiten hinsichtlich der Truppenstärke um ein Vielfaches überlegen. Sigismund führte wenigstens 50 000 Mann in Richtung Prag: Deutsche, Böhmen, Ungarn und Söldner aus dem gesamten Reich. Allein an die

Der böhmische **Hussitenführer Jan Žižka** (Statue auf dem Veitsberg in Prag) besiegte 1420 das Heer König Sigismunds. In den folgenden Jahren führte er die hussitischen Heere weiterhin an, auch nachdem er 1421 sein Augenlicht verloren hatte.

Mit ihren Reformbestrebungen bedrohten die **Hussiten** sowohl die Interessen des Klerus als auch des Adels. Am Veitsberg standen sie einem Heer gegenüber, das unter dem Banner der **Kreuzritter** kämpfte (zeitgenössische Buchmalerei).

20 000 Ritter folgten ihm und zum Waffenarsenal gehörten auch zwölf Bombarden zum Abfeuern von Kugeln aus Stein.

Angriff auf die Flanke

Ende Juni 1420 bezogen die Kaiserlichen Lager vor Prag. Ihnen standen innerhalb der Stadtmauern etwa 10 000 Verteidiger gegenüber. Auf der Anhöhe des Veitsbergs (Vitkov), unmittelbar vor den Toren Prags gelegen, hatten sich Hussiten zudem hinter Gräben und Palisaden verschanzt. Sigismund plante, zunächst die Stellung auf dem Berg einzunehmen. Zu diesem Zweck ließ er am 14. Juli 1420 zwei Ablenkungsangriffe auf die Stadttore führen, in der Hoffnung, die Hussiten würden daraufhin Truppen vom Berg in Richtung Stadt schicken. Žižka ging ihm nicht auf den Leim, sondern brachte unbemerkt Reserven in Stellung.

Als die Schwerbewaffneten zu Fuß den Bergrücken erklommen, entbrannte der Kampf. Als sich Tausende Ritter vor den Palisaden drängten, griff Žižka sie mit 3000 seiner besten Kämpfer und wildem Kampfgeschrei völlig überraschend in der Flanke an. In großer Panik flohen die Ritter bergab und brachten dabei auch die anderen kaiserlichen Einheiten in heilloses Durcheinander. In gut einer Stunde war die Schlacht entschieden. Mit viel Geschick hatte ein wilder, aber gut geführter Haufen ein stolzes Kreuzritterheer geschlagen.

103

Der Fall der Feste – Konstantinopel

Vom einst mächtigen Byzantinischen Reich war Mitte des 15. Jahrhunderts kaum noch etwas übrig. Nur die stark befestigte Hauptstadt Konstantinopel hatte als letzte christliche Bastion der Region dem Ansturm der Osmanen trotzen können. Doch diese setzten zu einer beispiellosen Belagerung an.

Das türkische **Heerlager vor Konstantinopel**. Der Fall der Stadt im Jahr 1453 markiert das Ende des Byzantinischen Reiches (französische Buchmalerei, 1455, Bibliothèque Nationale, Paris).

Stärkste Feste Europas

Konstantin der Große (um 273–337) hatte bei der Wahl der Hauptstadt des Oströmischen Reiches gutes Gespür bewiesen: Das kleine Byzantion, das dann zu Konstantinopel wurde, lag strategisch äußerst günstig. Auf drei Seiten von Wasser umgeben, musste nur im Westen eine Landmauer errichtet werden. Und die fiel so mächtig aus, dass sie ein Jahrtausend lang den Angreifern Paroli bot. Bei einer Länge von sechs Kilometern bestand sie aus einem 60 Meter breiten Wall aus Hauptmauer, Vormauer und Graben, der geflutet werden kann. Keine andere Feste des europäischen Mittelalters kam ihr gleich.

So mussten die Osmanen im buchstäblichen Sinn starke Geschütze auffahren, und das taten sie auch. Sultan Mehmed II. (1432–1481), der als geschickter Politiker und kluger Feldherr in die Geschichte einging, hob 1452 ein Heer von 80 000 professionellen Soldaten aus und traf Vorbereitungen für den Angriff auf Konstantinopel. Er beauftragte einen Kanonengießer mit der Herstellung von Kanonen von nie gesehener Größe: Das Rohr der größten war über acht Meter lang und von solch großem Kaliber, dass eine 500 Kilogramm schwere Eisenkugel 1,5 Kilometer weit flog. Eine osmanische Flotte im Marmarameer unterband von März 1453 an die Versorgung der Stadt über das Wasser.

Konstantinopel fällt

Anfang April 1453 begann die Belagerung. Da die Mauern zum Meer gut geschützt und bei starker Strömung nur schwer zu erreichen waren, nahm der Sultan die mächtige Landmauer ins Visier. Die Osmanen erstürmten zunächst drei Forts im Vorfeld der Mauer und ließen die Besatzung in Sichtweite der Verteidiger pfählen. Dann brachten sie ihre Kanonen in Stellung und starteten den Artilleriebeschuss der Mauer. Die Bedienung der Riesenkanone war so aufwendig und kompliziert, dass sie nur sieben Mal am Tag abgefeuert werden konnte. Sechs Wochen dauerte der Beschuss, dann lag ein Abschnitt der Mauer in Trümmern. Dort stürmten die Osmanen sogleich an, wurden aber zurückgeworfen. Am 29. Mai 1453 setzte ein Angriff auf ganzer Länge der Mauer ein, auch die Flotte attackierte von See. Als es den Angreifern gelang, ein erstes Tor zu öffnen, war Konstantinopel gefallen. Drei Tage wurde die Stadt von den Siegern geplündert.

Nach der Einnahme von Konstantinopel erhielt **Sultan Mehmed II.** den Beinamen Fatih – der Eroberer. Türkische Miniaturmalerei, um 1585/95, Sächsische Landesbibliothek, Dresden. »

Die im 5. Jahrhundert errichtete **Theodosianische Mauer** im heutigen Istanbul gilt noch heute als eine der bestdurchdachten Verteidigungsanlagen der Geschichte.

In Tesseram Militarem Utriusque
Exercitus
Quæ Regi erat
GOTT MIT VNS
Tilio vero
IESVS MARIA.

Gg

PRÆLII
INTER
SERENISS: SUECOR:
REGEM ET SAXONIÆ
ELECTOREM NECNON

Weg nach Leipzig

Frühe Neuzeit

Um 1500 zogen die ersten „modernen" Heere mit drei Waffengattungen auf das Schlachtfeld, wo sich fortan Kavallerie, Infanterie und Artillerie gegenseitig ergänzten und unterstützten. Das Gros der Soldaten stellten Söldner und die Kriegsführung erreichte einen Höhepunkt an Brutalität jenseits rationaler Motive.

Artillerie gegen Elefanten – Panipat

Aus dem Ferganatal im mittelasiatischen Usbekistan machte sich Kleinfürst Babur (1483–1530) auf, die ihm bekannte Welt zu erobern. Der Nachfahre Dschingis Khans eroberte Afghanistan und richtete dann seinen Blick auf den indischen Subkontinent, wo er das Mogulreich begründete.

In Panipat, nördlich von Delhi gelegen, wurde eine ganze Reihe von Schlachten geschlagen, die weitreichende Folgen für die Geschichte Indiens hatten. Zur Ersten kam es 1526, als Babur mit einer kleinen Armee von Norden auf das indische Kernland vorstieß, wo er sich reiche Beute für seine Krieger erhoffte. Indien besaß zu jener Zeit keine starke Zentralmacht. Den Norden regierten muslimische Eroberer unter der Herrschaft des Sultans von Delhi. Ihr Verhältnis zur hinduistischen Mehrheit der Bevölkerung blieb stets prekär.

Masse gegen Qualität

Angesichts des Vorrückens Baburs stellte der Sultan von Delhi ein gewaltiges Heer von mehr als 100 000 Mann auf. Neben recht bescheidener Kavallerie und der Masse der Infanteristen standen auch 1000 Kriegselefanten in seinen Reihen. So beeindruckend die Stärke der Streitmacht war, so fraglich waren innerer Zusammenhalt und Loyalität der Söldner. Babur verfügte nur über etwa 12 000 Soldaten, die allerdings ihre Kampfkraft und Disziplin vielfach bewiesen hatten. Zudem war er ein brillanter Feldherr, der Neuerungen in puncto Taktik und Waffentechnik begierig aufnahm. Das Rückgrat seiner Truppe stellten berittene Bogenschützen, doch auch den Neuerungen der Waffentechnik – Handfeuerwaffen in Form von Musketen sowie Artillerie in Form auf Karren postierter Mörser – maß er große Bedeutung zu.

Effiziente Wagenburg

Bei Panipat verschanzten sich Baburs Männer. Der Feldherr ließ als Barriere 700 Karren mittels Tauen zusammenbinden und zwischen den Karren Geschütze und Infanterie in Stellung bringen. Die Flügel deckten Reiterei und Infanterie. Zwei Kontingente schneller Reiter sollten das feindliche Heer überflügeln und ihm in den Rücken fallen. Am 20. April

Die Illustration zeigt **Babur mit seinen Kriegern**, die mit Säbel, Streitaxt, Lanze und Köcher – also Pfeil und Bogen – bewaffnet sind. Pferde und Kamele tragen Panzerdecken.

Ibrahim Khan Lodi war der letzte Sultan der Lodi-Dynastie. Er unterlag in der **Schlacht von Panipat** und wurde getötet (Miniatur aus der Autobiografie Baburs, 1590).

1526 erwies sich diese Taktik Baburs als genial: Die Barrieren brachten den Ansturm des Massenheeres zum Stehen, die Feuerwaffen richteten unter Menschen und Elefanten ein Blutbad an, von den Seiten hagelten zusätzlich Pfeile nieder, Baburs Reiter gelangten in den Rücken des Gegners. Nach ein paar Stunden war die Armee des Sultans vernichtet.

Babur starb vier Jahre später. Seine Nachfolger errichteten in Indien das Mogulreich (1526–1858), eines der großartigsten Reiche der Geschichte.

Auf seinen Wunsch hin wurde **Babur** in Kabul bestattet. Das **Grab** ist von einer Marmorfassung umgeben und liegt in einer Gartenanlage, die Babur selbst hatte anlegen lassen. Der Bagh-e Babur wurde zur Pilgerstätte für seine Nachfolger.

Ungarns Waterloo – Mohács

1354 hatten die Osmanen im Südosten Europas Fuß gefasst und ihren Machtbereich stetig ausgeweitet. Unter Sultan Süleiman I. (um 1495–1566) drangen sie vom Balkan weiter in Richtung Mitteleuropa vor. Mit dem ungarischen König hatte der Sultan noch eine Rechnung offen.

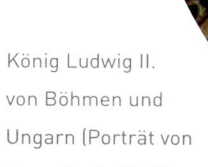

König Ludwig II. von Böhmen und Ungarn (Porträt von Hans Krell, 1522) wurde 1522 als 15-Jähriger für volljährig erklärt und gekrönt.

Das Königreich Ungarn war zu Beginn des 16. Jahrhunderts ein Vielvölkerreich, das von Siebenbürgen bis nach Kroatien reichte. König Ludwig II. (1506–1526) war erst 20 Jahre alt, als die Osmanen an der südlichen Grenze seines Reiches erschienen. Auf einen Friedensvorschlag Süleimans hatte er 1520 mit der Gefangennahme des osmanischen Gesandten geantwortet; jetzt rückte der Düpierte mit einer Armee von 70 000 Mann heran, darunter 35 000 Reiter und 15 000 Elitekämpfer der Janitscharen.

Böse Vorzeichen

Der osmanische Feldzug traf Ungarn in schwieriger Lage: Innere Konflikte schwächten die Verteidigungsbereitschaft, rivalisierende Machtgruppen verhinderten eine effektive zentrale Regierung. Schon die Sammlung der Truppen verlief chaotisch, zum verabredeten Zeitpunkt waren kaum Einheiten am vereinbarten Ort. Das nahm den Ungarn die Chance, sich den Osmanen auf günstigem Terrain an den Landesgrenzen entgegenzustellen. Stattdessen lag das Schlachtfeld schließlich 350 Kilometer im Landesinneren.

Unter der sehr langen Herrschaft **Süleimans I., des Prächtigen** (zeitgenössische Miniatur), erhielt das Osmanische Reich seine größte Ausdehnung. Ein Meilenstein war die Eroberung Ungarns. »

Auf dem Schlachtfeld von 1526 ist heute eine Gedenkstätte eingerichtet. Traditionelle **magyarische Totenpfähle** erinnern an die gefallenen Soldaten und getöteten Pferde.

Am 15. August brach Ludwig mit einem Heer von etwa 25 000 Mann auf, ein gutes Drittel seiner Soldaten waren Söldner. Zu 4000 gepanzerten Reitern gesellte sich Infanterie aus ausgehobenen Bauern. Bei Mohács am westlichen Ufer der Donau schlugen die Ungarn ihr Lager auf. Sie erwarteten noch militärischen Beistand diverser Fürsten, doch der ließ auf sich warten.

Ehrenvoll in die Katastrophe

Am 29. August 1526 bezog das osmanische Heer den Ungarn gegenüber Stellung. Der junge König Ludwig hatte eine defensive Taktik vorgesehen, doch die adlige ungarische Reiterei bestand aus Gründen der Ehre auf einem Angriff. Die schwer gepanzerten Ritter hatten mit der leichten Reiterei der Osmanen recht wenig Mühe, doch als sie die Infanterie der Janitscharen erreichten, wendete sich das Blatt. Die Reiter stießen zudem auf eine Wagenburg, aus der Kanonenbeschuss einsetzte. Panik ergriff die Ungarn, die meisten flohen. Die Osmanen setzten nach und erschlugen Tausende. König Ludwig ertrank in einem Bach. Innerhalb von eineinhalb Stunden hatte sich Ungarns Schicksal für die nächsten 150 Jahre entschieden: Den größten Teil des Landes regierten bald die Osmanen.

Größte Galeerenschlacht – Lepanto

 Die Macht des Osmanischen Reiches basierte zunächst ganz auf den Landstreitkräften. Mit hervorragenden Seefahrern der eroberten Gebiete bauten die Sultane jedoch nach und nach eine schlagkräftige Flotte auf, die Mitte des 16. Jahrhunderts als unbesiegbar galt.

Sultan Selim II. (1524–1574) war entschlossen, den jahrelangen Kleinkrieg im Mittelmeer mit Venedig durch einen heftigen Schlag zu entscheiden: Im Juli 1570 schickte er seine Flotte nach Zypern, der wichtigsten Besitzung der italienischen Handels- und Seemacht im östlichen Mittelmeerraum. Nach elfmonatiger Belagerung nahmen die Osmanen die venezianische Hafenstadt und Festung Famagusta ein und eroberten anschließend die ganze Insel.

Die „Heilige Liga" formiert sich

Mit der Eingliederung Zyperns in das Osmanische Reich fiel die letzte christliche Bastion im östlichen Mittelmeer. Um einem weiteren Vordringen der Osmanen Einhalt zu gebieten, gingen Spanien, Venedig, Genua, Savoyen, Toskana, die Malteser und der Papst eine Allianz ein und stellten eine gemeinsame Flotte auf. Die Seestreitmacht dieser „Heiligen Liga" hatte eigentlich schon Zypern beistehen sollen, war aber nicht rechtzeitig einsatzbereit.

Unter Führung des charismatischen Don Juan de Austria (1547–1587), Befehlshaber der spanischen Mittelmeerflotte, verließen die Schiffe der Heiligen Liga Mitte September 1571 den Hafen von Messina auf Sizilien und nahmen Kurs auf das Ionische Meer. Unter den 212 Schiffen befanden sich auch sechs venezianische Galeassen, eine Kombination aus Ruder- und Segelschiff, die größer und höher gebaut waren als herkömmliche Galeeren und nur schwer zu entern waren. Sie hatten an die 1000 Mann Besatzung an Bord, ihre Geschütze waren über das ganze Schiff verteilt. Während die geruderten Galeeren – das Kriegsschiff des Mittelalters und der frühen Neuzeit – nur am Bug Geschütze trugen und nur in Fahrtrichtung feuern konnten, waren die Galeassen in der Lage, von Steuer- und Backbord Breitseiten abzugeben.

Sultan Selim II. trug den Beinamen „der Trunkene". Er war ein Sohn Süleimans I., des Prächtigen, und in Konstantinopel geboren. Die Regierungsgeschäfte überließ er gern seinem Großwesir Sokollu Mehmed.

Kreuz gegen Halbmond

Im Golf von Patras an der griechischen Westküste, südlich der Stadt Lepanto, stießen die beiden Flotten bei ruhiger See und guter Sicht am 7. Oktober 1571 aufeinander. Zur größten Galeerenschlacht der Geschichte formierten sich 484 Schiffe: Ali Pascha befehligte 272, sein Kontrahent Don Juan de Austria 212. Insgesamt wohl an die 100 Schiffe waren keine Kampf-, sondern Versorgungsschiffe. Die Schiffe der Heiligen Liga waren nicht einheitlich beflaggt, an vielen Masten aber wehte die weiße Flagge mit rotem Kreuz, an den osmanischen die mit dem Halbmond. Der Widerpart von Kreuz und Halbmond machte deutlich, dass es vor Lepanto um mehr als nur eine Seeschlacht konkurrierender Mächte ging.

Don Juan de Austria formierte seine Flotte in einer kilometerbreiten, in Nord-Süd-Richtung ausgelegten Schlachtlinie mit starkem Zentrum und zwei Flügeln, die auf schnelle Manöver ausgelegt waren. Ein Geschwader hielt er als Reserve hinter der Frontlinie

Don Juan de Austria (Kupferstich aus dem 17. Jahrhundert) war der uneheliche Sohn Kaiser Karls V. und Flottenführer der Heiligen Liga.

Der Kupferstich aus dem 16. Jahrhundert zeigt die ungefähre **Aufstellung**: Jeweils drei **Geschwader** mit Reserve stehen sich gegenüber, rechts die Flotte der Osmanen. Vor der Linie der christlichen Flotte eröffnen die Galeassen das Feuer.

Das Gemälde aus dem 16. Jahrhundert zeigt die entscheidende Szene der Schlacht von Lepanto – die direkte **Konfrontation der beiden Flaggschiffe**, in deren Verlauf Ali Pascha getötet wurde.

zurück. Auch der Gegner stellte in drei Geschwadern und einer Reserve auf, seine Linie war allerdings noch breiter als die der Liga. Die Kommandeure befehligten jeweils das Zentrum. Um 10.30 Uhr eröffneten die schweren venezianischen Galeassen das Feuer und schlugen gleich zu Beginn einige Breschen in die osmanische Reihe. Dann drängten die Nordflügel gegeneinander, die Galeeren verhakten sich und gerieten in den Nahkampf.

Kugeln gegen Pfeile

Während die Soldaten der Liga mit Arkebusen, also Handfeuerwaffen, ausgerüstet waren, setzten die osmanischen noch auf Pfeil und Bogen. Als der Kampf auf ganzer Linie tobte, entschloss sich Ali Pascha zu einem Angriff auf Don Juans Flaggschiff. Die beiden Schiffe prallten aufeinander, weitere eilten zur Unterstützung herbei und es entstand ein Knäuel aus über 20 Schiffen. In ohrenbetäubendem Lärm aus Kanonendonner, Säbelgerassel und Geschrei trommelten Pfeilhagel und Schusssalven auf die Soldaten ein. Schiffe fingen Feuer, Masten brachen, Menschen sprangen ins Wasser.

Auf beide Flaggschiffe drangen feindliche Soldaten vor. Don Juan wurde im Kampf am Bein verletzt, konnte aber von seiner Leibgarde in Sicherheit gebracht werden. Seinem Gegenüber konnte niemand helfen: Ali Pascha erlitt einen Kopfschuss, was seine Truppen moralisch niederwarf. Soldaten der Liga schlugen dem osmanischen Oberbefehlshaber den Kopf ab, spießten ihn auf eine Lanze und hielten ihn zum Zeichen des nahen Sieges weithin sichtbar in die Luft. Drei Stunden nach Beginn der Schlacht waren im Zentrum nahezu alle Galeeren der Osmanen versenkt oder erobert. Am Südflügel ging das Gefecht noch zwei Stunden weiter, dann war die Niederlage der Osmanen besiegelt. Nur 30 ihrer Schiffe konnten entkommen.

Bei Lepanto verloren die Osmanen nicht nur 180 Kampfschiffe und wohl 25 000 Soldaten, auch ihr Nimbus der Unbesiegbarkeit war dahin und der allmähliche Niedergang der osmanischen Vorherrschaft im Mittelmeer begann.

Aufseiten der Heiligen Liga wurden vor allem auf den neuen **Galeassen** Handfeuerwaffen sowie Geschütze an den Schiffsseiten eingesetzt. Das Gemälde (Dogenpalast, Venedig) zeigt den **Dogen Sebastiano Venier** auf einem der neuartigen Schiffe. ➤➤

Die Armada bedroht England

Die Reformation hatte Europa gespalten. Unter Philipp II. (1527–1598) unternahm das spanische Weltreich den Versuch, den Protestantismus im Norden Europas niederzuringen. 1588 schickte der katholische Monarch eine riesige Flotte gegen das „ketzerische" England.

Elisabeth I. von England („Armada-Porträt", 1588, von Marcus Gheeraerts d. J.) kam 1559 auf den englischen Thron. In dieser Zeit war Europa von der Religionskriegen schwer gezeichnet.

Spanien und England gerieten Mitte des 16. Jahrhunderts in vieler Hinsicht aneinander. Die englische Königin Elisabeth I. (1533–1603) führte 1559 die anglikanische Staatskirche wieder ein und unterstützte die niederländische Erhebung gegen Spanien. Sie förderte mehr oder weniger offen die Piraterie englischer Seefahrer wie Francis Drake, die dem spanischen Seehandel, Garant des Reichtums der Spanier, schwer zu schaffen machte. Als der berühmte Freibeuter 1585 mit seiner Kaperflotte sogar an der nordspanischen Küste einfiel und Plünderzüge unternahm, entschloss sich Philipp II. (1527–1598), das Problem mit den lästigen Eng-

ländern rigoros zu lösen: England sollte erobert und die Königin gestürzt werden.

Die „unüberwindliche Armada"

Für die geplante Invasion ließ der spanische König in Lissabon, denn Philipp war auch König von Portugal, eine mächtige Flotte aufstellen. Spanische und portugiesische Kriegsschiffe machten sich auf den Weg nach Lissabon, Handelsschiffe wurden kurzerhand eingezogen und mit Kanonen ausgerüstet, aus Italien trafen zur Unterstützung der katho-

In den **Gefechten** mit der **Armada** kämpften die englischen Schiffe unter der weißen Flagge mit rotem Kreuz, die spanischen unter roten Flaggen mit gelbem Kreuz beziehungsweise gelben Streifen.

lischen Sache schwer bewaffnete Galeassen ein. Im Frühjahr 1588 war die „unüberwindliche Armada" einsatzbereit: 130 Schiffe mit 8000 Matrosen, 19 000 Soldaten und 2630 Kanonen. Zum Kommandeur bestellte der spanische König den Herzog von Medina Sidonia, Alonso Pérez de Guzmán. In den Niederlanden stellte der Herzog von Parma, ein italienischer Feldherr in spanischen Diensten, derweil ein Invasionsheer auf, das vor der Landung in England zur Armada stoßen sollte.

Am 30. Mai 1588 lief die Armada aus dem Hafen von Lissabon aus, doch von Anfang an hatte sie mit ungünstigen Winden zu kämpfen. Sie kam kaum voran, musste nach ersten Verlusten in einem Sturm La Coruña im äußersten Nordwesten Spaniens anlaufen, um neue Verpflegung aufzunehmen und Sturmschäden zu reparieren. Am 23. Juli stach die Armada erneut in See und erreichte am 30. Juli die Küste Cornwalls. Als die Engländer die feindliche Flotte sichteten, ließen sie einen großen Teil ihrer kleinen, aber wendigen Schiffe

Der englische **Seeheld Sir Francis Drake** (Statue, Plymouth Hoe, Devon) füllte auf seinen Kaperfahrten Englands Schatzkasse. Im Kampf mit der Armada spielte er eine wichtige Rolle.

Die „**Ark Royal**", das Flaggschiff der englischen Flotte, attackiert die spanische Galeone „**La Rata Santa Maria Encoronada**", die später vor Irland Schiffbruch erlitt

gegen den Wind an der Armada vorbeisegeln und dann wenden, sodass sie mit Rückenwind manövrieren konnten. Die englische Flotte war taktisch ganz auf die größere Reichweite ihrer Geschosse und die Schnelligkeit ihrer Schiffe ausgerichtet. Sie suchte den beweglichen Seekrieg. Die Stärke der Armada lag hingegen im Nahkampf und Entern, sie war mit ihren schwerfälligeren Schiffen auf günstigen Wind angewiesen, um ihre ausgezeichneten Fußsoldaten ins Ziel zu bringen.

Kein Glück mit Wind und Wetter

Am Morgen des 31. Juli gab ein englisches Schiff den ersten Schuss ab, das Zeichen der Herausforderung. Kurze Zeit später donnerten die ersten Salven. Das englische Feuer erreichte zwar einige Schiffe, richtete aber keinen

→ Kurs der Armada 1588

---→ Zerstreuung durch Stürme

SCHOTTLAND

14.8. Schwere Stürme

Nordsee

IRLAND

ENGLAND

London

NIEDER-
LANDE

Calais 8.8.

31.7. 1.8. 2.8. 4.8.

HEILIGES
RÖMISCHES
REICH

Paris

ATLANTISCHER

OZEAN

FRANKREICH

23.7.1588

21.9.1588

La Coruña   Santander

SPANIEN

Mittelmeer

Madrid

150 km
www.huber-medien.de

30.5.1588
Lissabon

Cadiz

Die größten Verluste erlitt die Armada nicht in den Seegefechten, sondern im **Kampf mit den Kräften der Natur** bei der Umfahrung der Britischen Inseln. Aber auch in dem Zusammenhang kann vom „Untergang der Armada" nicht die Rede sein.

Den Auftakt zur letzten Schlacht bildete ein Angriff der Engländer mit **Brandschiffen**, die an die spanischen Schiffe herantrieben und dann in Brand gesetzt wurden, um wiederum die spanischen Schiffe zu entzünden. ≫

großen Schaden an. Die Spanier hatten keine Chance, in den Nahkampf zu kommen, die Armada drehte daher ab und segelte tiefer in den Ärmelkanal hinein. Die englische Flotte nahm die Verfolgung auf, bis zur Straße von Dover, wo die Spanier vor Calais vor Anker gingen, um sich mit der Invasionsarmee aus den Niederlanden zum entscheidenden Angriff zu vereinen. Doch die war nicht bereit. Am 8. August griffen die Engländer die Armada mit sechs Brandschiffen an. Es folgte eine erbitterte Schlacht, bei der die Engländer wieder Glück mit dem Wind hatten. Die Spanier verloren zwar nur einige wenige Schiffe ganz, doch viele waren arg mitgenommen. Ein einsetzender Regensturm trennte die Gegner, die Armada musste in die Nordsee ausweichen.

Damit waren die Kampfhandlungen beendet, denn die Spanier beschlossen, das Unternehmen zu beenden, um

Schottland herum zu segeln und nach Hause zurückzukehren. Zwar war die Invasion gescheitert, doch die Armada hatte sich ehrenhaft geschlagen und war nicht besiegt. Der Heimweg durch Nordsee und Atlantik aber geriet zu einem Desaster, es fehlte an entsprechenden Karten und Kenntnissen. Stürme und raue See forderten mehr Schiffe und Menschenleben als die Gefechte. Immerhin erreichten noch knapp zwei Drittel der Schiffe wieder Spanien.

Die Armada war also vor England weder untergegangen noch vernichtet worden, aber verloren hatte sie am Ende doch. Der Prestigeverlust war enorm und für alle Protestanten eine Ermutigung. In dem Geschehen kündigte sich zudem der Niedergang des spanischen Weltreichs an, wie auch der Aufstieg Englands zur wichtigsten Seemacht.

Japans Weg zur Einheit – Sekigahara

Am 18. September 1598 starb Japans „erster Mann" Toyotomi Hideyoshi (1536/37–1598), der sich vom einfachen Soldaten zum Kampaku, zum „Regenten für einen volljährigen Tenno", hochgearbeitet hatte. Sein Sohn und Erbe war noch ein Kind, deshalb wurde die Macht in die Hände von fünf Regenten gelegt.

Zu den Regenten gehörte auch Ishida Mitsunari, ein treuer Gefolgsmann Hideyoshis. Er geriet in Streit mit Tokugawa Ieyasu, der die Position des Regenten für eigenes Machtstreben nutzte. 1599 versuchte Mitsunari vergeblich, seinen Kontrahenten ermorden zu lassen. Der Konflikt eskalierte in einem Krieg. Beide Seiten sammelten Truppen. Mit je 80 000 Mann waren die „westliche Armee" Mitsunaris und die „östliche Armee" Ieyasus im Sommer 1600 ungefähr gleich stark. Beide Armeen verfügten über Handfeuerwaffen und

Tokugawa Ieyasu (oben im Bild) begründete 1603 das **Tokugawa-Shogunat**, das Japan bis 1867 eine stabile Regierung brachte. Dabei stützte er sich ebenso wie seine Nachfolger auf die alte Kriegerkaste der **Samurai**. «

Kanonen, bald kam es zu kleineren Gefechten. Schließlich konzentrierte sich alles auf den winzigen Ort Sekigahara, von dem aus wichtige Verbindungsstraßen kontrolliert werden konnten. Wer sich dort durchsetzte, für den war der Weg in die Hauptstadt Kyoto und den wichtigen Hafen Osaka frei. In der Nacht zum 21. Oktober 1600 marschierten die Heere auf den Ort zu.

Verräter zwischen den Fronten

Am Morgen hatte die Westarmee Position bezogen. Am rechten Flügel waren 8000 Kämpfer des 22-jährigen Generals Hideaki auf einem Hügel platziert. Sie sollten erst auf besonderen Befehl angreifen. Um 8 Uhr eröffneten Arkebusiere der Westarmee die Schlacht. Bald erfassten die Kämpfe die gesamte Linie. Angriffe und Konter liefen sich fest, stundenlang wogte der Kampf hin und her. Sah es anfangs nach einem Sieg der Westarmee aus, wendete sich gegen Mittag das Blatt. Mitsunari gab Hideaki den Befehl zum Angriff,

doch es geschah nichts. Hideaki zeigte auch auf weitere Signale keine Reaktion. Er galt schon im Vorfeld als unsicherer Kantonist. Insgeheim hatte er beiden Parteien seine Unterstützung zugesagt. Aber auch die Gegenseite unter Ieyasu wartete vergeblich auf seine Kooperation. Zudem war ein großer Truppenteil Ieyasus noch nicht einsatzbereit, seine Position war daher problematisch.

Die folgenden Ereignisse entbehren nicht einer gewissen Absurdität. Ieyasu ließ auf Hideaki feuern. Der entschied sich daraufhin, auf der Seite Ieyasus einzugreifen und stürmte auf seine ehemals Verbündeten los. Die Angegriffenen hielten nur kurz stand. Die Schlacht war für die Westarmee verloren. Mitsunari wurde gefangen genommen und hingerichtet. In Japan begann die Tokugawa-Zeit, die dem Land über Jahrhunderte Wohlstand, Frieden und eine kulturelle Blüte brachte.

Unter den roten Bannern kämpft die **Ostarmee**, unter den schwarz-weißen die **Westarmee**. Die eingreifenden **Truppen Hideakis** tragen blaue Fahnen.

Böhmischer Aufstand – *Weißer Berg*

In Böhmen probten protestantische Stände 1618–1620 den Aufstand gegen die Rekatholisierung. Sie stürzten verhasste Beamte aus dem Fenster und wählten einen Calvinisten zum König. Das Reich schickte die Truppen der Katholischen Liga, um den Aufstand niederzuwerfen.

Am Weißen Berg östlich von Prag kam es am 8. November 1620 zur ersten großen Schlacht des Dreißigjährigen Krieges (1618–1648). 13 000 Protestanten, darunter auch Schlesier, Österreicher und Ungarn, unter der Führung von Christian I. von Anhalt hielten den Rücken des Berges besetzt und erwarteten in dieser strategisch günstigen Stellung den Angriff der kaiserlich-katholischen Truppen, die am frühen Morgen mit einer großen Übermacht aus 40 000 Reitern und Infanteristen, darunter Spanier, Polen und Wallonen, am Fuß des Berges aufzogen.

Unter dem Reichsbanner mit Adler attackieren die **kaiserlich-katholischen Truppen** die aufständischen **Protestanten** (Federlithografie). »

Kurzer Prozess mit den Rebellen

Vor der Schlacht sangen und beteten die Soldaten beider Seiten. Mit dem Kampfruf „Sancta Maria" gingen die Kaiserlichen um die Mittagszeit in die Offensive, indem ihr rechter Flügel, vornehmlich Infanterie mit Piken und Musketen, den Hang hinaufrückte, dem bald die Kavallerie vom rechten Flügel folgte. Das böhmische Heer soll von dieser Offensive völlig überrascht gewesen sein und viele Soldaten ergriffen angeblich schon beim Vormarsch des Gegners die Flucht. Andere aber kämpften verbissen und konnten Kavallerieeinheiten abwehren und zersprengen. Als die Kaiserlichen jedoch die verbliebene Kavallerie ins Gefecht schickten und die gesamte Infanterie in Bewegung setzten, war die Sache der Aufständischen verloren. Im Nahkampf hatten sie gegen die drückende Übermacht keine Chance. Nach nur zwei Stunden hatten die Truppen des Kaisers die Rebellen niedergeworfen und damit auch dem Böhmischen Aufstand ein gewaltsames Ende bereitet.

Der Protestant Friedrich V. Kurfürst von der Pfalz wurde als **Friedrich I. König von Böhmen**, bekannt als der „Winterkönig" (Ölgemälde von Gerrit van Honthorst, 1634).

Der „Winterkönig" flieht

Nach der Schlacht am Weißen Berg waren Prag und Böhmen wieder fest in der Hand der Kaiserlichen. Der von den böhmischen Ständen zum König gewählte Friedrich V. von der Pfalz flüchtete schon am Tag nach der Schlacht aus der Stadt und erhielt von seinen Gegnern ob seiner sehr kurzen Regentschaft den Spottnamen „Winterkönig". Rädelsführer des Aufstands wurden festgenommen und hingerichtet. Der Rekatholisierung der Region stand nichts mehr im Weg. Die spätere tschechische Geschichtsschreibung sah in dieser verhängnisvollen Niederlage den Beginn einer finsteren Zeit.

Der berühmte Kuperstecher Matthäus Merian der Ältere zeigte die **Schlacht am Weißen Berg** aus der Vogelperspektive (16. Jh.).

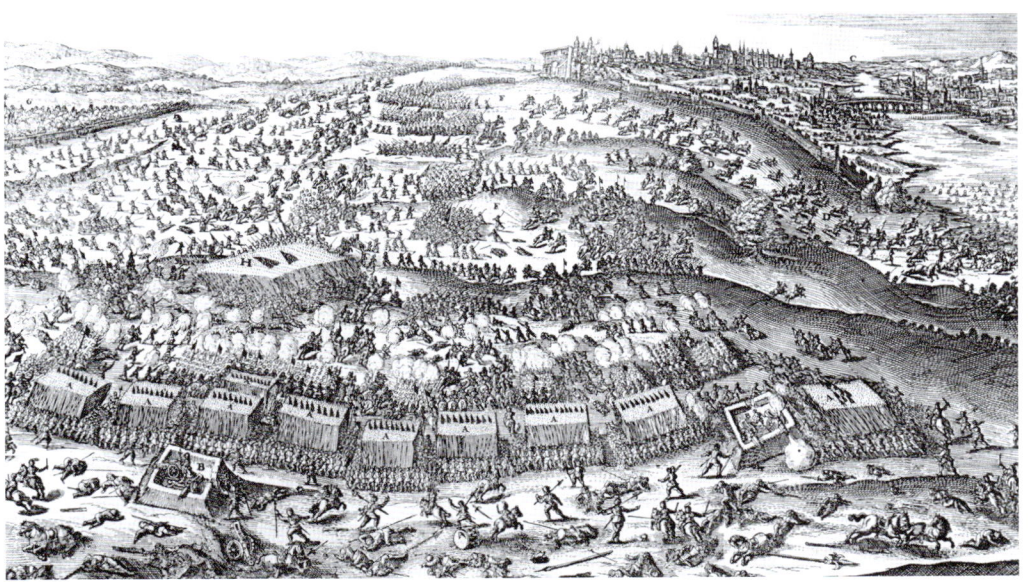

„Morden und Brennen" – Magdeburg

Magdeburg war eine Hochburg der Protestanten. Im März 1631 erschien ein kaiserlich-katholisches Söldnerheer vor der reichen Stadt an der Elbe und forderte von den Verteidigern, zu kapitulieren und sich von der Plünderung freizukaufen. Für die Bewohner der Stadt bahnte sich eine grauenhafte Katastrophe an.

Die reichen Kaufleute der Hansestadt hätten sich am liebsten aus den Konfessionskämpfen des Dreißigjährigen Krieges (1618–1648) herausgehalten, doch unter den etwa 30 000 Menschen, die in der Stadt eingeschlossen waren, gab es eine starke protestantische Fraktion, die entschlossen war, der Rekatholisierung der „Papisten" die Stirn zu bieten. Sie hofften auf den Beistand einer Hauptfigur des Dreißigjährigen Krieges, des schwedischen Königs Gustav II. Adolf, der als „Retter der Protestanten" in den Krieg eingegriffen hatte und angeblich mit seinem Heer herbeieilte. So schoben die Herren Magdeburgs die Antwort auf das Ultimatum der Kaiserlichen Tag um Tag hinaus.

Ein „Heiliger im Harnisch"

Johann Tserclaes Graf von Tilly (1559–1632), Heerführer der Katholischen Liga und einer der namhaften Feldherren des Dreißigjährigen Krieges, befehligte die kaiserlichen Truppen vor Magdeburg. Seine deutschen, spanischen, französischen, italienischen und polnischen Söldner waren bereits seit Jahren im Krieg. Anders als ihr Kommandeur, der als gottesfürchtiger Mann auch „Heiliger im Harnisch" genannt wurde und entschlossen war, das gesamte Heilige Römische Reich für den Katholizismus zurückzuerobern, waren seine 27 000 Soldaten vor allem auf Beute aus.

So verewigte Matthäus Merian der Ältere (kolorierter Kupferstich) 1637 die **Belagerung Magdeburgs**. Der Durchbruch von Tillys Soldateska und ihr Blutrausch in der Stadt stehen kurz bevor.

Bürger gegen Soldaten

Nach wochenlanger Belagerung ertönte in den frühen Morgenstunden des 20. Mai 1631 das Signal zum Angriff auf die Stadt. Mit schwerem Geschützfeuer gelang es den Kaiserlichen im Lauf des Tages, die Stadttore zu brechen. Die vom Lagerleben ausgezehrten Söldner fielen in die Stadt ein. Geordneter Widerstand konnte vonseiten der Verteidiger nicht mehr geleistet werden, doch die Magdeburger Bürgerschaft wehrte sich mit allen Mitteln gegen die Söldner. Steinhagel ging auf die Kaiserlichen nieder, aus Kellern wurde auf sie geschossen, aus oberen Stockwerken siedendes Wasser geschüttet. Der Kampf war für die Bürger von vornherein aussichtslos, doch sie wussten, was sie erwartete. Die Soldaten drangen in die Häuser ein, metzelten die Bewohner nieder, raubten, vergewaltigten und mordeten. Einige Offiziere der Kaiserlichen intervenierten bei Tilly ob der schändlichen Gewaltexzesse, doch der wusste nur zu gut, dass die Soldaten für Mühsal und Gefahren beizeiten entschädigt werden mussten, um sie bei der Stange zu halten.

Raub und Mord

Erst am 24. Mai ordnete Tilly die Einstellung der Kriegshandlungen und Plünderungen an. In den vier Tagen der Heimsuchung starben 20 000 Magdeburger Bürger, ein Feuer – ungewiss ist, wer es legte – vernichtete zusätzlich weite Teile der Stadt. Nur der Dom wurde verschont, 2000 Menschen hatten in dem Gotteshaus Zuflucht gesucht. Erst im 19. Jahrhundert erlangte Magdeburg wieder die

Schon den Zeitgenossen galt die **Plünderung und Zerstörung Magdeburgs** (folgende Doppelseite) im Mai 1631 als Inbegriff der **Grausamkeit** des Dreißigjährigen Krieges (kolorierte Radierung von Jan und Caspar Luyken). »

Diese Abbildung zeigt **Graf von Tilly** als direkt Beteiligten am schlimmsten Massaker des Dreißigjährigen Krieges. Auch Tilly verlor im Krieg sein Leben – 1632 wurde er in der Schlacht bei Rain am Lech tödlich verwundet.

Tilly stand seit 1610 an der Spitze des Heeres der Katholischen Liga. Nach der Absetzung Wallensteins 1630 wurde er **Generalissimus** der kaiserlichen und ligistischen Truppen. Der Holzstich (um 1890) zeigt ihn beim Einzug in Magdeburg. **◀◀**

Katholiken gegen Protestanten

Der Dreißigjährige Krieg (1618–1648) Entstanden durch konfessionelle Gegensätze im Heiligen Römischen Reich Deutscher Nation, entwickelte sich der Krieg durch das Eingreifen außerdeutscher Mächte zum europäischen Machtkampf. Die Geschichtsschreibung unterteilt den Verlauf des Krieges in vier Phasen: Böhmisch-Pfälzischer Krieg (1618–1623), Niedersächsisch-Dänischer Krieg (1623–1629), Schwedischer Krieg (1630–1635) und die europäische Phase (1635–1648). Kein anderer Krieg forderte in deutschen Ländern eine vergleichbar hohe Zahl an Opfern. Zehn Millionen Menschen, etwa 40 Prozent der Gesamtbevölkerung, starben bei Kampfhandlungen oder deren Begleitumständen und Folgen. Der Westfälische Frieden von 1648 beendete den Krieg.

Einwohnerzahl der Zeit vor der Einnahme der Stadt. Papst Urban VIII. tat einen Monat nach der Eroberung seine Erleichterung über die Vernichtung des „Ketzernestes" kund.

Blutige Hochzeit

Die „Magdeburger Hochzeit" – die Heimführung der Stadt ins katholische Reich, nachdem sich die protestantische „Magdeburger Braut" ein Jahrhundert geziert hatte – war eines der größten Massaker des Dreißigjährigen Krieges und blieb durch Jahrhunderte ein Synonym für die Schrecken des Krieges, für die Verrohung der Soldaten und die Leiden der Zivilbevölkerung. Die Wendung „Magdeburger Asche" stand fortan für eine Politik der verbrannten Erde, „magdeburgisieren" hieß völlig zerstören, ausmerzen, vernichten. Friedrich Schiller hat in seiner „Geschichte des dreißigjährigen Kriegs" die grauenvollen Tage Magdeburgs mit dichterischer Kraft geschildert: „Eine Würgeszene fing jetzt an, für welche die Geschichte keine Sprache und

die Dichtkunst keinen Pinsel hat. Nicht die schuldfreie Kindheit, nicht das hilflose Alter, nicht Jugend, nicht Geschlecht, nicht Stand, nicht Schönheit können die Wut des Siegers entwaffnen. Frauen werden in den Armen ihrer Männer, Töchter zu den Füßen ihrer Väter misshandelt. … In weniger als zwölf Stunden lag diese volkreiche, feste große Stadt, eine der schönsten Deutschlands, in der Asche."

Tillys Wirken ist bis heute umstritten. Militärischen Erfolgen stehen zahlreiche Kriegsverbrechen gegenüber, die unter seiner Ägide begangen wurden. Der Kupferstich zeigt ihn **als draufgängerischen Reiter.**

Tod des „nordischen Löwen" – Lützen

Der schwedische König Gustav II. Adolf (1594–1632) hatte 1630 aufseiten der Protestanten in den Dreißigjährigen Krieg eingegriffen, um Schwedens Position als Großmacht zu sichern. Bei Lützen suchte er die Entscheidung, um dem Reich seine Bedingungen für einen Frieden aufzuzwingen.

Der Feldzug des schwedischen Königs gegen das Reich und seine katholischen Truppen war nach der Landung auf Usedom durchaus erfolgreich verlaufen, doch hatten seine Siege den Gegner noch nicht nachhaltig genug getroffen. Scharmützel und Gefechte häuften sich und damit auch die Verluste. Sein ursprünglich rein schwedisches, protestantisches Heer sah mittlerweile viele Söldner in seinen Reihen, darunter auch solche katholischen Glaubens. Hinsichtlich Nachschub, Versorgung und Verstärkung waren die Kaiserlichen in eigenen Landen ohnehin im Vor-

Aufgrund von Nebel und Rauch herrschte in der Schlacht bei Lützen schlechte Sicht. Für den **Schwedenkönig Gustav II. Adolf**, der hier göttlichen Beistand erfleht, hatte das tödliche Folgen.

teil und die Zeit spielte ihnen in die Karten. Um seine glänzende militärische Karriere nicht zu gefährden und das Erreichte zu sichern, suchte Gustav II. Adolf im Herbst 1632 bei der kleinen kursächsischen Stadt Lützen, südwestlich von Leipzig, den großen Sieg, der die Weichen für alles Weitere stellen würde.

Gustav Adolf contra Wallenstein

Sein Kontrahent war kein Geringerer als Albrecht von Wallenstein (1583–1634), Generalissimus der Truppen der Katholischen Liga und einer der bedeutendsten Feldherren seiner Zeit. Wallenstein unterhielt auf eigene Kosten ein 25 000 Mann starkes Heer und stellte als einer der mächtigsten Männer im Reich auch in den Augen vieler katholischer deutscher Fürsten eine Bedrohung dar. Der Kaiser war gezwungen ihn abzusetzen und erst angesichts des Siegeszugs von Gustav II. Adolf, der große Teile Deutschlands erobert hatte, rief er ihn zurück. Im Sommer 1632 belagerte Wallenstein Nürnberg, wo sich der Schwedenkönig mit etwa 20 000 Mann verschanzt hatte. Mit einer waffenstarrenden Übermacht vertrieb er Gustav II. Adolf und fügte seinem

Feldzug Gustav II. Adolfs 1630–1632

Zur Sicherung der schwedischen Machtstellung und zum Schutz des Protestantismus drang die **Streitmacht Gustavs II. Adolf** bis tief nach Süddeutschland vor.

Albrecht von Wallenstein (Gemälde nach Anton van Dyck) wurde 1632 erneut zum Oberbefehlshaber der kaiserlichen Truppen ernannt, nachdem man ihn 1630 auf Druck der Kurfürsten, denen er zu mächtig geworden war, abgesetzt hatte.

Heer schwere Verluste zu. Doch dem begnadeten Feldherrn aus dem Norden gelang es, die Reste seiner Einheiten zu sammeln und neue Soldaten auszuheben. Schon bald forderte er Wallenstein zu einem neuen Duell, aus dem sich eine der Hauptschlachten des Dreißigjährigen Krieges entwickelte.

Mit Piken und Musketen

Zahlenmäßig waren die Truppen Wallensteins und des schwedischen Königs in der Schlacht bei Lützen am 16. November 1632 mit jeweils 19 000 Soldaten ebenbürtig. Infanteristen mit Piken und Musketen stellten auf beiden Seiten fast zwei Drittel des Heeres, hinzu kamen Kavallerie und eine bescheidene Artillerie, bei der die Schweden mit etwa 60 Kanonen ein Übergewicht hatten. Wallenstein nahm nördlich der Landstraße nach Leipzig Stellung, wo er ein für seine Defensivtaktik geeignetes Terrain fand. Sich

Wegen der immer präziser werdenden Feuerwaffen sah man auf den Schlachtfeldern des Dreißigjährigen Krieges immer weniger Rüstungen. Fußtruppen trugen bald nur noch einen Helm, allenfalls noch einen Brustpanzer, nur die schwere Reiterei schützte sich mit einem Harnisch. Der abgebildete **Helm aus dem 17. Jahrhundert** stammt von den Schlachtfeldern bei Lützen.

Der „nordische Löwe" **Gustav II. Adolf** fand in der Schlacht bei Lützen im Musketenfeuer den Tod (Holzstich um 1860).

In der **Schlacht bei Lützen** (nahe Leipzig) standen sich die Truppen der Feldherren Gustav II. Adolf, links mit blauen Fahnen, und Wallenstein gegenüber. Der Pulverdampf hebt die Bedeutung der Kanonen und Musketen hervor (kolorierter Kupferstich von Matthäus Merian dem Älteren).

wohl bewusst, dass für die Schweden ein Sieg um Vieles dringlicher war als für die Kaiserlichen, brauchte er nicht das Wagnis einer Offensive gegen den in der Qualität der Soldaten wohl überlegenen Gegner einzugehen. Der Versuch der Schweden, ihn mit einigen Scheinangriffen aus der Deckung zu locken, schlug so auch fehl.

Nachdem sich gegen 11 Uhr der Morgennebel gelichtet hatte, führte Gustav II. Adolf mit seinem rechten, von ihm selbst befehligten Flügel die erste Attacke gegen die schwache linke Flanke Wallensteins. Die Schweden durchbrachen die vorderste Linie der feindlichen Kavallerie und sorgten damit auch im Zentrum der Kaiserlichen für Unsicherheit, wo sie eine Geschützbatterie überrannten und sieben Kanonen erbeuteten. Nach nur einer Stunde schien für die Protestanten der Sieg nah. Die kaiserliche Reiterei machte jedoch eine Lücke im Zentrum der schwedischen Linie aus, in die sie mit einem massierten Angriff stieß. Die Straße nach Leipzig und die verlorenen Geschütze konnten zurückerobert, aber nicht lange gehalten werden, sodass sie bald zum dritten Mal den Besitzer wechselten. Gegen Mittag lag so dichter Nebel und

Rauch über dem Schlachtfeld – Wallenstein hatte ein taktisches Feuer legen lassen –, dass es für die Befehlshaber immer schwieriger wurde, die Gesamtlage einzuschätzen. Als der schwedische König die Front abritt und dabei wohl zu nahe an die gegnerische Linie geriet, wurde er von mehreren Musketenschüssen tödlich getroffen.

Schlacht ohne Sieger

Die Nachricht vom Tod des „nordischen Löwen", der im Gegensatz zu vielen anderen Feldherren der Zeit von seinen Soldaten verehrt und geliebt wurde, verbreitete sich in Windeseile unter den Schweden und rief Entsetzen hervor. Mit dem Tod eines Feldherrn gaben dessen Männer in der Regel die Schlacht verloren und ergriffen die Flucht. Anders bei den Schweden, sie kämpften bis zum Einbruch der Dunkelheit umso wütender und entschlossener für die Sache ihres Königs weiter. Die Schlagkraft für einen Sieg hatten beide Seiten aber nicht mehr. Am Abend räumten die Kaiserlichen das Schlachtfeld. Ein Sieger war nicht auszumachen.

Das Ende der „Türkengefahr" – Wien

1529 hatten die Osmanen Wien das erste Mal belagert, aber erfolglos abziehen müssen. 154 Jahre später hallte erneut der Schreckensruf durch Europa: „Die Türken stehen vor Wien!" Dieses Mal konnten die Verteidiger auf den Beistand eines Entsatzheeres hoffen.

Ein Meilenstein des Großen Türkenkriegs (1683–1699), der die Vertreibung der Osmanen aus Europa einleitete, war die zweite **Belagerung Wiens** im Jahr 1683 (Ausschnitt aus einem Bildteppich).

Im Juni 1683 stießen Krimtataren mit ihrer leichten, sehr mobilen Reiterei als Vorhut der osmanischen Armee nach Niederösterreich vor, plünderten zahlreiche Weiler und Dörfer und schürten damit die Angst vor der riesigen Armee, die aus Südosten im Anmarsch war: Großwesir Kara Mustafa (1634/35–1683) rückte mit 160 000 Mann auf Wien

Johann III. Sobieski war von 1647 bis 1696 König von Polen und wurde zum „Verteidiger der Christenheit" (Kupferstich von Jan Lauwryn Krafft, 1717).

Nach dem Eintreffen des Entsatzheeres erstürmt **Johann III. Sobieski** das Zelt des **Großwesirs Kara Mustafa** (Gemälde von Franz Geffels, um 1688). Der Wesir überlebte die Schlacht nur kurz: Auf dem Rückzug ließ ihn Sultan Mehmed IV. wegen Versagens erdrosseln.

vor. Als Kaiser Leopold I. mit seinem Gefolge die Stadt Anfang Juli in Richtung Westen verließ und kurze Zeit später 10 000 Soldaten einrückten, war der Ernst der Lage auch dem Letzten bewusst.

Auf Messers Schneide

Am 14. Juli 1683 stand das osmanische Heer vor der Stadt und schloss innerhalb von zwei Tagen den Belagerungsring. Wiens Befestigungsanlagen waren in den Jahrzehnten zuvor deutlich verstärkt worden und zwölf mächtige Bastionen schützten den Stadtkern. Zudem konnten die insgesamt etwa 16 000 Verteidiger auf militärische Hilfe von außen hoffen, denn der Papst hatte ein Bündnis zwischen dem Kaiser und dem polnischen König Johann III. Sobieski vermittelt. Die Frage war nur, ob das Entsatzheer rechtzeitig eintreffen würde, denn die Osmanen begannen unmittelbar nach ihrem Eintreffen mit dem Beschuss der Stadt. Die Wirkung ihrer kleinkalibrigen Kanonen blieb aber begrenzt,

sodass die Angreifer begannen, Gräben und Tunnel anzulegen, um mit Sprengladungen Breschen in Mauern und Bastionen zu schlagen. Es entwickelte sich ein erbitterter Grabenkampf mit stetem Artilleriefeuer, Musketen- und Pfeilbeschuss. Bei Angriffen auf die Mauer und Ausfällen der Belagerer kam es zu besonders blutigen Nahkämpfen. Nach sechs Wochen Belagerung kämpften aufseiten der Eingeschlossenen, die unter Hunger und Epidemien litten, nur mehr 4000 Mann, Wien schien verloren.

Im letzten Augenblick

Am 12. September 1683, praktisch in letzter Minute, erschien das 75 000 Soldaten starke Entsatzheer. Trotz dieser Bedrohung ließ der Wesir die Belagerung fortführen und stand schließlich in unhaltbarer Position. Vor allem dank der schweren polnischen Reiterei entschieden die Verbündeten die Schlacht am Kahlenberg rasch für sich. Für die Osmanen bedeutete die Niederlage vor Wien den Anfang vom Ende ihrer Herrschaft in Südosteuropa, schon wenig später verloren sie Ungarn und Kroatien an die Habsburger.

Entscheidung in der Ukraine – Poltawa

Im Alter von 15 Jahren bestieg Karl XII. (1682–1718) im Jahr 1697 den schwedischen Thron. Die meisten seiner 21 Regierungsjahre befand er sich auf Feldzügen im Ausland, denn 1700 begann der Große Nordische Krieg (bis 1721) um die Vorherrschaft im Ostseeraum.

Nachdem Karl XII. aus der Allianz der Gegner zunächst Dänemark (1700) und dann Sachsen-Polen (1706) ausgeschaltet hatte, startete er 1708 einen Feldzug gegen das bereits einmal besiegte Russland, das sein Militär in der Zwischenzeit jedoch reorganisiert hatte. Da der direkte Vormarsch auf Moskau scheiterte, drehten die Schweden nach Süden ab. Die Versorgungslage gestaltete sich im Winter 1708/09 katastrophal. Kälte, Hunger und russische Angriffe dezimierten das schwedische Heer. Eine Nachschubkolonne wurde von den Russen aufgerieben.

Ab April 1709 belagerte Karl XII. die ukrainische Stadt Poltawa, 87 Tage lang und ohne Erfolg. Ende Juni zog ein starkes russisches Entsatzheer unter Zar Peter I. (1672–1725) heran. Da weitere russische Verstärkungen drohten, beschloss Karl, die Russen anzugreifen. Während eines Aufklärungsritts am Fuß verwundet, konnte er jedoch die Truppen nicht selbst führen. Er unterstellte daher 20 000 Mann seinem Feldmarschall Rehnsköld. Es mangelte an Munition und einsatzfähigen Waffen. Nur vier Geschütze waren einsatzbereit. Der Gegner konnte fast 50 000 Mann und 72 Kanonen aufbieten.

Zar Peter führt den Konter

In der Nacht zum 8. Juli 1709 griffen die Schweden ein befestigtes Lager der Russen an, kamen aber nicht voran. Rehnsköld gruppierte um und versuchte, die Feldbefestigungen zu umgehen. Die Russen zerschlugen die zurückgebliebene schwedische Kavallerie. Dann brachen die Schweden in die Schanzen ein, erlitten im gegnerischen Feuer aber große Verluste. Um 6 Uhr führte Zar Peter seine Armee aus dem Lager und stellte sie in zwei Linien auf, die Kavallerie an den Flanken. Die Schweden traten ihnen gegenüber und um 9 Uhr gab Karl XII. den Angriffsbefehl. Im ersten Anlauf gelang es, in die russische Linie einzudringen und sie zurückzudrängen. Der Zar persönlich führte den Gegenangriff an. An den Flanken von der russischen Kavallerie überflügelt, mussten die Schweden schließlich dem Druck weichen und den Rückzug antreten, der bald zur wilden Flucht geriet.

Die Schlacht bei Poltawa stellt den Wendepunkt des Großen Nordischen Krieges dar. Durch die Vernichtung der schwedischen Hauptarmee ging die Initiative auf die antischwedische Koalition über.

Peter I., der Große, ging als Reformzar in die Geschichte ein. Wesentlich waren die Einrichtung eines stehenden Heeres und einer modernen Flotte.

Nach der Schlacht bei Poltawa: Die Reiterei Zar Peters sichert die erbeuteten schwedischen Regimentsfahnen. »

Preußens teurer Sieg – Torgau

Mit dem Einfall der preußischen Armee König Friedrichs II. in Sachsen begann 1756 der Siebenjährige Krieg. In den österreichisch-preußischen Konflikt griffen infolge von Allianzen und außenpolitischen Interessen alle europäischen Großmächte ein.

Preußen hatte im Januar 1756 ein Defensivbündnis mit Großbritannien geschlossen, was sofort Frankreich auf den Plan rief, das nun seinerseits eine Allianz mit dem vormaligen Rivalen Österreich einging, der sich zudem die russische Zarin Elisabeth I. anschloss. Preußen sah sich schließlich von allen Seiten umringt, da auch die Schweden im Norden und die Mehrzahl der Fürsten des Reiches die Partei Österreichs beziehungsweise der Habsburger ergriffen. Der Krieg zog immer größere Kreise, neben Sachsen waren bald auch Böhmen, Schlesien und Pommern betroffen, die Kontrahenten Großbritannien und Frankreich fochten schließlich sogar in Nordamerika und auf den Weltmeeren.

Ein unerbittliches Duell

König Friedrich II., der Große, hatte eine strenge soldatische Ausbildung durchlaufen. Schon früh eilte ihm der Ruf des begnadeten Feldherrn, aber auch des Hasardeurs voraus, denn der meist kühl analysierende Stratege neigte gelegentlich zu blitzschnellen Entscheidungen, unkonventioneller Taktik und

Friedrich der Große

Der Alte Fritz (1712–1786) Als Kind und Jugendlicher litt der Kronprinz unter der sehr strengen Erziehung durch seinen Vater, den „Soldatenkönig" Friedrich Wilhelm I. Berühmt wurde er als Feldherr wie als Feingeist, als aufgeklärter, toleranter Fürst, der – selbst Schriftsteller und Musiker – mit Geistesgrößen vom Schlage des französischen Aufklärers Voltaire verkehrte, aber auch als jähzorniger Tyrann. Friedrich der Große, unter dessen Ägide Preußens Territorium erheblich vergrößert wurde, kümmerte sich auch um den inneren Ausbau Preußens. Er leitete eine Reihe wichtiger Reformen ein, schuf eine moderne Verwaltung und etablierte Preußen in den Reihen der europäischen Großmächte. Der „Alte Fritz" zählt zu den herausragenden Figuren der deutschen Geschichte.

BIOGRAFIE

König Friedrich II., der Große, sah sich als „erster Diener seines Staates". Mit durchgreifenden Reformen brachte er Preußen voran (Porträt von Johann Georg Ziesenis, um 1763).

Als Friedrich II. in der **Schlacht bei Torgau** (Kupferstich von 1804) den Befehl zum Angriff gab, steckte ein Teil seiner Truppen noch in einem Wald und war nicht kampfbereit.

risikoreichen Angriffen, die er mit Vorliebe selbst anführte. Seinem großen Rivalen im Siebenjährigen Krieg, dem in vielen Schlachten erfahrenen österreichischen Feldmarschall Leopold Joseph Graf von Daun (1705–1766), sagte man dagegen ein eher zauderndes Naturell nach. Diese beiden bedeutenden Feldherren des 18. Jahrhunderts standen sich mit ihren Heeren mehrfach gegenüber, bei Kolin (1757) in Böhmen und vor allem bei Kunersdorf (1759) an der Oder hatte Daun den Preußen schwere Niederlagen bereitet. Doch der Verlauf des Krieges gestaltete sich wechselvoll, Friedrich dem Großen gelang auch eine Reihe glänzender Siege. Das letzte große Aufeinandertreffen des preußischen und des österreichischen Feldherrn stand noch aus und kulminierte in einer der blutigsten und opferreichsten Schlachten des 18. Jahrhunderts.

Friedrich teilt das Heer

Die österreichische Armee unter Feldmarschall Daun stand am 3. November 1760 in einer nach Süden verschanzten Stellung auf den Süptitzer Höhen nahe der sächsischen Stadt Torgau an der Elbe, eine zweite österreichische Armee unter General Lacy hatte sich unmittelbar vor der Stadt platziert. Zusammen verfügten die Österreicher über 52 000 Mann und 274 Kanonen. Die Preußen waren mit 49 000 Soldaten und 256 Geschützen zahlenmäßig leicht unterlegen. Friedrich war entschlossen anzugreifen und entschied sich für eine unkonventionelle Strategie: Er gab die Einheitlichkeit der Front auf und teile sein Heer in zwei Teile. Etwa 35 000 Soldaten kämpften unter seinem Kommando, 14 000 unterstellte er seinem erfahrenen General von Zieten.

Mit den Hauptkräften wollte Friedrich die Österreicher umgehen, um in ihren Rücken zu gelangen und sie dann von beiden Seiten gleichzeitig angreifen zu können.

Ein riskantes Manöver

Das Risiko, das Friedrich mit der Teilung des Heeres einging, war groß, denn die Gleichzeitigkeit des Angriffs beider Teile ließ sich kaum gewährleisten. Der Zeitpunkt konnte nicht vorher festgelegt werden, da die Dauer des Umgehungsmarsches nicht sicher zu berechnen war, Signale zudem von Wind und Wetter abhängig waren. So trat ein, was zu befürchten war: Als Friedrich aufgrund von entferntem Kampflärm um 14 Uhr den Angriff befahl, war ein Teil seiner Männer noch nicht in Position. Seine ersten Bataillone gerieten in starken Artilleriebeschuss und wurden zurückgeworfen. Schon eine Stunde nach Beginn des Gefechts waren 5000 preußische Soldaten gefallen oder verwundet. Beim

Je nach Heeresabteilung und Dienstgrad wiesen die **Uniformen der preußischen Soldaten** eine große Vielfalt auf (Kreidelithografie, Der Bildermann, Buntes Bilderbuch für artige Kinder).

Gardist.   Regt. Hessen Darmstadt.   v. Regt. Schwerin.   Cornet v. Regt. Kleist.   Regt. Ferd. v. Braunschweig.

Dragoner. v. Regt. Baireuth.   Kürassier v. Regt. Seidlitz.   Husar v. Regt. Ziethen.   Garde du Corps.   Tambour v. Regt. Seidlitz.

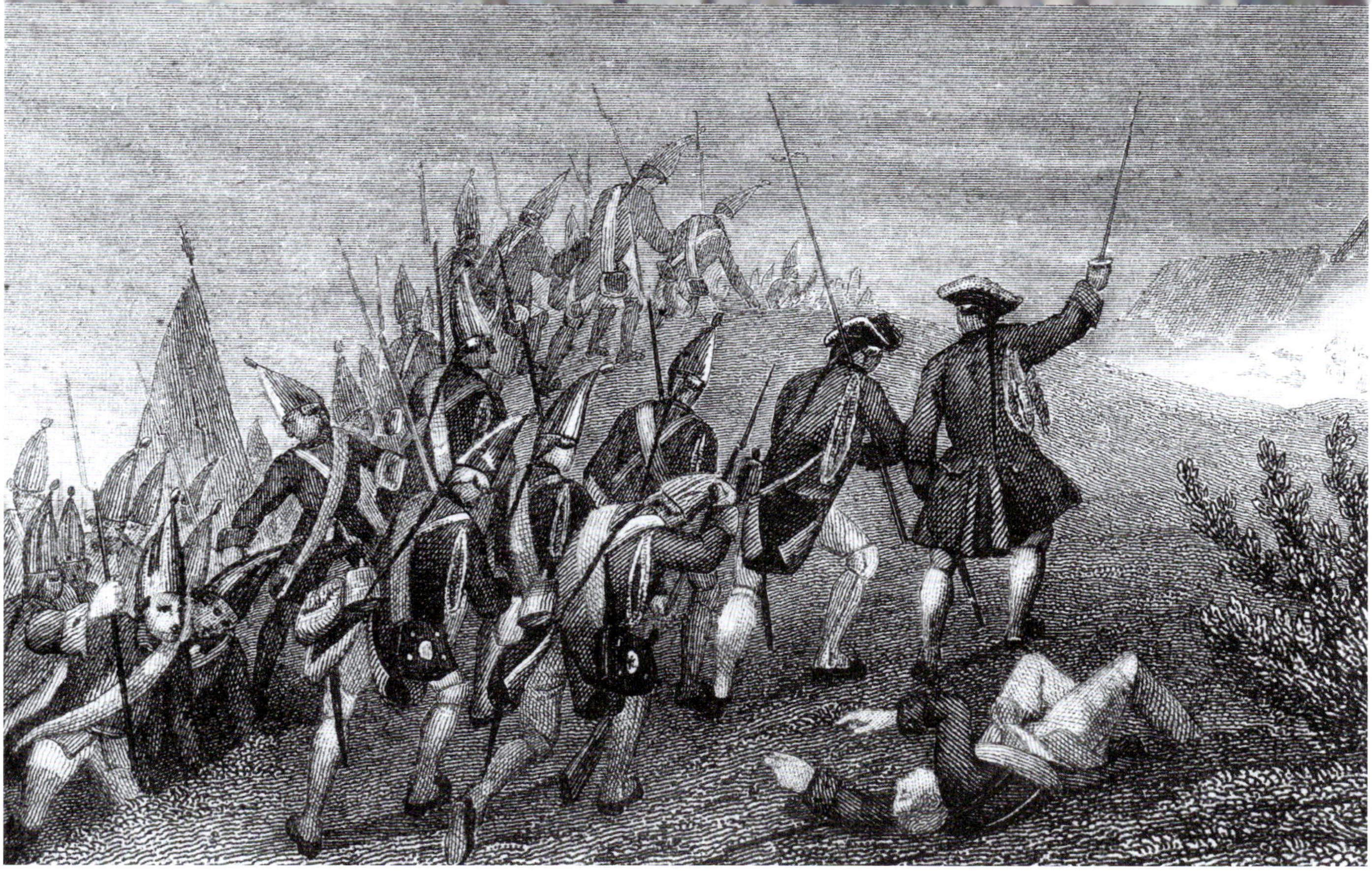

Nur kurz konnten die **Preußen** auf die **Süptitzer Höhen** vordringen – nach ihrer Vertreibung von dort schien die Schlacht entschieden.

zweiten Angriff konnten die Preußen kurz auf der Anhöhe Fuß fassen, wurden aber von einem Gegenangriff unter Führung Launs zurückgedrängt. Österreichische Kavallerie trieb die preußische Infanterie in einen Wald und auch ein Angriff der preußischen Kavallerie kam zum Erliegen.

Späte Wende

Gegen 17 Uhr schien die Schlacht für die Österreicher gewonnen. Doch als es bereits dunkel war, reorganisierte General von Zieten die Kavallerie und die Preußen griffen noch einmal an. Sie vereinten ihre Kräfte, schlossen die bereits feiernden Österreicher halbkreisförmig ein und beschossen sie mit der gesamten Artillerie. Gegen 21 Uhr gab der Gegner auf. Die Preußen hatten den späten Sieg teuer erkauft, 16 600 Soldaten waren gefallen oder verletzt. Der Gegner hatte 15 200 Männer verloren.

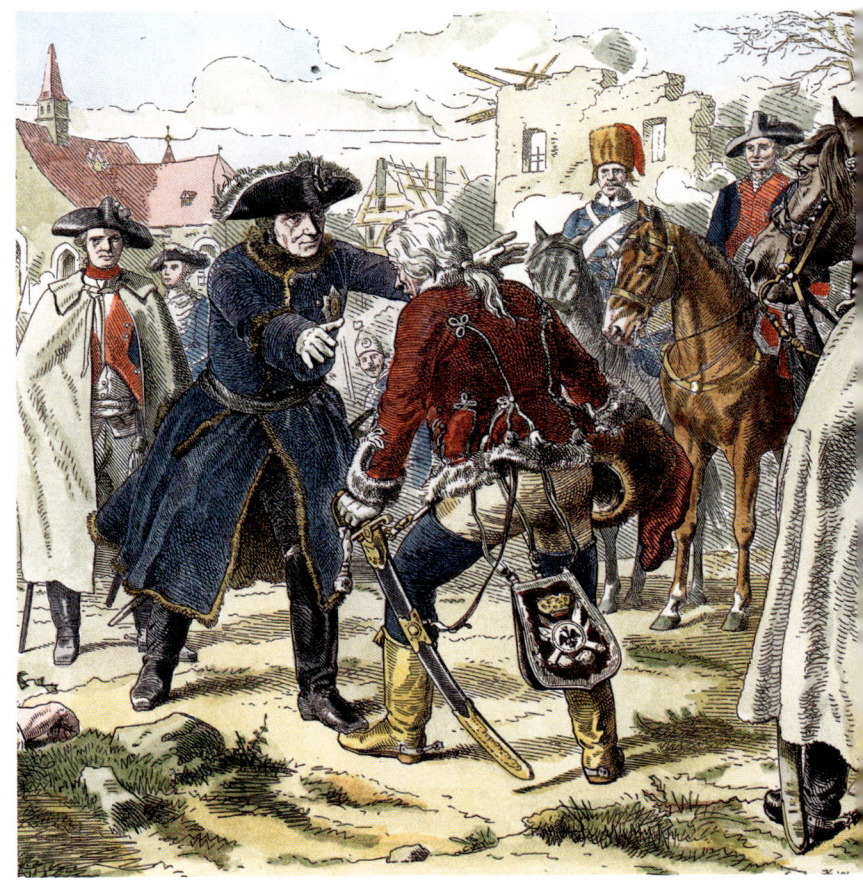

Am Morgen nach der Schlacht begrüßt **Friedrich der Große** seinen treuen General **Hans Joachim von Zieten**. Der Holzstich von 1857 zeigt Friedrich deutlich gealtert, seit dem Ende des Krieges hatte der Volksmund ihm den Beinamen „Alter Fritz" verliehen.

Freiheit für die Kolonien – Saratoga

Im Amerikanischen Unabhängigkeitskrieg (1775–1783) kämpften die 13 britischen Kolonien in Nordamerika für die Loslösung vom Mutterland. Was als Widerstand gegen die Steuer- und Abgabenpolitik Großbritanniens begann, endete in der Geburt einer neuen Nation – den Vereinigten Staaten von Amerika.

Als Großbritannien versuchte, seine durch die erfolgreiche Teilnahme am Siebenjährigen Krieg (1756–1763) angehäuften Schulden zu einem wesentlichen Teil seitens der Kolonien im fernen Amerika abtragen zu lassen, regte sich dort schnell der Widerstand gegen neue Steuern und rigide Handels- und Zollgesetze. Der Zorn der Bürger äußerte sich zunächst in eher symbolischen Akten wie der „Boston Tea

Nach einer Niederlagenserie brachte die Schlacht von Trenton am 26. Dezember 1776 der amerikanischen Kontinentalarmee unter **George Washington** einen wichtigen Erfolg. Das Gemälde (Emanuel Gottlieb Leutze, 1851) zeigt ihn an der Spitze seiner Truppen bei der **Überquerung des Delaware** am Vortag der Schlacht.

Der britische General und Schriftsteller **John Burgoyne** brachte Truppen nach Kanada, um die Rebellen in den Kolonien zurückzudrängen.

Party" von 1773, bei der als Indianer verkleidete Bürger der Stadt Boston die Ladungen englischer Handelsschiffe ins Meer warfen.

Washington übernimmt das Kommando

Als es im April 1775 auch zu ersten Gefechten zwischen amerikanischen Milizen und britischen Einheiten kam, stellten die Kolonien aus ihren Milizen eine gemeinsame Armee unter dem Oberbefehl des späteren ersten Präsidenten der USA, George Washington, auf. Die an Zahl, Bewaffnung und Kampferfahrung überlegene britische Armee war im beginnenden Unabhängigkeitskrieg zunächst deutlich im Vorteil und fügte den Aufständischen einige herbe Niederlagen zu. Dennoch, oder gerade deswegen, unterzeichneten die Kolonien am 4. Juli 1776 die Unabhängigkeitserklärung. Einmal verkündet, konnte die Unabhängigkeit nicht so leicht wieder aufgehoben werden. Doch die Briten brachten zusätzliche Truppen aus der Heimat ins Land.

Im Amerikanischen Unabhängigkeitskrieg trotzten **13 Kolonien** ihrem Mutterland, der Weltmacht Großbritannien, die Unabhängigkeit ab. Mit den Siegen in den **Schlachten bei Saratoga** gelang es den Aufständischen, die drohende Isolierung Neuenglands zu verhindern und die britische Nordarmee unter dem jungen General John Burgoyne auszuschalten.

Oberer See

QUEBEC

Quebec

St.-Lorenz-Strom

NEU-BRAUN-SCHWEIG

Montreal

NEU-SCHOTTLAND

Michigansee

Huronsee

MASSA-CHUSETTS

Ontariosee

Saratoga 1777 ✕

NEW HAMPSHIRE

Eriesee

NEW YORK

MASSACHUSETTS

Boston

GEBIETE

PENN-SYLVANIA

New York

RHODE ISLAND

CONNECTICUT

Philadelphia

NEW JERSEY

Ohio

MARYLAND

DELAWARE

LOUISIANA

Baltimore

VIRGINIA

Proklamationslinie von 1763

DER

Richmond

ATLANTISCHER

Mississippi

Appalachen

NORTH CAROLINA

INDIANER

SOUTH CAROLINA

OZEAN

GEORGIA

Charleston

Savannah

N

150 km

www.huber-medien.de

FLORIDA

■ Gebiet der 13 amerikanischen Kolonien

→ Britischer Feldzug unter General Burgoyne 1777

Das **Gelände der Schlachten bei Saratoga** zeigt diese Karte aus dem 19. Jahrhundert. Das Schlachtfeld bei Freeman's Farm ist in der Nähe des britischen Lagers bezeichnet, Bemis Heights beim amerikanischen.

Feldzug gegen die Rebellen

Der britische General John Burgoyne (1722–1792) startete im Sommer 1777 von Kanada aus einen Feldzug, um die amerikanischen Truppen in den Neuenglandstaaten von ihren Verbündeten in den südwestlich angrenzenden Gebieten zu trennen. Mit seiner Nordarmee rückte er vornehmlich über Wasserwege vor und eroberte auf dem Weg zum ersten Ziel, Albany am Hudson River, zunächst einige Forts. Doch der Vormarsch durch weitgehend wildes Gebiet geriet zu einem mühsamen Unterfangen, Burgoyne kam nur langsam voran und hatte große Mühe, seine Truppen zu versorgen. Die Amerikaner konnten so ihre Kräfte sammeln und südlich von Saratoga Befestigungen anlegen, durch die sie die Kontrolle über den Hudson River gewannen. Die wiederholten Versuche der britischen Truppen, diese amerikanischen Stellungen zu überwinden oder zu umgehen, um weiter vorrücken zu können, sind als die Schlachten von Saratoga und als Wendepunkt des Unabhängigkeitskriegs in die Geschichte eingegangen.

Die Schlacht bei Freeman's Farm

Das erste große Gefecht fand am 19. September 1777 statt, als Burgoyne bei „Freeman's Farm" auf die Streitkräfte des amerikanischen Generals Horatio Gates traf. Die Briten rückten in drei Kolonnen durch den Wald vor. In dem weithin unübersichtlichen Gelände geriet zunächst der rechte Flügel der Briten unter überraschenden Beschuss und verlor die meisten seiner Offiziere. Die Amerikaner stürmten daraufhin vor, wurden von den Bajonetten der Grenadiere aber jäh gestoppt und mussten sich zurückziehen. Auf den Äckern rund um die Farm kam es daraufhin zu einer Reihe

Der Frieden von Paris

Das Ende des Unabhängigkeitskriegs Am 3. September 1783 unterzeichneten die Vertreter Großbritanniens und der Vereinigten Staaten in Paris den Vertrag, der den Amerikanischen Unabhängigkeitskrieg auch formal beendete. Darin erkannte Großbritannien die Unabhängigkeit der Vereinigten Staaten von Amerika an. Für die Amerikaner führte in Paris Benjamin Franklin die Feder, der schon am Entwurf der Unabhängigkeitserklärung beteiligt war und als einer der Gründerväter der USA gilt.

Der britische General **John Burgoyne** (im roten Uniformrock) musste sich bei Saratoga dem amerikanischen General **Horatio Gates** geschlagen geben und kapitulierte (Litografie von Nathaniel Currier, 1852).

von Attacken und Rückzügen. Eingreifende britische Reserven konnten schließlich das Schlachtfeld und die Farm einnehmen, doch die Verluste von etwa 600 Mann schlugen empfindlich zu Buche, denn Burgoyne konnte sie im Gegensatz zu seinem Gegner nicht ausgleichen. Während er noch etwa 6000 Mann kommandierte, standen in den Reihen der Amerikaner nicht nur 2000 Mann mehr, es kamen auch stetig neue herbei.

Die Schlacht auf den Bemis Heights

Da die Vorräte zur Neige gingen und es keinerlei Anzeichen auf Verstärkung gab, musste Burgoyne handeln. Am 7. Oktober 1777 griffen die Engländer die amerikanischen Befestigungen auf den Bemis Heights an. Nach einer Stunde heftiger Kämpfe zogen sie sich in ihre Ausgangsstellung

zurück. Eine amerikanische Kolonne setzte nach und nahm auch Teile der Stellungen, doch die Dunkelheit rettete die Briten vor der endgültigen Niederlage. Sie hatten weitere 1000 Mann verloren und zogen sich bis Saratoga zurück. Eingekreist und unterlegen, kapitulierte John Burgoyne am 17. Oktober 1777.

Der Sieg in den Schlachten von Saratoga trug wesentlich zur Anerkennung und offenen militärischen Unterstützung der USA durch Frankreich bei. 1778 trat Frankreich an der Seite der Aufständischen in den Krieg ein, 1779 folgte Spanien und 1780 die Niederlande. Damit gerieten die Briten unter zusätzlichen Druck. Die Schlachten von Saratoga galten daher als ein Wendepunkt im Amerikanischen Unabhängigkeitskrieg. 1781 kapitulierte auch die britische Südarmee – 13 Kolonien hatten das britische Empire in die Knie gezwungen.

19. Jahrhundert

Napoleons Art der Kriegführung mit ihrer immensen Schlagkraft sowie die Folgen von technischer Entwicklung und Industrialisierung veränderten das Antlitz des Krieges. Mit der Einführung der allgemeinen Wehrpflicht wurde der militärische Konflikt (wieder) zur Angelegenheit des Volkes und der Nation.

Nelsons größter Sieg – Trafalgar

 1804 krönte Napoleon Bonaparte sich zum Kaiser der Franzosen und entwickelte einen Plan zur Invasion Englands. Dazu musste aber zunächst einmal die Blockade der französischen Atlantik- und Mittelmeerhäfen durch die Briten gebrochen werden. An der Südwestküste Spaniens, vor Kap Trafalgar, trafen die rivalisierenden Flotten aufeinander.

Die Schlacht bei Trafalgar in einem Gemälde von John Wilson Carmichael. »

Das Gemälde von Denis Dighton (um 1825, The National Maritime Museum, London) zeigt im Vordergrund **Nelsons Tod** an Deck der „Victory".

Bereits 1804 konzentrierte Napoleon am Ärmelkanal Truppen. Um sie auf die Insel zu bringen, benötigte er allerdings zumindest für einige Tage die Seeherrschaft im Kanal. Doch war die Royal Navy drückend überlegen und hielt die französische Flotte mit der Blockade ihrer wichtigsten Häfen im Würgegriff. Ein Durchbruch sollte her, um Teile der britischen Flotte aus den europäischen Gewässern wegzulocken. Der gelang im März 1805 auch, brachte jedoch nicht das gewünschte Ergebnis. Immerhin konnte ein Geschwader unter Vizeadmiral Villeneuve, das sich mit der spanischen Flotte vereint hatte, vor Europas Westküste navigieren.

Triumph und Tod Nelsons

Im Sommer 1805 suchte diese Flotte der Verbündeten Zuflucht im Hafen von Cádiz, westlich von Gibraltar. Die Briten waren schnell zur Stelle und blockierten den Hafen, das Kommando übernahm Admiral Horatio Nelson (1758–1805), der den Franzosen bereits einige herbe Niederlagen beigebracht hatte. Am 21. Oktober fiel die Entscheidung: 33 Schiffe der napoleonischen Flotte lagen vor Kap Trafalgar 27 britischen gegenüber. Nach der üblichen Seeschlachtordnung der Zeit hätten die gegnerischen Flotten dicht geschlossene Linien gebildet, die im Abstand von 50 bis 200 Metern parallel zueinander segelten und sich mit Breitseiten beschossen.

Nelson wich vor Trafalgar jedoch von dieser Ordnung ab. Er unterteilte seine Flotte in zwei Schlachtreihen, die im rechten Winkel auf die feindliche Linie vorstoßen und sie durchbrechen sollten. Um 11.30 Uhr feuerten die Franzosen erste Schüsse ab. Nelsons Angriffskolonnen stießen daraufhin auf die Linie vor und durchbrachen sie gegen 12 Uhr. Es entbrannte eine erbitterte Schlacht. Aus nächster Nähe teilten die Schiffe Breitseiten aus. Den Ausschlag gab neben Nelsons Taktik schließlich die englische Artillerie, die treffsicherer und schneller feuerte.

Der Admiral selbst konnte den Ruhm, den er vor Trafalgar erwarb, nicht mehr genießen. Von einer Gewehrkugel getroffen, starb er an Bord seines Schiffes, kurz nachdem er die Meldung vom triumphalen Sieg seiner Briten erhalten hatte.

Nelsons Flaggschiff in der Schlacht bei Trafalgar war der Dreidecker **„Victory"**. Die Farbreproduktion entstand um 1900.

Das bereits enttakelte **französische Flaggschiff „Bucentaure"** von Vizeadmiral Pierre de Villeneuve im Gefecht mit Linienschiffen der Royal Navy. Gemälde von Auguste Mayer (Musée national de la Marine, Paris). »

Napoleons perfekter Sieg – Austerlitz

 Als der Plan zur Invasion Englands gescheitert war, führte Kaiser Napoleon I. (1769–1821) die französische „Grande Armée" in aller Eile vom Ärmelkanal in Richtung Südosten, um die verbündeten Großmächte Österreich und Russland aus dem Feld zu werfen. Bei einem kleinen Dorf in Mähren bewies der französische Feldherr sein militärisches Talent.

Die Skizze zeigt eine berühmte Szene vor der Schlacht bei Austerlitz: „Dieser Feldzug", so rief **Napoleon** seinen Soldaten zu, „muss mit einem Donnerschlag enden."

Ein Bonmot zum militärischen Geschick Napoleons sagt, dass er seine Siege weniger den Waffen als den Beinen seiner Soldaten verdankte. Der französische Feldherr traf seine Entscheidungen immer wieder blitzschnell, brauchte aber auch die Armee, die in der Lage war, seine Pläne umzusetzen. Bis zu 30 Kilometer legten seine Soldaten im Herbst 1805 auf ihrem Marsch Richtung Süddeutschland täglich zurück, das Doppelte gewöhnlicher Marschleistungen der Zeit. Die große Eile war vonnöten, denn Napoleon wollte zuschlagen, bevor sich die Armeen der Koalitionäre Österreich und Russland vereinigen konnten. Die Österreicher waren, ohne auf die mit ihnen verbündeten Russen zu warten, nach Bayern vorgeprescht, das ein Bündnis mit Napoleon geschlossen hatte. Bayerische Verbände schlossen sich der Grande Armée an, deren Teile auf getrennten Wegen auf Ulm vorstießen, die Österreicher dort am 16. Oktober 1805 überraschend angriffen und zur Kapitulation zwangen.

Im Eilmarsch durch Europa

Dank der Schnelligkeit seiner Armee fielen Napoleon bei Ulm 20 000 Österreicher als Gefangene in die Hände. Die Russen wichen daraufhin nach Osten zurück, der Weg nach Wien stand Napoleon jetzt mehr oder weniger offen. Die Grande Armée nahm die Hauptstadt der Habsburger nach einigen Gefechten an der Donau Mitte November kampflos ein und setzte dann den Russen in Richtung Mähren nach. Ihr Ziel, die Vereinigung von Österreichern und Russen zu verhindern, konnte sie also verwirklichen. Bei Olmütz stießen auch der russische Zar Alexander I. (1777–1825) und Kaiser Franz I. von Österreich (1768–1835) zu den Truppen. Damit waren die Karten für die berühmte „Dreikaiserschlacht" gemischt. Der französische Kaiser, der nicht zuletzt als begnadeter Militärstratege in die Geschichte eingehen sollte, steckte sich indes noch einige Asse in den Ärmel.

Napoleon, vorn rechts auf dem „Feldherrnhügel", stand mit seinen Soldaten in der sogenannten **„Dreikaiserschlacht"** bei Austerlitz am 2. Dezember 1805 einer gewaltigen russisch-österreichischen Armee gegenüber.

Ein unwiderstehliches Angebot

Napoleon entschied, den zahlenmäßig überlegenen Gegner (70 000 : 85 000 Mann) in die Schlacht zu locken. Er inspizierte die Region um Brünn und fand bei Austerlitz ein hügeliges Gelände, das seinen taktischen Vorstellungen entsprach. Es umfasste ein Areal von etwa zehn mal zwölf Kilometern. Seine Truppen spielten derweil Gesandten und Spionen des Gegners Unordnung, Erschöpfung, Furcht und mangelnde Moral vor. Napoleon steigerte die Siegeszuversicht der gegnerischen Feldherren noch, indem er um Verhandlungen nachsuchte und am Vorabend der Schlacht mit der Pratzer Höhe und dem Dorf Austerlitz zwei strategisch günstige Positionen scheinbar überstürzt räumen ließ. Seinen rechten südlichen Flügel, der auch seine Nachschublinie sicherte, stellte er auffällig schwach auf, um den Gegner zu einem weitläu-

Das zeitgenössische Aquarell aus dem Kriegsarchiv in Wien zeigt die exakten **Truppenaufstellungen** in der Schlacht bei Austerlitz.

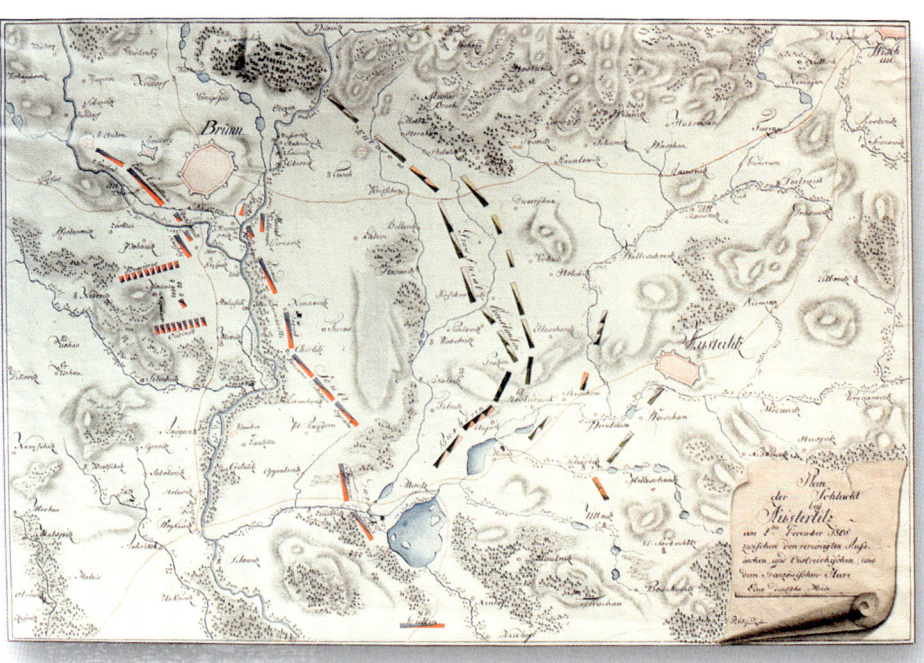

153

In wilder Flucht versuchten die Russen, Napoleons Armee zu entkommen. Dabei drängten sie auf das dünne Eis der großen Teiche bei Satschans, brachen ein und kamen dabei ums Leben.

Dieser Bronzetisch gedenkt der **Helden von Austerlitz:** Im Zentrum ist Napoleon abgebildet, darunter ist Marschall Murat zu sehen und u. a. die Marschälle Bernadotte und Bessières.

figen Umgehungsmanöver zu verleiten, mit dem er sein Zentrum schwächen würde. Die Kommandeure der Alliierten nahmen die ausgelegten Köder sämtlich an.

„Le beau soleil d'Austerlitz"

Am 2. Dezember 1805, um 6 Uhr in der Früh, begannen die Alliierten von Osten her ihren Vormarsch auf das von Napoleon gewählte Terrain, das in dichtem Nebel lag. Die geräumte Pratzer Höhe nahmen die Alliierten ohne zu zögern ein, bot sich von dort doch der beste Blick auf das Geschehen. Um 7 Uhr attackierten sie zwei Dörfer im Süden, in denen sich Franzosen verschanzt hatten. Auch im Norden begann der

Kampf. Napoleon aber suchte die Entscheidung im Zentrum. Als sich gegen 9 Uhr der Nebel lichtete und die später legendäre „Sonne von Austerlitz" das Schlachtfeld beschien, sah der französische Feldherr das Gros der alliierten Armee von der Pratzer Höhe abrücken. Es zog nach Süden, wo es offensichtlich den Hauptkampf erwartete. Jetzt war das Zentrum des Gegners so ausgedünnt, dass Napoleon es angreifen ließ. Zwei Stunden dauerten die Kämpfe um die Anhöhe, um 12 Uhr hatten die Franzosen sie unter Kontrolle. Von hier aus hatten sie nun Zugriff auf die zentralen Verbände des Gegners am Fuß des Hügels. Um 14 Uhr war die Schlacht entschieden. Zwar tobten an den Flanken noch Gefechte, aber die ersten Einheiten der Alliierten verließen bereits fluchtartig das Schlachtfeld. Pardon gab der Feldherr den Besiegten nicht: Ein großer Teil der 15 000 russischen und österreichischen Gefallenen, die man nach der Schlacht zählte, wurde auf der Flucht niedergemacht. Die Franzosen verloren etwa 1300 Mann.

Seit Austerlitz genoss die Grande Armée einen legendären Ruf. Der Name des mährischen Dorfes wurde zum Inbegriff der militärischen Genialität Napoleons, seiner Fähigkeit, das Verhalten des Gegners vorauszusehen, auf seine Bewegungen zu reagieren und seine Fehler gnadenlos auszunutzen. Die imperialen Träume Napoleons waren mit dem Sieg bei Austerlitz aber bei Weitem noch nicht erfüllt.

Diese **Feldkanone** ist ein Relikt der Napoleonischen Ära. Sie war von 1803 bis 1805 im Einsatz.

155

Napoleons Pyrrhussieg in Russland

Vor den Toren Moskaus schlugen Frankreich und Russland im September 1812 eine der blutigsten Schlachten des 19. Jahrhunderts. Napoleon selbst hat sie als die „schrecklichste meiner fünfzig Schlachten" bezeichnet. Auf Teilen des Schlachtfelds lagen die Toten und Sterbenden am Ende in mehreren Schichten übereinander.

Zum Feldzug gegen Russland bot Napoleon Truppen all seiner Verbündeten und Vasallen auf, denn Frankreich hatte nach 1803 weite Teile Europas von Spanien bis Norddeutschland und von Oberitalien bis Warschau annektiert. Neben Franzosen, Deutschen, Italienern und Polen sah die Grande Armée auch Iren, Niederländer, Belgier, Spanier, Kroaten und nordafrikanische Reiter in ihren Reihen. Das Ergebnis dieser Mobilmachung war die größte Armee, die Europa bis dahin gesehen hatte: Im Juni 1812 standen 600 000 Soldaten bereit, Russland zu erobern und damit dem Rivalen Großbritannien den letzten „Festlandsdegen" zu entreißen.

Russland schert aus

Russland war 1810 aus der vier Jahre zuvor von Napoleon verfügten „Kontinentalsperre", einer rigorosen Handels- und Wirtschaftsblockade gegen Großbritannien, mit der die Briten gezwungen werden sollten, die napoleonische Vorherrschaft anzuerkennen, ausgeschert. Den Briten wurden die russischen Häfen also wieder geöffnet, da die russische Wirtschaft auf den Warenaustausch mit der führenden Seemacht angewiesen war. Damit war der 1807 zwischen Kaiser und Zar geschlossene Frieden von Tilsit hinfällig. Der

Die **Schlacht von Borodino** heißt auf französisch „Bataille de la Moskova". Diesen Titel trägt das Gemälde von Louis-François Lejeune, einem französischen Maler und General (1822).

Die Karte zeigt wichtige Schlachten der **Napoleonischen Kriege**, Napoleons **Russlandfeldzug** und die entscheidenden Stationen der **Befreiungskriege**.

■ Kaiserreich Frankreich um 1812

■ von Angehörigen der Familie Napoleons regierte Staaten um 1812

■ von Napoleon abhängige Staaten um 1812

→ Russlandfeldzug

Gedanke der französisch-russischen Allianz wich einer feindseligen Rivalität und ein Angriff Napoleons war nur eine Frage der Zeit. Beide Seiten rüsteten für den Krieg. Russlands Armee wies zu Beginn des Krieges eine Stärke von rund 420 000 Mann auf, war aber über weite Gebiete des riesigen Reiches verstreut. Ihr zuverlässiger Verbündeter war die Weite des Raumes, in dem sie operieren konnte.

Stoßziel Moskau

☙ In der Nacht zum 24. Juni 1812 überschritten die napoleonischen Truppen ohne Kriegserklärung die Memel, die Westgrenze des Zarenreichs. Napoleon selbst führte die Hauptarmee über Smolensk in Richtung Moskau. Er hoffte, dass sich die Hauptstreitkraft der Russen früh einer Ent-

Franzosen (links, unter der Trikolore) und russische Kürassiere in der **Schlacht von Borodino** im Jahr 1812, dargestellt auf einem Ölgemälde von E. Charpentier.

Angriff der litauischen **Gardetruppen** (Gemälde von Nikolai Semjonowitsch Samokisch, 1911).

scheidungsschlacht stellen würde. Doch die wich stattdessen stetig zurück und zwang die Grande Armée zur Verfolgung in Eilmärschen – immer weiter nach Russland hinein. Regen und Schlamm erschwerten die Versorgung, das dünn besiedelte Land, durch das kurz zuvor bereits die russische Armee gezogen war, gab kaum etwas her. Dann setzte eine Hitzewelle ein, Staub und Durst machten beiden Armeen zu schaffen. Obwohl es kaum zu Gefechten kam, verlor Napoleon schon in den ersten Wochen an die 100 000 Soldaten. Bei Smolensk konnten die Franzosen Mitte August einen Sieg erfechten, doch die Hauptkräfte des Gegners wichen erneut zurück und verschanzten sich dann bei dem kleinen Dorf Borodino, gut 100 Kilometer westlich von Moskau.

Hoher Blutzoll

Dort standen sich am 7. September 1812 die Armeen mit jeweils etwa 130 000 Mann gegenüber. Das Gelände war von Schluchten und Höhenrücken durchzogen, dicht bewaldet und sehr unübersichtlich. Die Russen hielten auf Anhöhen eine große und mehrere kleine Schanzen. Um 5.30 Uhr ließ Napoleon das Artilleriefeuer eröffnen, zugleich schickte er Kavallerie zum Angriff auf das Dorf Borodino und die Infanterie gegen die stärksten russischen Verteidigungsanlagen. Schnell wurde klar, dass die Kämpfe auf beiden Seiten hohe Verluste fordern würden. Artillerieduelle und Frontalangriffe bestimmten den Verlauf, Attacken und Gegenangriffe folgten in schnellem Wechsel.

Gegen Mittag konnten die Franzosen die große Schanze erobern, mussten sich nach einem Konter aber wieder zurückziehen. Erst gegen 16 Uhr und dem erneuten Verlust der großen Schanze gaben die russischen Truppen nach. Von der Verfolgung des Gegners sah Napoleon ab, der unerwartet heftige Widerstand hatte ihn vorsichtig werden lassen.

Alljährlich wird auf dem ehemaligen Schlachtfeld von Borodino die Schlacht nachgestellt, mit historischen Waffen wie diesem **Mörser**.

Der Untergang der Grande Armée

Katastrophaler Rückzug Napoleon marschierte am 14. September 1812 in das verlassene Moskau ein. Weite Teile der alten Hauptstadt (von 1712 bis 1918 war Sankt Petersburg Hauptstadt des Zarenreichs) lagen in Schutt und Asche, weil die abziehenden Bewohner und Truppen Brände gelegt hatten. Napoleon hoffte auf Verhandlungen mit dem Zaren, doch der reagierte nicht. Angesichts äußerst mangelhafter Versorgung und der fortgeschrittenen Jahreszeit befahl der Kaiser Mitte Oktober den Rückzug. Der gestaltete sich als eine Katastrophe aus Hunger und Gefechten: Von den einst 600 000 Mann kehrten lediglich etwa 70 000 zurück, davon gehörten nicht einmal 10 000 der Hauptarmee an.

Trügerischer Sieg

Die Schlacht bei Borodino kostete zwischen 80 000 und 100 000 Soldaten das Leben. Die Grande Armée verlor an die 30 000 Mann, die russische wohl über 50 000. Seine letzte Reserve, die Kaiserliche Garde, hatte Napoleon wohlweislich weitgehend aus dem Gefecht herausgehalten. Der Weg nach Moskau stand nun offen, doch eine Entscheidung hatte Napoleon nicht herbeiführen können. Hunger und Kälte entschieden im Winter 1812 den Krieg – gegen Napoleon.

Der russische Maler Franz Alexejewitsch Roubaud wurde bekannt als Schlachtenmaler, hier die
Schlacht von Borodino (Panoramagemälde von 1912).

500 000 Soldaten im Gefecht – Leipzig

 Der gescheiterte Feldzug gegen Russland von 1812 stellte den Wendepunkt der napoleonischen Epoche in Europa dar. Die folgenden Befreiungskriege (1813–1815) beendeten die französische Fremdherrschaft und bereiteten dem Kaiserreich Napoleons ein Ende. Bei Leipzig wurde im Oktober 1813 eine der größten Feldschlachten der Geschichte geschlagen.

Die zeitgenössische Radierung zeigt die Schlacht bei Leipzig, die als „**Völkerschlacht**" in die Geschichte einging.

Signal zum Aufstand

☞ Da Napoleon in Russland eine halbe Million Soldaten verloren hatte, machte er sich nach seiner Rückkehr nach Paris im Dezember 1812 umgehend daran, eine neue Armee aufzustellen. Mit der vorgezogenen Einberufung von Jahrgängen, der Abkommandierung von Truppen aus besetzten Gebieten und den Kontingenten von Verbündeten hatte er im Sommer 1813 bereits wieder 750 000 Mann unter Waffen, von denen allerdings 250 000 noch in der Ausbildung waren. Napoleon war sich bewusst, dass die Völker und Staaten Europas auf die Stunde seiner ersten Niederlage sehnlichst gewartet hatten und sein Desaster in Russland für sie das Signal zum Aufstand war.

Befehlshaber der Alliierten

Feldmarschall Karl Philipp Fürst zu Schwarzenberg (1771–1820) führte die böhmische Armee und war Oberbefehlshaber der Alliierten

Marschall Jean-Baptiste Bernadotte (1763–1844), führte den Oberbefehl über die Nordarmee, 1818–44 als Karl XIV. Johann König von Schweden

Feldmarschall Gerhard Leberecht von Blücher (1742–1819), führte die schlesische Armee

Preußen und Russland verbündeten sich und erklärten Frankreich am 16. März 1813 den Krieg. Der Aufruf „An mein Volk" des preußischen Königs Friedrich Wilhelm III. (1770–1840) rief eine Welle patriotischer Begeisterung hervor. Preußen hatte kurz zuvor nach französischem Vorbild die allgemeine Wehrpflicht eingeführt und bald 280 000 Soldaten unter Waffen, davon etwa 120 000 Mann Landwehr. In den ersten Kämpfen des Frühjahrsfeldzugs 1813 blieb Napoleon jedoch erneut Sieger. Seine Armee konnte die verbündeten Preußen und Russen bis nach Schlesien zurückdrängen. Da er dringend Zeit zur Ausbildung neuer Rekruten und zur Herbeiführung von Verstärkung benötigte, suchte er am 4. Juni 1813 um einen Waffenstillstand nach und fand

damit Gehör. Rückblickend hat Napoleon diesen Schritt als einen seiner größten taktischen Fehler bezeichnet, denn in der Phase der Waffenruhe traten auch Schweden und Österreich der antifranzösischen Koalition bei. Aus drei Richtungen rückten die Verbündeten nach Wiederaufnahme der Kampfhandlungen im August 1813 gegen die in Sachsen konzentrierten Franzosen vor.

Entscheidung in Sachsen

Dem letzten großen Sieg bei Dresden im August folgte eine Reihe von Niederlagen, die Napoleon veranlassten, sein Hauptquartier in Dresden zu räumen und seine Armee im

Nach der **Erstürmung des Grimmaischen Tores** gelangte ein ostpreußisches Landwehrbataillon unter Major Karl Friedrich Friccius in die Stadt hinein und erstürmte dort französische Stellungen.

Das **Brandenbur-
gische Husaren-
regiment** überwäl-
tigt am 16. Oktober
1813 französische
Truppen in der
Schlacht bei Leipzig.

Raum Leipzig zu vereinigen, wo vom 16. bis 19. Oktober 1813 schließlich die größte und wichtigste Schlacht der Befreiungskriege stattfand. Insgesamt nahmen 520 000 Soldaten und nach ihrer Herkunft über ein Dutzend Völker an der Schlacht teil, die bis ins 20. Jahrhundert die größte Feldschlacht der Geschichte blieb. Aufseiten der Alliierten – insgesamt 320 000 Mann, von denen aber bei Beginn

der Kämpfe erst gut 200 000 vor Ort waren –, kämpften vornehmlich Deutsche, Österreicher, Russen und Schweden, aufseiten Napoleons Franzosen, Deutsche, Polen und Italiener.

Am Morgen des 16. Oktober 1813 eröffneten die Verbündeten das Gefecht gegen die eingekesselten Franzosen. Nach einigen Stunden erbitterten Kampfes schien das taktische Talent Napoleons erneut zu triumphieren: Dank seiner starken Artillerie schlug er Angriffe auf sein Zentrum und seine rechte Flanke zurück und fügte den Alliierten empfindliche Verluste zu. Derart ermutigt, ließ er seine Kavallerie um 15 Uhr zur Gegenoffensive antreten, um die feindlichen Linien zu durchbrechen. Erst der Einsatz österreichischer und russischer Reserven brachte den Angriff zum Stehen. Auch eine Attacke der französischen Infanterie blieb erfolglos. Die hereinbrechende Nacht beendete die Kämpfe.

Napoleon auf der Flucht

Prächtig und majestätisch wirkt der **Helm eines sächsischen Gardekürassiers** aus den Jahren 1807 bis 1813.

Der folgende Tag verlief relativ ruhig, doch die Lage der Franzosen verschlechterte sich, da die Alliierten Verstärkung erhielten und nun deutlich überlegen waren. Als am 18. Oktober auch noch die sächsischen Truppen und die

Attacke auf die französische Linie (links). Nach drei Tagen erbitterten Kampfes musste Napoleon die Stadt **Leipzig** am 18. Oktober schließlich **aufgeben**.

Württemberger zu den Alliierten überliefen, war die Niederlage Napoleons besiegelt. Trotzdem dauerten die heftigen Kämpfe den ganzen Tag an. Napoleons Armee wurde immer weiter Richtung Leipzig gedrängt. In den Morgenstunden des 19. Oktober gelang es dem geschlagenen Feldherrn, mit einem Teil seiner Armee in Richtung Westen zu entkommen. 30 000 seiner Männer gerieten in Gefangenschaft. Die schreckliche Gesamtbilanz der Völkerschlacht: über 125 000 Tote und Verwundete.

Napoleon musste sich bis über den Rhein zurückziehen, auf ein Friedensangebot ging er nicht ein. Der Krieg wurde auf französischem Boden fortgesetzt. Am 31. März 1814 zogen die Verbündeten in Paris ein. Napoleon dankte ab und wurde ins Exil auf die Insel Elba geschickt.

In den Jahren 1814 und 1815 schuf der Wiener Kongress eine Friedensordnung, mit der Frankreich auf seine vorrevolutionären Gebiete beschränkt und die Bourbonenmonarchie wiedereingeführt wurde.

Finale in Brabant – Waterloo

Im Frühjahr 1815 kehrte Napoleon Bonaparte aus der Verbannung von der Insel Elba zurück und eilte von der Mittelmeerküste in einem wahren Triumphzug nach Paris. Der französische König floh, die europäischen Monarchen waren äußerst besorgt. Umgehend ächteten sie den alten Rivalen und schlossen eine neue Koalition.

Prolog zum letzten Akt

Als „Adlerflug" wird Napoleons Rückkehr nach Paris und an die Macht charakterisiert – und tatsächlich schien er immer noch der ebenso geniale wie verwegene Feldherr zu sein: Mit 900 Grenadieren landete er in Antibes, schlug sich ihm entgegenstellende Aufgebote kurzerhand aus dem Weg und zog mit seinem Charisma große Teile der Bevölkerung und des Militärs auf seine Seite. Während seiner „Herrschaft der Hundert Tage" gab er sich geläutert, ließ eine liberale Verfassung erarbeiten und die europäischen Nachbarn wissen, dass er keinerlei expansive Absichten hege.

In Wien tagte eben zu jener Zeit der Wiener Kongress (1814/15) zur Neuordnung des vom „französischen Joch" befreiten Europa. Als die Nachricht von der

Das Gemälde des Franzosen Félix Philippoteaux **Schlacht bei Waterloo** (1874) zeigt die Schlacht auf des Messers Schneide: In höchster Not widerstehen die britischen Truppen mit ihren Bajonetten und Gewehren dem Ansturm der Franzosen. Bald werden die heranrückenden Preußen für Entsatz sorgen.

Die Napoleonischen Kriege

Krieg in Europa (1803–1815) Nach dem Ende der Französischen Revolutionskriege (1792–1802) überzog Napoleon den Kontinent mit Kriegen, die Europa nachhaltig umgestalteten. Das alte deutsche Reich ging unter, neue Königreiche entstanden. Geführt von Napoleon mobilisierte das republikanische Frankreich erstmals die gesamte Nation und alle Ressourcen für den Krieg. Dieser wurde wieder zur Sache des Volkes, dessen Armee eine ungeheure Schlagkraft entwickelte. Auch wenn sich die alten Staaten am Ende gegen Napoleon durchsetzten, waren sie doch gezwungen, sich dem französischen System anzupassen und Ideen wie die der allgemeinen Wehrpflicht zu übernehmen.

Rückkehr Napoleons eintraf, gingen Großbritannien, Preußen, Russland und Österreich umgehend ein neues militärisches Bündnis ein und stellten vier Armeen auf, von denen schließlich zwei gegen Napoleon antraten: ein britisch-niederländisch-deutsches Heer von insgesamt 105 000 Mann unter dem Herzog von Wellington (1769–1852) sowie ein preußisches von 115 000 Mann unter Generalfeldmarschall Blücher (1742–1819). Beide Armeen sammelten sich im heutigen Belgien. Napoleon befehligte nach seiner Machtergreifung über 200 000 Soldaten, weitere 75 000 Mann konnten kurzfristig rekrutiert werden.

Napoleon ergreift die Initiative

Napoleon war zum Handeln gezwungen, musste er doch die Entscheidung suchen, bevor die russische und die österreichische Armee ihren Verbündeten zu Hilfe kommen konnten. Wie gewohnt ergriff

Der preußische General Gneisenau soll als Erster den Wagen des geflohenen **Napoleon** erreicht haben. Mantel und **Hut** hatte dieser zurückgelassen. Letzterer ist heute im Deutschen Historischen Museum in Berlin zu sehen.

Rund 28 000 **Kavalleristen** zogen in die Schlacht bei Waterloo. Ihnen kam bei den Kämpfen eine wichtige

Rolle zu: Napoleon selbst schrieb in seinem Exil auf St. Helena, das willkürliche Vordringen französischer

Kavallerieeinheiten habe maßgeblich zu seiner Niederlage geführt.

er daher die Initiative und begann am 14. Juni 1815 den Vormarsch Richtung Brüssel. Er verfolgte den Plan, dem er in seiner beispiellosen Karriere schon oft vertraut hatte: die beiden verbündeten Armeen in getrennten Schlachten zu schlagen.

Die Voraussetzungen dafür waren gegeben, denn Wellington lag mit seinen Korps noch im Westen Belgiens, im Gebiet um Brüssel und Gent, Blüchers Truppen hingegen weit östlich davon, in einem fast 100 Kilometer weiten Bereitstellungsraum zwischen Charleroi und Lüttich. Napoleons Angriff zielte exakt in die Mitte und er überraschte den Gegner erneut mit dem Tempo seiner Truppen. Am 15. Juni erreichten sie Charleroi und nahmen dort bei Anbruch der Nacht Quartier. Damit hatten sie einen Keil zwischen die Armeen Wellingtons und Blüchers getrieben.

Ein letzter Sieg

Am 16. Juni kam es bei Ligny zur Schlacht zwischen Franzosen und Preußen. Napoleon errang einen deutlichen, aber unvollständigen Sieg, denn ein großer Teil von Blüchers Truppen entkam im Schutz der Nacht in Richtung Osten. Die Vereinigung der alliierten Armeen war jedoch zunächst vereitelt. Wellington erhielt erst am nächsten Morgen Kenntnis von der Niederlage Blüchers und entschied, seine Truppen südlich von Waterloo bei Mont St. Jean zusammenzuziehen. Napoleon bezog südlich von ihnen, aber in Sichtweite, bei dem Gehöft Belle-Alliance, Stellung. Beide Armeen besetzten gegenüberliegende Anhöhen und bereiteten sich auf die bevorstehende Schlacht vor. Wellington hoffte, dass wenigstens ein preußisches Korps noch vor dem ersten Schlagabtausch eintreffen würde.

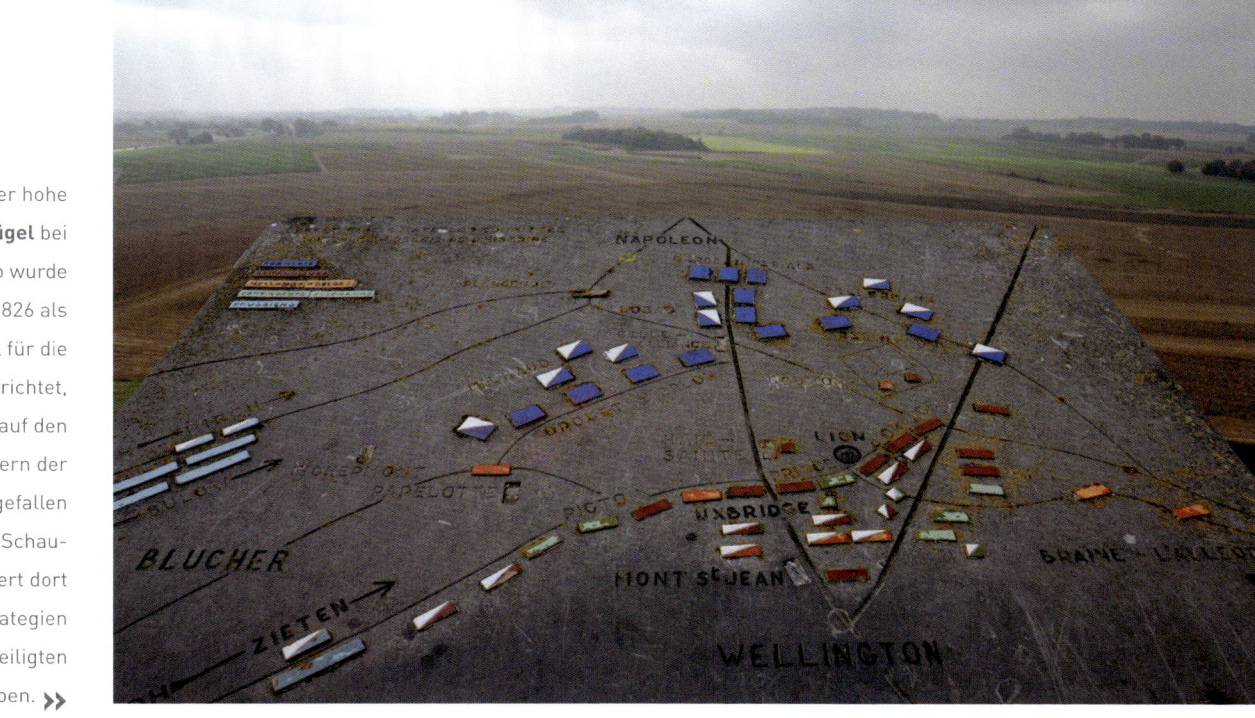

Der 40 Meter hohe **Löwenhügel** bei Waterloo wurde 1824–1826 als Mahnmal für die Soldaten errichtet, die auf den Schlachtfeldern der Umgebung gefallen sind. Eine Schautafel erläutert dort die Strategien der beteiligten Truppen. »

Diese dramatische **Kampfszene aus der Schlacht bei Waterloo** zeigt die vergeblichen Attacken der Kavallerie auf die britischen Karrees auf den Höhen.

Wellington setzt auf die Defensive

Zwischen den eingenommen Anhöhen lag eine etwa 1,5 Kilometer tiefe und 5 Kilometer breite Senke, in der sich am 18. Juni 1815 eine der berühmtesten und berüchtigtsten Schlachten der Geschichte entwickelte. Wellington positionierte das Gros seiner Truppen hinter der Anhöhe, um sie vor der Artillerie zu schützen und aus dem Blickfeld zu nehmen. Da er mit einem Angriff Napoleons rechnete, staffelte er seine Armee tief und ließ im Vorfeld der Anhöhe einige Stellungen besetzen. Seinen 68 000 an der Schlacht beteiligten Soldaten standen 72 000 Franzosen gegenüber. Noch hatte Napoleon also ein leichtes Übergewicht, doch er legte den Beginn des Kampfes auf Anraten eines Generals auf 13 Uhr fest, weil zunächst der von Regen aufgeweichte Boden abtrocknen sollte, um bei Bedarf rasch die Artillerie umzugruppieren. Ein taktischer Fehler, den er später bitter bereute.

Um 11.30 Uhr eröffnete eine französische Division die Kampfhandlungen mit einem Angriff auf vorgelagerte Stellungen der Alliierten. Die Attacke war eigentlich nur als Ablenkung für einen frontalen Angriff auf das Zentrum Wellingtons gedacht, geriet aber zu einem erbitterten Gefecht und zog sich über zwei Stunden hin. Gegen Mittag eröffnete die französische Artillerie das Feuer, um Breschen für Angriffe zu schlagen. Die Wirkung blieb jedoch sehr begrenzt. Dennoch rückte ein Korps auf das gegnerische Zentrum vor, drang auch auf dem rechten Flügel bis auf die Anhöhe vor, wurde dort aber von britischer Infanterie und Kavallerie zurückgeschlagen. Dadurch ermutigt, startete die britische Kavallerie Gegenangriffe, erlitt jedoch schwere Verluste. Unterdessen hatte Napoleon die Nachricht bekommen, die Ankunft preußischer Truppen stehe bevor, doch ordnete er lediglich deren genaue Beobachtung an.

Die Preußen kommen

Gegen 16 Uhr ritten französische Kavalleristen einen großen tollkühnen Angriff auf das Zentrum des Gegners. Die Bajonette und Gewehre der Briten brachten ihn zum Stehen, ihre Reiter drängten die Franzosen zurück. Am Fuß der Anhöhe formierten sie sich neu und die restliche französische Kavallerie schloss sich ihnen an, um auf 500 Meter

Napoleon und sein Gefolge (rechts im Bild) beobachten vom Standpunkt Belle-Alliance aus, wie sich die **Schlacht von Waterloo** entwickelt.

Breite frontal gegen die alliierte Front zu stürmen. Die Lage in Wellingtons Zentrum war bedrohlich, als gegen 19 Uhr am nordöstlichen Rand des Schlachtfelds große Truppeneinheiten erschienen. Der Schreckensruf „Ce sont les Prussiens!" („Das sind die Preußen!") lief durch die französischen Reihen und demoralisierte die ohnehin erschöpften Soldaten. Als auch in ihrem Rücken ein preußisches Korps auftauchte, war die Aussicht auf den Sieg dahin. Wellington setzte zu einem Generalangriff an und die gesamte Armee Napoleons wich in wilder Flucht vom Schlachtfeld.

Keine Schlacht ist nachträglich so häufig geschlagen worden, wie die von Waterloo. Der Name des kleinen Weilers südlich von Brüssel wurde zum Synonym für eine vernichtende, endgültige Niederlage. Dass der Kampf vor dem Eintreffen Blüchers indes auf des Messers Schneide stand, macht ein Wellington zugeschriebener Ausspruch deutlich: „Ich wollte, es würde Nacht oder die Preußen kämen!"

Nach dem Sieg reichen sich die verbündeten Feldherren **Blücher** und **Wellington** die Hand (Gemälde von Adolph von Menzel, 1858, Neue Pinakothek, München).

Für die Freiheit Lateinamerikas

Als die Spanier in der Heimat ihren Freiheitskampf (1808–1813) gegen die napoleonische Fremdherrschaft führten und von ihren Kolonien weitgehend abgeschnitten waren, erhoben sich die Völker Südamerikas unter Führung von Simón Bolívar (1783–1830) ihrerseits gegen die spanische Kolonialmacht.

Moralische und materielle Unterstützung erhielten die südamerikanischen Freiheitskämpfer aus den USA und Großbritannien. Als erste Länder proklamierten Ecuador und Bolivien bereits 1809 erstmals ihre Unabhängigkeit von Spanien. Bis 1822 hatten alle ehemaligen spanischen Kolonien mit Ausnahme Oberperus, des heutigen Bolivien, die Kolonialherrschaft abgeschüttelt und auch Brasilien löste sich in jenem Jahr kampflos von Portugal. Die letzte Schlacht mit den spanischen Truppen zur Vollendung der Loslösung von der Kolonialmacht stand aber noch bevor.

Simón Bolívar (Holzstich nach einer Reiterstatue) war der stolze Führer der südamerikanischen Unabhängigkeitsbewegung.

Kreolen, Schwarze und Mestizen

Die Südamerikanischen Unabhängigkeitskriege (1809 bis 1825) waren im Wesentlichen die Angelegenheit der relativ kleinen Oberschicht der Kreolen, der Nachfahren der europäischen Einwanderer. Der Großteil der armen, zum Teil versklavten Bevölkerung aus Indios, Schwarzen und Mestizen stand dem Geschehen weitgehend indifferent gegenüber. Unter den Kreolen wiederum gab es eine recht große Fraktion, die weiterhin zu Spanien stand. Die Unabhängigkeitskriege waren daher nicht nur Kolonialkriege, sondern nahmen zuweilen auch den Charakter von Bürgerkriegen an. Die Schlachten waren meist Gefechte von einigen Tausend

Die **Schlacht bei Ayacucho** auf einem Gemälde von 1830, in roter Uniform die spanischen Truppen.

Mann und im Vergleich zu jenen, die Napoleon in Europa schlug, als klein zu bezeichnen, doch ein ganzer Kontinent kämpfte darin um eine selbstbestimmte Zukunft.

Die Truppen der spanischen Kolonialarmee waren nur auf der Führungsebene spanisch, die Offiziere häufig Kreolen und die gemeinen Soldaten vornehmlich Indios, hinzu kamen wenige Schwarze und Mestizen, also Mischlinge von Europäern und Indios. Geschlossenheit und Schlagkraft der Truppen blieben stets problematisch, Desertion und Zwangsaushebungen waren an der Tagesordnung.

„Es lebe der Befreier!"

In Peru und Oberperu, dem heutigen Bolivien, hielt sich der spanische Widerstand am längsten. Der Kongress in Lima rief daher den zuvor im Norden des Kontinents erfolgrei-

Die Karte zeigt die **Staatenbildung in Lateinamerika** zu Zeiten Simón Bolívars und die Grenzen der spanischen Vizekönigreiche.

Grenzen der spanischen Vizekönigreiche

Simón Bolívar – der Nationalheld

El Libertador – der Befreier Als Sohn einer wohlhabenden Kreolenfamilie 1783 in Caracas geboren, avancierte der charismatische Bolívar um 1810 zum Führer und zur Symbolfigur der lateinamerikanischen Unabhängigkeitsbewegung. Nach anfänglichen Rückschlägen trug er den militärischen Kampf gegen die spanischen Kolonialherren als „Krieg ohne Gnade" in alle Länder Südamerikas. Das als letzte Region befreite Oberperu nannte sich zu seinen Ehren Bolivien. Venezuela, Peru und Bolivien wählten ihn zum Präsidenten. Ende der 1820er-Jahre wuchs die Opposition gegen Bolívars Regime, 1830 dankte er ab und starb bald darauf. Als Befreier Südamerikas wird er bis heute verehrt. Den angestrebten Zusammenschluss der südamerikanischen Staaten unter einem straffen, letztlich diktatorischen Regime konnte Bolívar allerdings nicht durchsetzen.

BIOGRAFIE

chen „Befreier" Simón Bolívar zu Hilfe und übertrug ihm im Februar 1824 weitreichende Kompetenzen, die ihm eine Neuorganisierung des Militärs erlaubten. Gemeinsam mit seinem General und Vertrauten Antonio José de Sucre (1795–1830) besiegte er die Spanier in einer ersten Schlacht bei Junín. Dann aber wurde Bolívar nach Kolumbien zurückgerufen und legte die Verantwortung für die Vollendung der Befreiung in die Hände Sucres.

In der **Schlacht bei Ayacucho** (Gemälde von Antonio José Herrera Toro, 1906, Museo Bolivariano, Caracas) befreiten sich die südamerikanischen Länder endlich von Spanien. Hier feiern die Sieger ihren Erfolg.

Nach der verlorenen Schlacht unterzeichnete der Vizekönig José de la Serna (Mitte, stehend) die **Kapitulation** (Gemälde von Daniel Hernández, Museo del Banco Central de Reserva del Perú).

Auf einem kleinen, 3200 Meter hoch gelegenen Plateau in der Nähe von Quinua, 32 Kilometer von der Stadt Ayacucho entfernt, standen sich am 9. Dezember 1824 Königliche und Republikaner zur entscheidenden Schlacht gegenüber. Sucre soll seine etwa 6000 Soldaten mit dem Appell „Vom heutigen Kampf hängt das Schicksal Südamerikas ab. Es lebe der Befreier, es lebe Bolívar!" auf das Gefecht eingestimmt haben. Auf dem linken Flügel postierte er Peruaner, auf den rechten Kolumbianer, die kampferfahren waren und als schlagkräftiger galten. Vor das Zentrum beorderte er die Kavallerie.

Verfehlte Aufstellung

Die Taktik der Spanier unter Befehl des Vizekönigs von Peru, José de la Serna, zielte auf den als schwach eingeschätzten linken Flügel Sucres. Ihre beste Abteilung eröffnete dann auch mit einer Attacke auf die Peruaner die Kampfhandlungen. Offenbar hatten bei Kampfbeginn aufgrund des schwierigen Geländes aber noch nicht alle Einheiten der Spanier Aufstellung genommen und stießen erst nach und nach auf das Gefechtsfeld vor. Das Bataillon, das die Attacke geführt und die Peruaner schnell in Bedrängnis gebracht hatte, bekam nicht die notwendige und vorgesehene Unterstützung und wurde von herbeigeeilter Kavallerie und Infanterie Sucres bekämpft. Die spanische Entlastung kam nur langsam und unkoordiniert, sodass die Königlichen wegen der fehlenden Ordnung zu Beginn der Schlacht dem Geschehen stetig hinterherliefen und nach drei Stunden den Rückzug antreten mussten, der ebenfalls nicht geordnet verlief. Gegen 17 Uhr nahmen die Spanier Sucres Angebot einer ehrenvollen Kapitulation an – die Entscheidung im Unabhängigkeitskampf Südamerikas gegen Spanien war gefallen.

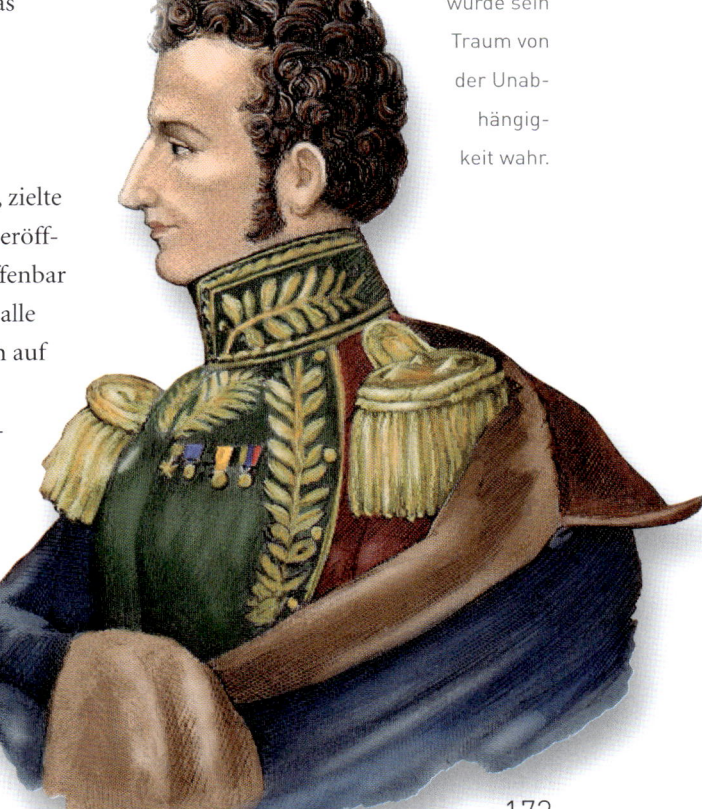

Der südamerikanische General und Politiker **Antonio José de Sucre** hatte schon seit seinem 15. Lebensjahr gegen die spanische Übermacht gekämpft. In Ayacucho wurde sein Traum von der Unabhängigkeit wahr.

173

„Blutig, schmutzig und verworren"

 Sieben Südstaaten der Vereinigten Staaten von Amerika schlossen sich im Februar 1861 zu den Konföderierten Staaten von Amerika zusammen. Ihr Austritt (Sezession) aus der Union führte zum Amerikanischen Bürgerkrieg (1861–1865), dem ersten „modernen" Krieg der Geschichte. Eine seiner großen Schlachten wurde in Tennessee geschlagen.

☞ Die Ursachen des Sezessionskriegs lagen in den wirtschaftlichen und politischen Konflikten zwischen dem Norden und dem Süden der USA. Ein wichtiges Motiv der Spannungen war dabei die Haltung zur Sklaverei. Während die Plantagenbesitzer des agrarischen Südens glaubten, auf billige schwarze Arbeitskräfte, also Sklaven, nicht verzichten zu können, machte der urbane und sich industrialisierende Norden zunehmend Front gegen die Sklaverei. Als mit Abraham Lincoln (1809–1865) ein entschiedener Gegner der

Sklaverei zum Präsidenten (1861–65) gewählt wurde, lösten sich zunächst sieben, später weitere vier sogenannte Sklavenhalterstaaten des Südens aus der Union und gaben sich eine eigene Verfassung.

Das Antlitz des modernen Krieges

☞ Als die Konföderierten begannen, Bundeseigentum in Besitz zu nehmen, sich die unionstreue Besatzung von Fort

Erst am zweiten Tag der **Schlacht von Shiloh** konnten die über Nacht verstärkten „Yankees" in die Offensive gehen, den Gegner zurückdrängen und am Vortag verlorene Geschütze zurückerobern.

Weite Teile des Schlachtfelds waren von **dichtem Wald** bestanden – entsprechend unübersichtlich entwickelte sich der Verlauf der Kämpfe (Gemälde von Thure de Thulstrup).

Sumter in South Carolina aber dagegen zur Wehr setzte, fielen im April 1861 die ersten Schüsse eines Krieges, der schließlich 620 000 Soldaten und eine unbekannte Zahl von Zivilisten das Leben kosten sollte, zudem Hunderttausende Versehrte forderte und in Vielem schon das schreckliche Antlitz der industrialisierten totalen Kriege des 20. Jahrhunderts trug.

Auf beiden Seiten kämpften große Freiwilligen-, später Wehrpflichtigenarmeen in Millionenstärke in einem Mehrfrontenkrieg, es kamen zahlreiche technische Neuerungen wie gepanzerte Dampfschiffe, Maschinengewehre, U-Boote und Artillerie mit Explosivgranaten zum Einsatz, aus strate-

gischen Gründen wurde die Infrastruktur, vor allem das Eisenbahnnetz, ausgebaut, mit dem Balloon Corps der Union griff eine erste Luftwaffeneinheit in die Kämpfe ein, in Schützengräben lagen sich Soldaten in zermürbendem Stellungskrieg gegenüber.

Nach der Kapitulation von Fort Sumter ließ Präsident Lincoln ein Heer von 75 000 Mann aufstellen und gegen den Süden vorrücken. Die ersten Schlachten des Bürgerkriegs konnte jedoch der Süden für sich entscheiden. Im Norden lief daraufhin eine gewaltige Kriegsmaschinerie an, die eine stetig wachsende Zahl von Rekruten und gewaltige Mengen Waffen produzierte.

Der Sezessionskrieg begann zunächst mit Erfolgen der **Konföderierten**. Die Schlacht von Shiloh war eine der blutigsten des Krieges, die Kriegswende zugunsten der **Unionisten** brachte die Schlacht bei Gettysburg.

▬ Staaten der Union
▬ Staaten der Konföderation

Unter dem Star Spangled Banner (damals noch mit 33 Sternen) rücken in der **Schlacht bei Shiloh** aufseiten der Unionisten Verstärkungen vor und stabilisieren die Lage.

Die Konföderierten rücken vor

🖎 Bei Shiloh im Südwesten Tennessees fand am 6./7. April 1862 die bis dahin opferreichste und eine der Hauptschlachten des Bürgerkriegs statt. Im Februar und März 1862 war ein großer Teil der Staaten Tennessee und Kentucky von der Union erobert worden. Ihr General Ulysses S. Grant schlug sein Lager in Pittsburg Landing am Tennessee River auf, um auf Verstärkung zu warten und dann weiter ins Herz der Südstaaten vorzustoßen. Die Konföderierten brauchten ihrerseits dringend einen Sieg, um ihre Position und die Moral ihrer Soldaten zu stabilisieren. General Albert S. Johnston sammelte eine Armee, um die Unionisten vor dem Eintreffen der Verstärkung anzugreifen.

Die erste Attacke der Konföderierten am frühen Morgen des 6. April, einem Sonntag, traf die Kommandeure und

Soldaten der Union völlig überraschend. Viele waren nicht einmal angekleidet, als der Angriff aus dem Wald erfolgte, und ihr Befehlshaber weilte einige Kilometer entfernt in seinem Quartier. Die Konföderierten nahmen die vom Gegner besetzte Anhöhe ein und trieben seine Soldaten gegen den Fluss. Schon nach ein paar Stunden schien der Sieg für General Johnston zum Greifen nah. Die Union brachte jedoch weitere Einheiten heran und konnte mit Mühe einige Lücken in der acht Kilometer breiten Frontlinie schließen. Insgesamt lagen nun etwa 100 000 Soldaten im Gefecht. Der Nahkampf mit Gewehrfeuer und Bajonett und dazu der Artilleriebeschuss gerieten so hart und blutig, dass viele unerfahrene Soldaten beider Seiten ihr Heil in der Flucht suchten. In dichtem Wald und sumpfigem Gelände entwickelte sich ein Durcheinander mit stundenlangen Gefechten um einzelne Stellungen, in denen die Konföderierten deut-

Ulysses Simpson Grant war General der Unionstruppen im Mississippigebiet. 1872 wurde er zum Präsidenten der USA gewählt.

lich die Oberhand gewannen. Als die Nacht hereinbrach, wurde der Kampf eingestellt. Unter den Tausenden Toten des Tages war auch der Kommandeur der Konföderierten, General Johnston.

Mit frischen Truppen zum Sieg

In der Nacht stießen frische Truppen in einer Stärke von 22 000 Mann zur Armee der Union. Am nächsten Morgen ging sie in die Offensive, stieß zunächst nur auf wenig Widerstand und drängte den Gegner bis in die Ausgangsstellung zurück. Um 15 Uhr war die Schlacht entschieden: Die demoralisierten Konföderierten erhielten den Befehl zum Rückzug, die erschöpften Sieger setzten ihnen nicht nach. Die Bilanz: 23 000 Tote, Verletzte und Vermisste. Der Satz „Ich hatte mehr Angst als bei Shiloh" wurde unter den Veteranen zum geflügelten Wort und brachte das ganze Grauen des Geschehens zum Ausdruck.

General Grant und seine Truppen fochten in der Schlacht bei Shiloh bis zur totalen Erschöpfung für den Sieg der Unionstruppen.

Blutiger Wendepunkt – Gettysburg

Als der Sezessionskrieg 1861 begann, dachte niemand an einen jahrelangen verlustreichen Bürgerkrieg. Die Südstaaten kämpften jedoch entschlossen für ihre Unabhängigkeit und die Fronten verhärteten sich. 1863 starteten die Konföderierten erneut eine Offensive auf das Territorium der Nordstaaten.

Unternehmen Anaconda

Die Strategie der Südstaaten war von Beginn an auf die Defensive, auf die Verteidigung der Unabhängigkeit ausgelegt, auch um in den Augen der Welt die Union als Aggressor dastehen zu lassen. Dennoch versuchten sie wiederholt, den Krieg auch in die Staaten des Nordens zu tragen, da Truppenbewegungen und Gefechte mit der Verheerung ganzer Gebiete sowie Leid und Not für die Zivilbevölkerung einhergingen. Die Union verfolgte ihrerseits den sogenannten Anaconda-Plan, die „Erdrosselung" der Südstaaten durch Blockade ihrer Seehäfen. Zudem sollte die Armee auf dem Mississippi und dem Tennessee weit bis nach Süden vordringen, um das Gebiet der Südstaaten zu teilen und die Nachschublinien der Konföderierten zu unterbrechen.

General Lee in der Offensive

Robert Edward Lee (1807–1870), Oberbefehlshaber der North-Virginia-Armee und erfolgreichster General der Konföderierten, hatte mit

General **Robert Edward Lee** entstammte einer angesehenen Familie in Virginia. Er führte die Truppen der Konföderierten in die Schlacht bei Gettysburg.

Lees Gegenspieler als Befehlshaber der Unionstruppen war General **George Gordon Meade**. ➤➤

unterlegenen Kräften, aber raffinierter Taktik und Kühnheit, 1862/63 eine Reihe von Siegen erfochten. Im Juni 1863 ging er in die Offensive und führte seine 75 000 Mann starke Armee in Richtung Norden, um in Pennsylvania einzumarschieren. Die Nordstaaten schickten die Potomac-Armee unter dem Befehl von George Gordon Meade (1815–1872), der Lee zur Schlacht stellen und das weitere Vordringen verhindern sollte.

Die dreitägige Schlacht von Gettysburg begann am Morgen des 1. Juli 1863 mit einem unbeabsichtigten Begegnungsgefecht, bei dem die dünn besetzten Stellungen der Union im Norden und Westen der Kleinstadt zusammenbrachen. Die weichenden Soldaten sammelten sich auf dem Cemetery Hill im Süden Gettysburgs und wurden in den dortigen Stellungen reorganisiert. Als General Lee am frühen Nachmittag am Schauplatz erschien, gab er Befehl, den erfolgreichen Angriff fortzusetzen und den strategisch bedeutsa-

Neben modernen Waffen wurden im Sezessionskrieg noch solche **Zwölfpfünder-Kanonen** aus napoleonischer Zeit eingesetzt.

Am ersten Tag der Schlacht hielten die Unionisten den Angriffen der Konföderierten im Wesentlichen stand. Nur ihre Stellungen auf dem Frontkeil bei **Barlow's Knoll** wurden überrannt.

Die **Schlacht von Gettysburg** in einem Panoramagemälde von Paul Philippoteaux. Das gewaltige Werk, ein Cyclorama, ist länger als ein Fußballfeld und ist im Gettysburg National Military Park Museum and Visitor Center zu bestaunen.

men Cemetery Hill zu attackieren. Der Angriff blieb aber aus, weil der im fraglichen Abschnitt kommandierende Offizier die Voraussetzungen für einen Angriff nicht gegeben sah. Lee hatte so zwar einen ersten Erfolg errungen, die noch deutliche zahlenmäßige Überlegenheit seiner Truppen (25 000 : 18 000) aber nicht entscheidend ausnutzen können.

Angriff auf die Flügel

Erst in der Nacht und am nächsten Morgen erreichten die meisten Infanteriedivisionen beider Seiten das Schlachtfeld. Die Union verfügte schließlich über etwa 85 000 Mann, General Lee über 75 000. Sein Plan für den zweiten Tag sah den Angriff auf beide Flügel des Gegners vor, wobei der auf den rechten Flügel den Gegner vornehmlich beschäftigen

und nur bei guter Gelegenheit entschlossen geführt werden sollte. Die von den Nordstaatlern besetzten Höhen waren in der Folge heftigst umkämpft, die Konföderierten konnten die meisten Stellungen vorübergehend einnehmen, wurden aber fast überall bei Gegenangriffen zurückgeschlagen. Lee zeigte sich am Abend des zweiten Gefechtstags von der Umsetzung der Pläne durch seine Offiziere enttäuscht. Dennoch entschied er sich für einen erneuten Angriff auf die Flügel am nächsten Tag.

Auf offenem Feld

Der 3. Juli begann jedoch mit einem stundenlangen Bombardement der Artillerie beider Seiten. Erst als sie ihre Munition weitgehend verschossen hatte, ging die konföde-

Am **Little Round Top**, einem felsigen Hügel weit südlich von Gettysburg, tobten die Kämpfe am zweiten Tag der Schlacht. Das Foto entstand am 6. Juli 1863.

rierte Infanterie mit etwa 12 000 Mann über offenes Gelände gegen die Stellungen der Union in der Mitte vor. Kartätschen (eine Art Schrotladung der Artillerie) und Kugeln schlugen große Lücken in die Linien der Vorrückenden. Nur etwa 200 Mann konnten schließlich in die Stellungen der Union eindringen, wurden aber rasch wieder vertrieben. Da Verstärkung nicht mehr herbeigeführt werden konnte, war die Schlacht für die Südstaaten praktisch verloren. In einigen missratenen Angriffen der Unionskavallerie fand der dritte Gefechtstag sein Ende.

Lee erwartete für den nächsten Tag den Angriff von Meade, der aber entschied sich gegen das Risiko einer Offensive. Die North-Virginia-Armee zog sich auf das Territorium Virginias zurück. Mit insgesamt fast 8000 Toten,

27 000 Verwundeten und 10 000 Gefangenen geriet der Name Gettysburg zum Inbegriff der Schrecken des Sezessionskriegs und wurde für die Amerikaner zu einem der wichtigsten Orte nationaler Erinnerung.

Die Schlacht von Gettysburg gilt als Wendepunkt des Bürgerkriegs. Die Initiative ging auf die Union über, die Südstaaten setzten den Kampf zwar fort, konnten die Verluste an Menschen und Material im Gegensatz zum Gegner aber nicht mehr ausgleichen. Durch Verwüstungsfeldzüge der Union zusätzlich geschwächt, kapitulierten die Konföderierten im April 1865.

Mit dem Sieg der Nordstaaten war die Einheit der Union wiederhergestellt. Die Sklaverei wurde per Verfassungszusatz verboten.

Gefallene Soldaten der Union liegen auf dem Schlachtfeld bei Gettysburg (Foto vom 5. Juli 1863).

Entscheidung im Deutschen Krieg

 1864 hatten Preußen und Österreich noch gemeinsam gegen Dänemark Krieg geführt. Ihre alte Rivalität um die Vorherrschaft in Deutschland brach aber bald wieder auf. Sie eskalierte im Deutschen Krieg, in dessen entscheidender Schlacht Formen traditioneller wie moderner Kriegführung aufeinandertrafen.

Auftakt zum „Bruderkrieg"

☞ Im Deutschen Bund (1815–1866) herrschte über Jahrzehnte ein labiles Gleichgewicht zwischen den Rivalen Preußen und Österreich. Seit 1862 forcierte der preußische Ministerpräsident Otto von Bismarck (1815–1898) jedoch die Gründung eines „kleindeutschen" (ohne Österreich) Nationalstaats unter preußischer Führung. Bismarck war sogar bereit, das Problem des Dualismus zwischen Preußen und Österreich militärisch zu lösen und zur Erreichung dieses Zieles auch einen „Bruderkrieg" mit Österreich zu führen. Im Konflikt

um die im Deutsch-Dänischen Krieg (1864) gemeinsam gewonnen Herzogtümer Schleswig und Holstein fand er den Anlass: Am 7. Juni 1866 marschierten preußische Truppen in das unter österreichischer Verwaltung stehende Holstein ein. Österreich antwortete auf diesen Affront mit dem Antrag, das Heer des Deutschen Bundes gegen Preußen zu mobilisieren, und fand bei der Mehrheit der deutschen Staaten Zustimmung. Damit war der Krieg gegen Preußen beschlossen. Die Kampfhandlungen begannen Mitte Juni mit dem preußischen Einmarsch in Sachsen, Hannover und Kurhessen.

Mit der Eisenbahn an die Front

Während die deutschen Länder des Bundes noch mit der Zusammenführung ihrer Truppen beschäftigt waren, überschritt die preußische Elbarmee von Sachsen aus bereits die Grenze zu Böhmen, um die österreichische Nordarmee zu attackieren. Von Berlin aus dirigierte der preußische Generalstabschef Helmuth Graf von Moltke (1800–1891) per Telegraf die gewaltigen Truppenbewegungen von insgesamt 200 000 Soldaten. Per Eisenbahn wurden die Kontingente dreier Armeen in bis dahin nicht erreichter Geschwindigkeit in den Bereitstellungsraum gebracht. Den Österreichern gelang es nicht, den Vormarsch wirkungsvoll zu behindern,

in einer Reihe kleinerer Gefechte setzten sich die Preußen durch. Bei Königgrätz brachte der österreichische Oberbefehlshaber Ludwig von Benedek aber ein Heer von 215 000 Mann (unter ihnen 22 000 Sachsen) zusammen, das sich am 3. Juli 1866 einer der großen Massenschlachten des 19. Jahrhunderts stellte.

Moderne Waffen

Ähnlich wie in den wenige Jahre zuvor geschlagenen Schlachten des Amerikanischen Bürgerkriegs (1861–1865) schien auch in der Schlacht bei Königgrätz eine neue Ära der Kriegführung auf. Neue Kommunikations- und Transportmittel sowie die Entwicklung und massenhafte Produktion neuer

Dieses Ölgemälde von Alexander Ritter von Bensa zeigt **k. k. Husaren** und **preußische Kürassiere** in erbittertem Gefecht. «

Die **Brigade Gordon**, bestehend aus dem 26. und dem 27. preußischen Infanterieregiment, mit Pickelhaube und modernen Hinterladern, verteidigt den lange umkämpften Swiepwald (Farbdruck von 1894, nach Aquarell von Carl Röchling).

Die **Schlacht bei Königgrätz** in einem Gemälde von Christian Sell (1866, Wehrge-schichtliches Museum, Rastatt). Die preußischen Sieger formieren sich zur Verfol-gung der Österreicher. In der Mitte auf dem Pferd ist König Wilhelm I. dargestellt.

Waffen infolge der Industrialisierung nahmen großen Einfluss auf Strategie und Taktik der Militärs wie auf die Form der Schlachten. Die preußische Infanterie war mit dem Zündnadelgewehr ausgerüstet, das als Hinterlader schneller und sogar im Liegen, also in Deckung, zu laden war und die Position des Verteidigers gegenüber dem Angreifer stark verbesserte. Auch die Reich-weite, Treffsicherheit und Schussfrequenz der Artillerie waren durch technische Entwicklungen wesentlich gesteigert worden. Bei König-grätz kam es aber auch zu einem der letzten großen Kavalleriege-fechte der Militärgeschichte und somit zu einem Aufeinandertref-fen von traditioneller und moderner Form des Krieges.

Flankenfeuer

Die Österreicher wählten eine defensive Stellung. Nördlich von Königgrätz platzier-ten sie ihre Artillerie in günstiger Position an den Hängen einer Hügelkette. Benedek wähnte eine der drei preußischen Armeen noch weit entfernt, wollte zunächst die beiden anderen besiegen, um dann der dritten mit Übermacht zu begegnen. Die Preußen begannen den Angriff ihrerseits in dem Glauben, es nicht mit der gesamten

Helmuth von Moltke war Generalstabschef des preußischen Heeres (Porträt von J. Rit-scher, um 1870). Damit war er zuständig für alle strategisch-operativen Planungen.

Streitmacht des Gegners zu tun zu haben. Ohne wesentlich voranzukommen, lagen sie stundenlang im Beschuss der Artillerie und erlitten große Verluste. Einige Vorstöße der Österreicher waren erfolgreich, doch zu einer Offensive konnte Benedek sich nicht entscheiden und verpasste so wohl die Chance auf den Sieg.

Verstärkung zur rechten Zeit

Die dritte der preußischen Armeen erschien entgegen Benedeks Vermutung bereits gegen 13 Uhr auf dem Schlachtfeld und attackierte seinen rechten, östlichen Flügel auf der nur schwach gesicherten Höhe von Chlum. Die Preußen konnten die wichtige Stellung rasch einnehmen, die herbeieilende österreichische Reserve fiel größtenteils im Gewehrfeuer. Sodann nahm preußische Artillerie den Gegner von dieser Flanke unter Feuer. Um der völligen Aufreibung zu entgehen, befahl Benedek den Rückzug. Nachsetzende Preußen ließ er von Artillerie und Kavallerie bekämpfen. Die Reiterei schlug dabei einen ihrer letzten großen Kämpfe.

Der Deutsche Krieg war damit entschieden, auch wenn er in anderen deutschen Staaten noch einige Wochen weiterging. Bei Königgrätz wurde die politische Frage, ob Deutschland in Zukunft aus Berlin oder Wien regiert werden würde, militärisch zugunsten Preußens beantwortet.

Am 23. August 1866 wurde der **Friede von Prag** geschlossen – hier ein Auszug aus der Urkunde (Haus-, Hof- und Staatsarchiv, Wien). Darin wurde Österreich zugesichert, dass sein Territorium unversehrt blieb. Doch Preußen übernahm die Vormachtstellung in Deutschland.

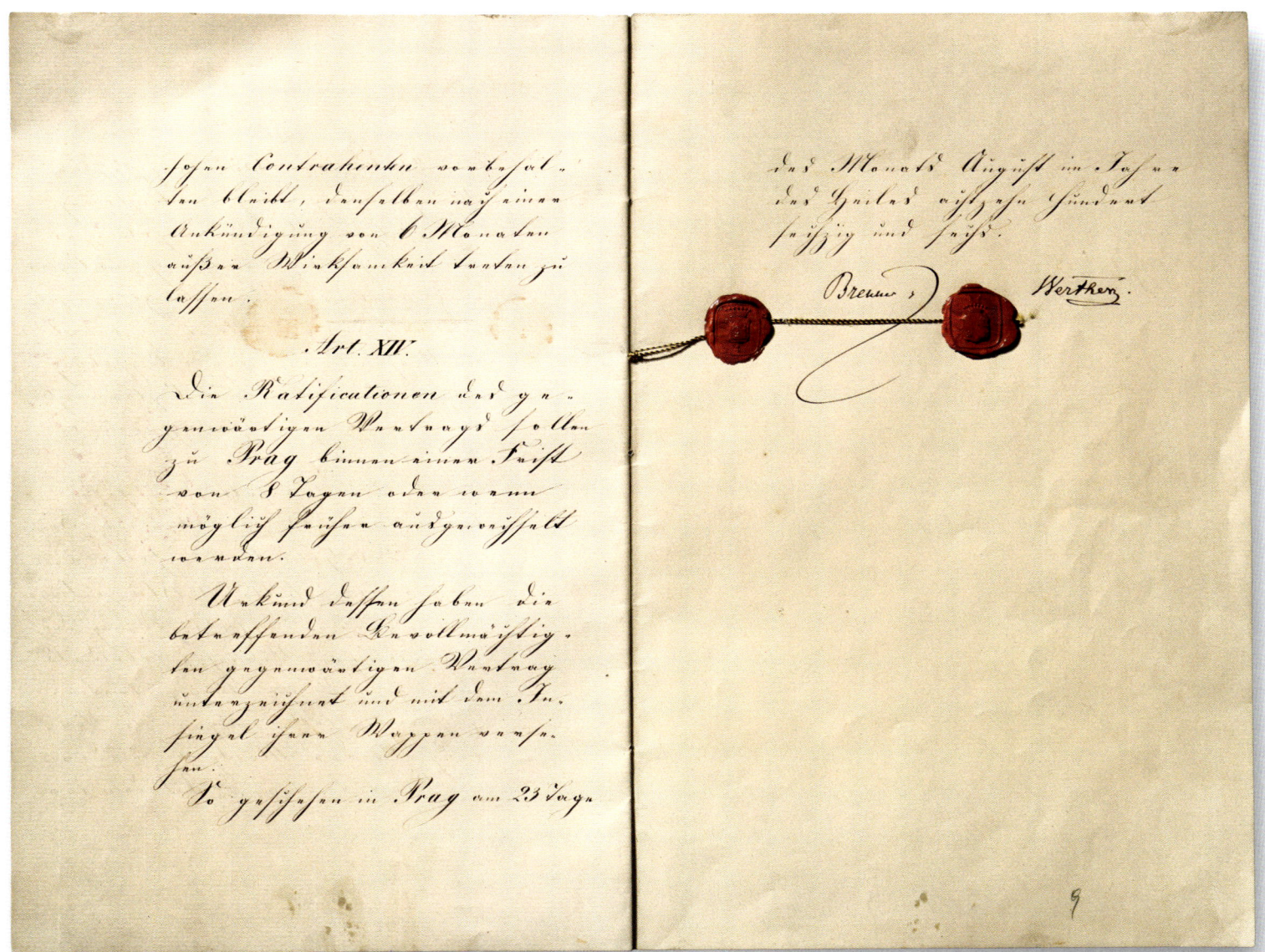

Eine klassische Entscheidungsschlacht

 Durch den preußischen Sieg im Deutschen Krieg (1866) hatten sich die Machtver-hältnisse in Europa auch zuungunsten Frankreichs verschoben. Die gespannten Beziehungen zu Preußen führten am 19. Juli 1870 zu der von Otto von Bismarck, Kanzler des Norddeutschen Bundes (1866–1870), provozierten Kriegserklärung Frankreichs.

Deutsch-Französischer Krieg

Während ein französisch-österreichisches Bündnis nicht rechtzeitig zustande kam, traten die süddeutschen Staaten nach der französischen Kriegserklärung der von Preußen geführten Koalition deutscher Staaten bei. Drei in kürzester Zeit mobil gemachte deutsche Armeen unter dem Ober-kommando von Generalstabschef Helmuth von Moltke (1800–1891) drangen Anfang August von der Pfalz aus in Frankreich ein und eröffneten damit den folgenreichen Deutsch-Französischen Krieg von 1870/71. Als die französi-schen Truppen in den ersten Grenzkämpfen Niederlagen erlitten, entschied ihr Oberkommando, sie in verschiedenen Richtungen ins Landesinnere zurückzuziehen: Ein Teil ver-schanzte sich in und um Metz, der andere zog zur Neustruk-turierung nach Châlons-sur-Marne.

Von Moltke gehetzt

Zwei der drei deutschen Armeen marschierten daraufhin in Richtung Metz und blockierten die dort liegenden französi-schen Verbände, eine zog nach Châlons, wo sich neben 130 000 Soldaten unter Befehl von Marschall Mac-Mahon auch Kaiser Napoleon III. (1808–1893) aufhielt. Als eine preußische Armee auf Châlons vorrückte, entschlossen sich Napoleon und Mac-Mahon am 19. August 1870, mit der Armee Richtung Nordosten zu marschieren, um die in Metz belagerten Truppen zu entsetzen und sich mit ihnen zu ver-einen. Am 26. August ließ dann auch Moltke seine Armeen in Richtung Norden einschwenken, um den Franzosen zu folgen, Mac-Mahon gegen die belgische Grenze zu drücken und dort auszuschalten.

In der Falle

Beim Vormarsch auf Metz wurden die Franzosen immer wei-ter abgedrängt und gelangten nicht einmal in die Nähe von Stadt und Festung. Als Reaktion auf eine weitere Niederlage bei Beaumont am

→ - - - → Vormarsch deutscher Truppen

→ Rückzug französischer Truppen

Die Karte zeigt den **Rückzug der französischen Truppen** von der Grenze ins Lan-desinnere. Ihr Plan, von Châlons-sur-Marne aus das belagerte Metz zu entsetzen, scheiterte, weil die vorrückende deutsche Armee sie in Richtung Norden abdrängte.

Die bayerische Infanterie (in grüner Uniform) griff am 1. September das von französischer Marineinfanterie verteidigte Dorf **Bazeilles** an – die entscheidende Schlacht des Deutsch-Französischen Krieges hatte begonnen (Farbdruck nach Aquarell von Carl Röchling, 1894).

Die Fotografie zeigt das vollkommen **zerstörte Bazeilles**, das etwa drei Kilometer vor Sedan liegt.

30. August ließ Mac-Mahon seine Truppen in die alte Festung Sedan einrücken und um sie herum eine Verteidigungslinie einrichten. Damit saßen die Franzosen in der Falle, denn die Deutschen rückten viel schneller vor, als Mac-Mahon gedacht hatte, und umfassten den Gegner. Moltke jubelte über die „Mausefalle", ein französischer General brachte die Situation drastischer auf den Punkt: „Wir sitzen in einem Nachttopf und morgen wird uns auf den Kopf geschissen."

Verheerender Artilleriebeschuss

Mit einem Angriff auf Bazeilles, den südöstlichsten Punkt der französischen Linie, begann am 1. September 1870, um 4 Uhr in der Früh, die entscheidende Schlacht des Krieges. Die Franzosen hatten ihre besten Kräfte dort positioniert und verteidigten den Ort bis zum Äußersten. Als es zu Straßen- und Häuserkämpfen kam, griffen auch Zivilisten ein. Wie auch benachbarte Stellungen fiel Bazeilles schließlich und war bei Ende der Kämpfe weithin zerstört. In der Folge kam vor allem die deutsche Artillerie zum Einsatz, da Moltke die französischen Chassepot-Gewehre fürchtete, die jenen der eigenen

Infanterie in Reichweite und Wirkung weit überlegen waren. Die Artillerie verfügte indes über modernste Gussstahlkanonen und belegte nun die französische Infanterie systematisch mit Salven. Die Wirkung der Granaten und Schrapnelle war verheerend, ganze Areale einschließlich Waldgebieten wurden zusammengeschossen. Erst wenn der Widerstand völlig gebrochen war, rückte die Infanterie nach, besetzte das Gelände und nahm die Überlebenden gefangen. Die französischen Truppen zogen sich ungeordnet in die Festung Sedan zurück. Gegen 17 Uhr hissten die Franzosen die weiße Flagge, die Waffen schwiegen.

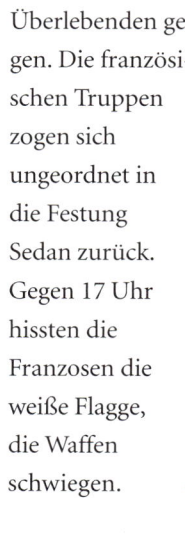

In der **Schlacht von Sedan** hindert das hessische Infanterieregiment Nr. 83 bei Floing die Chasseurs d'Afrique, die beste Kavallerietruppe der französischen Armee, am Durchbruch (Farblithografie nach Aquarell von Georg Koch, 1898).

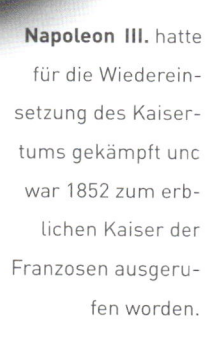

Napoleon III. hatte für die Wiedereinsetzung des Kaisertums gekämpft und war 1852 zum erblichen Kaiser der Franzosen ausgerufen worden.

Nach der verlorenen Schlacht und der Kapitulation treffen bei Sedan **Napoleon III.** und der preußische **König Wilhelm I.** aufeinander (kolorierte Kreidelithografie von W. Loeillot).

Der Kaiser in Gefangenschaft

☞ Zum Beschuss der Festung kam es nicht mehr, da die Franzosen am folgenden Morgen kapitulierten. Fast 3000 Offiziere und über 100 000 Soldaten gerieten am 2. September 1870 in deutsche Gefangenschaft, unter ihnen auch das Staatsoberhaupt, Kaiser Napoleon III. Der Krieg war damit noch nicht zu Ende, die Entscheidung aber bereits gefallen, denn Frankreich hatte keine handlungsfähige Armee mehr.

Folgen der Schlacht

☞ Schon zwei Tage nach der vernichtenden Niederlage und der Gefangennahme des Kaisers stürzten die Franzosen in Paris das Kaiserreich und riefen die Republik aus. Der preußische König Wilhelm I. wurde am 18. Januar 1871 in Versailles, dem deutschen Hauptquartier, zum Kaiser des Deutschen Reiches proklamiert. Damit war der Gründungsakt des Deutschen Reiches vollzogen. Zehn Tage später kapitulierte auch Paris, im Osten Frankreichs dauerten die Kämpfe noch an. Am 26. Februar schlossen Deutschland und Frankreich einen Vorfrieden, der am 10. Mai 1871 im Frieden von Frankfurt bestätigt wurde.

In Erinnerung an den größten Sieg in der Geschichte Preußens und die folgende Gründung des Deutschen Kaiserreichs feierte Deutschland bis zum Ende des Deutschen Kaiserreichs im Jahr 1918 alljährlich am 2. September den „Sedantag" als patriotischen Feiertag.

Letzter Sieg der „First Nations"

 Als Indianerkriege sind die bewaffneten Konflikte zwischen den europäischen Siedlern und den Indianern Nordamerikas in die Geschichte eingegangen. Die Stämme der „First Nations" wehrten sich erbittert gegen die brutale Verdrängung aus ihren angestammten Territorien. Einen letzten, legendären Sieg errangen sie am Little Bighorn River.

George Armstrong Custer (Foto um 1875) wurde bekannt durch viele Bücher und Filme, die von der Niederlage gegen die Indianer berichten.

Die Kolonisation der europäischen Siedler hatte auch im 17. und 18. Jahrhundert schon zu Konflikten und Gefechten mit Indianern geführt, erst als Folge der Masseneinwanderung des 19. Jahrhunderts nahmen die Spannungen aber den Charakter von Kriegen an. Das immer schnellere Vorschieben der Siedlungsgrenze nach Westen beraubte die nomadisierenden Prärieindianer zunehmend ihrer Lebensgrundlagen. Gewaltsam durchgesetzte Umsiedlungen der „Wilden" sowie durch rassistischen Dünkel und Gier motivierte Massaker steigerten den Zorn der Indianer auf die „Bleichgesichter", der sich seinerseits in Gewalttaten entlud.

Die heiligen Berge

Die Black Hills in South Dakota und Wyoming galten (und gelten) den Lakota-Sioux als heilige Berge. Ein Vertrag von 1868 hatte sie ihnen als exklusives Jagdgebiet zugesprochen. Ohne Einwilligung seitens der Lakota durften Weiße in den Bergen weder siedeln noch sie durchqueren. Dennoch schickte die US-Army 1874 einen Spähtrupp unter Führung von George A. Custer in die Berge, um einen geeigneten Ort für die Errichtung eines Forts auszumachen. Custer fand Gold und machte diesen Umstand weithin bekannt, woraufhin Tausende Goldsucher in die Black Hills strömten, Wälder rodeten und Siedlungen errichteten.

Fauler Handel

Als die Lakota und andere Sioux-Stämme mit Krieg drohten und erste Angriffe auf die Eindringlinge unternahmen, bot die Regierung den Indianern an, ihnen die Black Hills abzukaufen. Die Verhandlungen scheiterten jedoch und die Regierung beschloss, die Berge mit Gewalt für die Weißen zu gewinnen. Sie stellte den Indianern das Ultimatum, bis Ende Januar 1876 die Black Hills zu räumen und sich in den ihnen zugewiesenen Reservaten außerhalb der Berge zu sammeln. Bei Ablauf des Ultimatums war dort indes nichts von den Indianern zu sehen. Stattdessen sammelten sich die Sioux unter ihren Anführern Crazy Horse und Sitting Bull sowie verbündete Cheyenne an den Flüssen Little Bighorn und Rosebud Creek in Montana.

Der Feldzug

Im Mai 1876 startete die US-Army einen Feldzug gegen die Sioux. In drei Kolonnen, darunter auch Oberstleutnant Custers Kavallerieregiment mit etwa 650 Mann, marschierten die Soldaten auf unterschiedlichen Routen in Richtung der vermuteten Lagerstätten. Der südliche Angriffspfeil wurde am 16. Juni überraschend in ein Kavalleriegefecht mit Sioux und Cheyenne verwickelt, zog sich zurück und schied aus dem Feldzug aus. Custer erhielt den Auftrag, in Richtung Bighorn River zu ziehen, die Indianer ausfindig zu machen, sie aber nicht ohne die Haupttruppen anzugreifen.

Am Morgen des 25. Juni 1876 sichteten Kundschafter ein großes Lager am Little Bighorn River und informierten Custer über eine enorme Übermacht der Indianer. Dennoch entschloss sich Custer umgehend zum Angriff. Er teilte sein Regiment, um die Attacke von drei Seiten zu führen. Kurz nach 15 Uhr griff der erste Trupp das Lager von Süden aus an, die Sioux brachten die Attacke aber bald zum Stehen und schlugen die Angreifer über den Fluss zurück. Der zweite Trupp, der eigentlich zugleich mit Custer angreifen sollte, konnte das Geschehen zum Teil verfolgen und eilte den Resten des ersten zu Hilfe.

Sitting Bull (um 1831–1890), der selbst nicht an der Schlacht teilnahm, gilt als einer der geistigen Väter der indianischen Freiheitsbewegung.

Berittene Sioux bei einer Attacke. In der Schlacht am Little Bighorn kämpften die Cheyenne-Indianer und die mit ihnen verbündeten Sioux Seite an Seite (fotomechanischer Druck, 1903).

Unerschrocken steht **George A. Custer** zunächst im Kampfgetümmel der Schlacht am Little Bighorn. Doch sein 7. Kavallerieregiment wurde vernichtend geschlagen, er selbst und seine beiden
Brüder fielen in der Schlacht am 25. Juni 1876.

Die hier abgebildete **Flagge** blieb die einzige **von Custers Einheit**, die nicht den Indianern in die Hände fiel, weil der Körper eines gefallenen Soldaten sie bedeckte. ≪

Sitting Bull

Klagerede gegen die Weißen „Welchen Vertrag, den die Weißen unterzeichnet haben, hat der Rote Mann je gebrochen? Nicht einen. Welchen Vertrag, den der Weiße Mann je mit uns geschlossen hat, hat er gehalten? Nicht einen. Als ich ein Knabe war, besaßen die Sioux die Welt; über ihrem Land ging die Sonne auf und unter; sie schickten zehntausend Mann in den Kampf. Wo sind die Krieger heute? Wer hat sie erschlagen?"

Der letzte Sieg der Indianer

Custer selbst stand nördlich des Lagers und gab um 16.15 Uhr seinen Kavalleristen das Zeichen zum Angriff. Sie drangen bis ins Dorf vor, sahen sich aber einer Übermacht gegenüber und zogen sich geordnet auf einen nahen Hügel zurück. Trupps der Indianer umgingen den Hügel und schnitten Custer den Rückzugsweg ab. Dann griffen sie von allen Seiten an. Nach einer guten halben Stunde waren Custer und seine Männer niedergemacht, die Leichen wurden skalpiert und verstümmelt.

Da weitere Armeetruppen im

Anmarsch waren, zogen sich die Indianer am nächsten Tag zurück.

In der Schlacht am Little Bighorn errangen die Indianer ihren letzten Sieg. Die Regierung schlachtete das „Massaker" aus und verschärfte ihr Vorgehen gegen die „First Nations". Mit einem tatsächlichen Massaker an 300 Lakota-Indianern bei Wounded Knee im Dezember 1890 brachen die Weißen endgültig den indianischen Widerstand.

Dieser **Gedenkstein** für die „Siebte Kavallerie" steht auf dem ehemaligen Schlachtfeld, heute Nationalfriedhof und Nationaldenkmal. ≪

Von Custers letzter Verteidigungsstellung, dem „last hill" blickt man hinunter in das **Tal des Little Bighorn** mit Gedenksteinen für die Toten.

Stoß des Büffelhorns – Isandlwana

Anfang des 19. Jahrhunderts hatte der Zulukönig Chaka (um 1789–1828), der „schwarze Napoleon", im Süden Afrikas ein kleines Königreich geschaffen, dessen Stärke in einer straffen militärischen Organisation lag. Als die britische Kolonialmacht vom Kap her immer weiter und entschiedener gen Norden expandierte, war ein Krieg vorprogrammiert.

Britische Expansion

Durch die Annexion von Natal (1843) und Transvaal (1877) war das Zulureich fast vollständig von britisch beherrschten Gebieten umklammert. Es entwickelte sich eine an gegenseitigen Übergriffen reiche Nachbarschaft. Henry Bartle Frere, der britische Hochkommissar für Südafrika, sollte die britischen Kolonien Südafrikas in einer Konföderation einen und sah die Möglichkeit dazu nur in der Zerschlagung des Zulustaats. Am 11. Dezember 1878 stellte er dem Zulukönig Cetshwayo ein kurzfristiges, inakzeptables Ultimatum. Einen Monat später drangen britische Truppen in fünf Abteilungen gegliedert gegen die Zulus vor. Die 3. Abteilung, rund 4700 Mann, führte der Oberbefehlshaber Lord

Einige wenige Zulukämpfer waren im Besitz von **Feuerwaffen**. Einer ihrer Führer war Prinz Dabulamanzi kaMpande (stehend in der Mitte).

Der Übermacht der Zulus waren die Briten in Isandlwana klar unterlegen. Ein Markenzeichen der Zulukämpfer war der **Zuluschild**, der Ishilangu. Der ovale, große Schild diente im Kampf sowohl als Schutz wie als Waffe.

Chelmsford. Ihr rückte die Hauptmacht der Zulus entgegen. Am 20. Januar 1879 schlug Lord Chelmsford am Hügel von Isandlwana ein Lager auf, das er aber nicht befestigen ließ, und forderte Verstärkungen an. Als am 21. Januar eine Vorausabteilung starke Zulukräfte meldete, hielt er diese fälschlich für die Hauptmacht und brach am nächsten Morgen mit der Hälfte seiner Abteilung zur Aufklärung auf. Im Lager selbst blieben nur etwa 1700 Soldaten zurück und die Befehlsgewalt zwischen dem Kommandanten des Lagers und dem Befehlshaber der eintreffenden Verstärkung war nicht eindeutig geklärt. Dabei befand sich die Hauptarmee der Zulus viel näher am Lager, als von den Briten vermutet.

Brust und Hörner

Bei der Verfolgung von Kriegern stieß eine britische Patrouille zufällig auf die in einer Schlucht versteckte Hauptarmee. In ihrer traditionellen Kampfformation „Brust und Hörner" ging diese umgehend zum Angriff auf das Lager der Briten über. Die Brust bildete dabei das Zentrum, während die an den Flanken vorgezogenen Hörner den Gegner

Lord Chelmsford war Oberbefehlshaber der britischen Truppen im Zulukrieg. Zuvor hatte er bereits im Krimkrieg und in Indien gedient.

195

überflügeln sollten. Es gelang den stark unterlegenen Briten noch, eine Verteidigungslinie zu bilden. Eine starke Einheit, die vorab das Lager verlassen hatte, zog sich zurück und hielt im Vorfeld das linke Horn auf. Da ihr aber die Munition ausging, musste sie sich weiter zurückziehen. Auch an anderen Stellen war der Munitionsnachschub nicht ausreichend.

Im Nahkampf

Die Zulus stürmten nun mit geballter Kraft an und stießen in eine Frontlücke, die Flüchtende des Natal-Native-Contingent (NNC), einer afrikanischen Hilfstruppe der

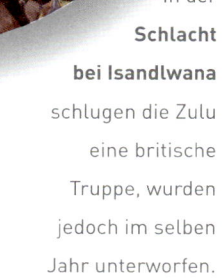

In der **Schlacht bei Isandlwana** schlugen die Zulu eine britische Truppe, wurden jedoch im selben Jahr unterworfen.

Nach der erfolgreichen Verteidigung von **Rorke's Drift** demonstrieren die britischen Soldaten Macht und Stärke vor den gefallenen Zulukriegern.

Briten, geöffnet hatten. Allerorten entbrannten Nahkämpfe, in denen die Zulus nicht nur zahlenmäßig überlegen waren. Die Hauptwaffe der Zulus, der Iklwa, ein kurzer Stoßspeer, war im Kampf Mann gegen Mann bedeutend besser zu handhaben als das Bajonett. Zwei britische Trupps, die noch versuchten, die Vereinigung der Hörner zu verhindern, wurden niedergemacht.

Am Ende der Schlacht waren mehr als 1300 schwarze und weiße Soldaten tot. Nur 55 Weiße und 300 NNC-ler konnten entkommen. Die Zahl der gefallenen Zulus ist unbekannt, liegt aber wohl deutlich über 1000. Viele starben später noch an ihren Verwundungen. Die Schlacht war die schwerste Niederlage, die britische Truppen jemals gegen Gegner ohne Feuerwaffen erlitten. Den Krieg um das Reich der Zulu gewannen sie dennoch.

Rorke's Drift

Eng verbunden mit der Schlacht von Isandlwana war das Gefecht von Rorke's Drift am selben Tag. Die britischen Truppen waren am 11. Januar 1879 bei Rorke's Drift, einer 1875 errichteten schwedischen Missionsstation, in das Zululand eingedrungen und hatten dort einige kranke Soldaten sowie medizinisches Personal zurückgelassen. Als am 22. Januar die Nachricht von der Niederlage die nur 15 Kilometer entfernte Station erreichte, ließ der dienstälteste Offizier die drei Gebäude – Hospital, Geschäftsräume und einen Kral – umgehend durch Brustwehren verbinden und befestigen. Um 16.30 Uhr griff ein Zulukorps, das bei Isandlwana nicht zum

Einsatz gekommen war, mit wohl 4000 Mann das Lager an. Die Briten konnten ihnen lediglich acht Offiziere und 131 Mann entgegenstellen.

Victoriakreuze

Der Angriff der Zulus erfolgte anfangs unkoordiniert, dann umschlossen sie aber den gesamten Komplex. Es gelang ihnen, das Hospital einzunehmen. Die Briten mussten sich in die restlichen Gebäude zurückziehen. Von den umliegenden Hügeln wurden sie zusätzlich unter Feuer genommen. Als die restlichen Truppen von Lord Chelmsford nahten, brachen die Zulus das Gefecht nach etwa zehnstündigem Kampf jedoch ab. 17 Briten waren gefallen und acht verwundet. Die Zahl der getöteten Zulus wird auf mindestens 600 geschätzt. Elf Verteidiger von Rorke's Drift erhielten später das Victoriakreuz, die höchste britische Auszeichnung für Tapferkeit vor dem Feind.

Lord Chelmsford inspiziert das leichenübersäte Schlachtfeld von Isandlwana, im Hintergrund der **Isandlwana Hill**.

197

W. MALCHIN

20. und 21. Jahrhundert

Mit der zuvor unbekannten Erscheinung der Weltkriege drang der militärische Konflikt in völlig neue Dimensionen hinsichtlich Truppenstärke, Materialeinsatz, Ausmaß der Zerstörungen und Zahl der Opfer vor. Der „totale" Krieg mit seinen 60 Millionen Toten führte ins Zeitalter der Atomwaffen und der Stellvertreterkriege.

Debakel für Russland – Tsushima

 Im Wettlauf um Einflusssphären in Korea und der Mandschurei begann im Februar 1904 der Russisch-Japanische Krieg (1904/05), der zu Land und zur See geführt wurde. Japans stärkste Waffengattung war die Marine. Sie eröffnete den Krieg und sie setzte auch den letzten großen Schlag.

Das zaristische Russland war eine etablierte Großmacht, deren kontinentale Expansion Ende des 19. Jahrhunderts immer weiter in den Fernen Osten ausgriff. Japan hingegen war ein „Emporkömmling", der mit Sendungsbewusstsein und imperialen Gelüsten die Völker Asiens vom Einfluss der westlichen Kolonialmächte befreien und selbst im Konzert der Großen mitspielen wollte. Im Chinesisch-Japanischen Krieg hatte Japan 1894/95 die regionale Konkurrenzmacht China gedemütigt. In der Folgezeit sah das Land seine neue Machtstellung im Fernen Osten durch die russische Präsenz immer stärker bedroht, zumal die Russen im von China gepachteten Port Arthur eine weitere große Flottenstation neben der von Wladiwostok einrichteten und die Transsibirische Eisenbahn weiter ausbauten.

Auftakt in Port Arthur

Mit einem Überraschungsangriff seiner Torpedoboote auf das in Port Arthur vor Anker liegende russische Flottengeschwader eröffnete der Inselstaat am 8. Februar 1904 den Krieg. Noch am selben Tag begann die Anlandung japanischer Truppen in Korea, das im Krieg mit China unter japanische Vorherrschaft geraten war. Teils marschierten sie in Richtung Mandschurei, teils stießen sie zur Belagerung von Port Arthur von Land aus vor. Zu den heftigsten Kämpfen der Landstreitkräfte kam es vornehmlich in der zentralen Mandschurei, wo sich ein erbitterter Stellungskrieg entwickelte.

Im Hafen von Port Arthur wurden die russischen Kriegsschiffe Opfer japanischen Beschusses (links der Kreuzer „Pallada" und rechts das Linienschiff „Pobeda").

In der Schlacht bei Tsushima wurde fast die gesamte russische Flotte zerstört oder aufgebracht. Die Illustration zeigt das **sinkende russische Linienschiff „Nawarin"**.

Der Großteil der russischen Pazifikflotte lag in Wladiwostok und erhielt den Befehl, Port Arthur von See her zu entsetzen. Die Japaner hatten die Gewässer vor dem Hafen jedoch vermint – schon beim Auslaufen lief das Flaggschiff des russischen Geschwaders, die „Petropawlowsk", auf eine Mine und sank mitsamt der Mannschaft. Dem Rest der Flotte erging es kaum besser: Die Japaner siegten im August 1904 im Gelben und im Japanischen Meer. Damit stand Russland im Kriegsgebiet praktisch ohne Seestreitkräfte da. Als letzte Hoffnung beorderte Zar Nikolaus II. (1868–1918) die Baltische Flotte von der Ostsee nach Ostasien.

Eine Höllenfahrt

Im Oktober 1904 stach sie im russischen Ostseehafen Libau in See. Der Großteil der Besatzung war schnellstens rekrutiert worden und kaum ausgebildet. Vor der Flotte lag eine achtmonatige Fahrt um die halbe Welt. Die Fahrt war von

1904 vernichtete die japanische Flotte die russische Pazifikflotte im Gelben und im Japanischen Meer. 1905 schlug sie auch die dorthin abbeorderte russische Ostseeflotte bei Tsushima.

Japanischer Feldzug 1904–1905

Anfahrtsweg der russischen Ostseeflotte

Durch **Angriffe von Torpedobooten** und Gefechte mit überlegenen japanischen Einheiten wurde die verstreute russische Flotte fast vollständig vernichtet.

Beginn an von Problemen und Zwischenfällen geprägt. Der Kohlenachschub konnte unterwegs nur mit großer Mühe organisiert werden, versehentlich wurden englische Fischerboote beschossen, das Fahren im Verband gelang kaum, wesentliche Arbeiten und Manöver musste die unerfahrene Besatzung während der Fahrt trainieren. Die ohnehin schlechte Stimmung an Bord sank auf den Tiefpunkt, als die Nachricht eintraf, dass Port Arthur am 2. Januar 1905 an die

Japaner gefallen war. Die Mission, deren Ziel nun der Durchbruch nach Wladiwostok war, wurde als Fahrt in den Tod empfunden.

Am 25. Mai 1905 erreichte der russische Verband die japanischen Gewässer und Admiral Sinowi Roschestwenski hatte zu entscheiden, ob seine Flotte Kurs östlich um Japan herum oder den direkten Weg durch die Meeresstraße zwischen Japan und Korea, die Tsushimastraße, nehmen

sollte. Er entschied sich für die Tsushimastraße. Die japanische Flotte unter dem Kommando von Admiral Togo Heihachiro lag derweil an der Südostküste Koreas auf der Lauer.

Ausmanövriert

In den frühen Morgenstunden des 27. Mai entdeckte ein japanisches Patrouillenboot die russische Flotte bei der Einfahrt in die Tsushimastraße. Das japanische Geschwader nahm umgehend Kurs auf die japanische Küste und kreuzte in sicherer Entfernung den Kurs der in doppelter Kiellinie, also in zwei Linien hintereinander fahrenden russischen Schiffe. Dann ließ Admiral Togo seinen Verband einen Bogen schlagen und auf Parallelkurs zum Gegner gehen. Gegen 14 Uhr eröffnete das russische Flagschiff das Feuer, das die Japaner umgehend erwiderten. Bereits eine Stunde später scherte das russische Flagschiff aus. Da die japanischen Schiffe schneller waren, kreuzte Togo zweimal die russische Linie und nahm das jeweilige Spitzenschiff unter Beschuss. Die Linie hielt dem Feuer nicht lange stand, bald mussten Schiffe ausscheren, das gesamte Geschwader wurde abgedrängt. Nach einer ruhigeren Phase griffen die Japaner gegen 19 Uhr wieder an und versenkten drei Linienschiffe. Damit war die Schlacht entschieden. Die verbliebenen russischen Schiffe wurden am folgenden Tag von starken japanischen Einheiten ausgeschaltet.

Im Russisch-Japanischen Krieg siegte erstmals ein asiatischer Staat über eine europäische Großmacht. Japan stieg in den Rang einer Großmacht auf, das zaristische Russland wurde von Unruhen und Revolutionen erschüttert.

Japanische Seeleute feierten ausgelassen, als die russische Flotte vor ihren Augen im Meer versank.

Die **aufgebrachten russischen Kriegsschiffe** wurden von den Japanern nach ihrem Sieg abgeschleppt. Über der russischen Seekriegsflagge mit dem Andreaskreuz weht bereits die Flagge der Sieger.

Revanche in Ostpreußen – Tannenberg

Als am 1. August 1914 der Erste Weltkrieg begann, stand der deutsche Plan für den Waffengang seit Langem fest: Im Westen sollte mit der Hauptstreitmacht innerhalb weniger Wochen die Entscheidung gegen Frankreich herbeigeführt werden, im Osten derweil ein Minimum an Truppen die Russen im Zaum halten.

Russische Offensive

Im Sommer 1914 stand nur eine der acht deutschen Armeen in Ostpreußen. Indes massierte auch das Zarenreich seine Truppen nicht im Norden, sondern plante den Hauptstoß zunächst gegen den Verbündeten Deutschlands: gegen die österreichisch-ungarische Armee in Galizien und den Karpaten. Dennoch waren die Russen mit zwei Armeen den Deutschen an Zahl weit überlegen, ihren 21 Infanteriedivisionen standen 13 deutsche gegenüber, ihren acht Kavalleriedivisionen eine einzige deutsche. Am 17. August 1914 überschritt die russische Armee die Grenze zum Deutschen Reich und konnte rasch vorrücken. In ersten Gefechten zeigte sich bereits das typische grausame Gesicht dieses Krieges. Ein deutscher Angriff brach im Maschinengewehrfeuer eingegrabener russischer Infanterie völlig zusammen, ganze Linien wurden aus der Deckung niedergemäht.

Hindenburgs Rückkehr

Der deutsche Befehlshaber Generaloberst von Prittwitz plante angesichts der russischen Übermacht den Rückzug nach Westpreußen, stieß damit aber bei der Heeresleitung auf Widerstand. Sie enthob ihn des Kommandos und übertrug es seinem

Gute Nachrichten aus dem Osten: In einem Extrablatt der Berliner Zeitung vom 29. August 1914 wird vom Erfolg Hindenburgs über die russische Armee berichtet.

Die historische Aufnahme des „**Gefechtstands Tannenberg**" zeigt in der Mitte General Paul von Hindenburg sowie Generalleutnant Max Hoffmann (am Fernrohr) und Generalmajor Erich Ludendorff.

In dieser Kreidezeichnung hat der deutsche Soldat und Maler Hanns Anker die **Gefangennahme russischer Soldaten** bei Tannenberg festgehalten.

Vetter, dem bereits seit 1911 pensionierten General Paul von Hindenburg (1847–1934). Zu seinem Stabschef wurde Generalmajor Erich Ludendorff (1865–1937) ernannt, der bis dahin an der Westfront aktiv war. Bereits auf der Fahrt gen Osten entwarfen die Offiziere den Plan für das weitere Vorgehen. Es war vorauszusehen, dass die beiden russischen Armeen getrennt vormarschieren würden, um das unwegsame Gebiet der Masurischen Seen zu umgehen, also sollten sie einzeln und nacheinander angegriffen werden. Aus russischer Sicht gab es für die deutsche Armee eigentlich nur zwei Möglichkeiten: Entweder würde sie sich hinter die Weichsel zurückziehen oder in die Zange genommen werden.

Gewagtes Manöver

Das neue deutsche Oberkommando beließ nur eine Kavalleriedivision und einige Landsturmbataillone im Norden bei Königsberg und verlegte den Hauptteil der Truppen im Eilmarsch nach Südwesten Richtung Allenstein und Tannenberg, wo sie zunächst die russische 2. Armee stellen sollten. Am 26. August 1914 begann die Schlacht. In ihren entscheidenden Phasen gelang es Hindenburg und Ludendorff durch geschicktes Taktieren, immer zumindest gleichstark, zuweilen sogar überlegen zu sein. Zunächst trafen die Deutschen auf einen völlig überraschten Flügel der Russen und zwangen ihn zum Rückzug. Die russische Führung, die den

Die Schlacht bei Tannenberg an der Ostfront war geschlagen, Schutt und Asche blieben zurück: hier eine **zerstörte Stadt** im Kampfgebiet.

Gegner dramatisch unterschätzte, erfuhr davon nichts und ließ das Zentrum gegen die deutschen Verteidigungsstellungen bei Allenstein vordringen. Die deutschen Flügel konnten am 28. August die Hauptmacht der russischen Armee von beiden Seiten umfassen, einschließen, zwei Ausbruchsversuche abwehren und schließlich vernichtend schlagen. Am 30. August waren Zehntausende russische Soldaten in Gefangenschaft geraten, die nichteingekesselten Reste der Armee zogen sich schwer gezeichnet zurück.

Zweiter Kessel

Noch bevor die russische 1. Armee von dieser Niederlage erfuhr, wiederholten die deutschen Truppen den Überraschungsangriff, schlossen auch sie ein und schnitten ihr den Rückzugsweg ab. Nach letzten mörderischen Gefechten am 30./31. Januar 1914 war die russische Offensive abgewehrt, Hindenburg und Ludendorff galten nun als „Retter Ostpreußens". In Bezug auf die schmachvolle Niederlage des

Bündnisse im Ersten Weltkrieg

Mittelmächte: Deutsches Reich und Österreich-Ungarn, im Oktober 1914 trat das Osmanische Reich dem Bündnis bei, im Sommer 1915 schloss sich auch Bulgarien an

Entente: Großbritannien, Frankreich, Russland, seit 1915 auch Italien, eine Reihe weiterer militärischer Verbündeter, darunter ab Februar 1917 die USA

Schon bei Kriegsbeginn hatten die Entente-Staaten mit 5,7 Millionen Soldaten etwa zwei Millionen Soldaten mehr unter Waffen als die Mittelmächte. Das Verhältnis der Truppenstärke entwickelte sich im Lauf des Krieges immer stärker zugunsten der Entente.

Deutschen Ordens gegen eine polnisch-litauische Union im Jahr 1410 bei Tannenberg wurde der Name auch auf diese Schlacht übertragen, obwohl bei dem kleinen Ort kaum Kämpfe stattgefunden hatten. Die Verluste an Toten, Verwundeten und Vermissten beliefen sich auf deutscher Seite auf 13 000 Mann, auf russischer auf 30 000. Zudem gerieten 92 000 Russen in Gefangenschaft.

Der Sieg im Osten war bitter notwendig für das Deutsche Reich, denn an der Westfront nahm der Krieg einen ganz anderen Verlauf, als die deutsche militärische Führung erwartet hatte. Der zähe Widerstand von Belgiern, Briten und Franzosen brachte die deutsche Offensive bald zum Stehen.

Die 1. und 2. russische Armee unterlagen; zahlreiche russische Soldaten wurden **Kriegsgefangene** der Deutschen.

Wende im Weltkrieg – Marne

Der Aufmarsch der deutschen Armeen im Westen erfolgte im Wesentlichen gemäß einem Plan, den der vormalige Chef des Generalstabs, Alfred Graf von Schlieffen (1833–1913), 1905 aufgestellt hatte. Sein Gelingen war ganz von einem schnellen, vernichtenden Schlag gegen die französischen Streitkräfte abhängig.

Der Schlieffenplan basierte auf der Annahme, dass Deutschland einen lang andauernden Zweifrontenkrieg wegen der ungünstigen Kräfteverhältnisse nicht würde gewinnen können. Daher sollte Paris nach sechs Wochen eingenommen sein, um dann die Hauptmacht gegen Russland zu wenden. Die Offensive hatte dabei zunächst vor allem der starke rechte Flügel zu tragen, er sollte durch Belgien und Nordfrankreich vorstürmen, Paris westlich umgehen und das französische Heer im Rücken umfassen. Schlieffens Nachfolger Helmuth von Moltke (1848–1916) war der Plan zu wagemutig, er stärkte den linken Flügel, der in den Ardennen und Lothringen zum Einsatz kam, zu Lasten des rechten.

Vorstoß durch Belgien

Dennoch verlief die Offensive in den ersten Kriegswochen im August 1914 weitgehend wie geplant. Zwar trafen die deutschen Truppen in Belgien auf größeren Widerstand als gedacht und Großbritannien trat infolge der Verletzung der belgischen Neutralität in den Krieg ein, doch am 1. September stand die 1. deutsche Armee 100 Kilometer nordöstlich von Paris und auch durch die Ardennen war der Vorstoß gelungen.

Der französische Plan, der seinerseits ein offensives Vorgehen in den Ardennen, in Lothringen und im Elsass vor-

Deutsche Soldaten mit Pickelhauben und Maschinengewehren bei Gefechten im August/September 1914 an der Marne. Ziel war die schnelle Einnahme von Paris.

An der **Westfront** im
Ersten Weltkrieg:
Ein französischer
Truppenteil wurde
beim Vormarsch
attackiert und
vernichtet.

sah, war hingehen auf breiter Front gescheitert. Die
Entente formierte daraufhin zur Verteidigung von Paris
eine gewaltige, eiligst zusammengestellte britisch-französi-
sche Streitmacht südlich der Marne, um die Initiative
zurückzugewinnen.

Millionenheere

Auf einer 200 Kilometer langen Frontlinie zwischen dem
nordöstlichen Pariser Vorland und den Befestigungsanlagen
von Verdun standen sich Anfang September 1914 zehn
Armeen mit etwa 2,6 Millionen Soldaten gegenüber, wobei die
Deutschen mit 1,5 Millionen Mann deutlich überlegen waren.
Die viertägige Erste Marneschlacht vom 6. bis 9. September
1914 war die bis dahin größte Schlacht der Geschichte. Die

Das Foto zeigt Soldaten der **französischen Artillerie** mit ihrem an der
Marne eingesetzten 120-mm-Feldgeschütz.

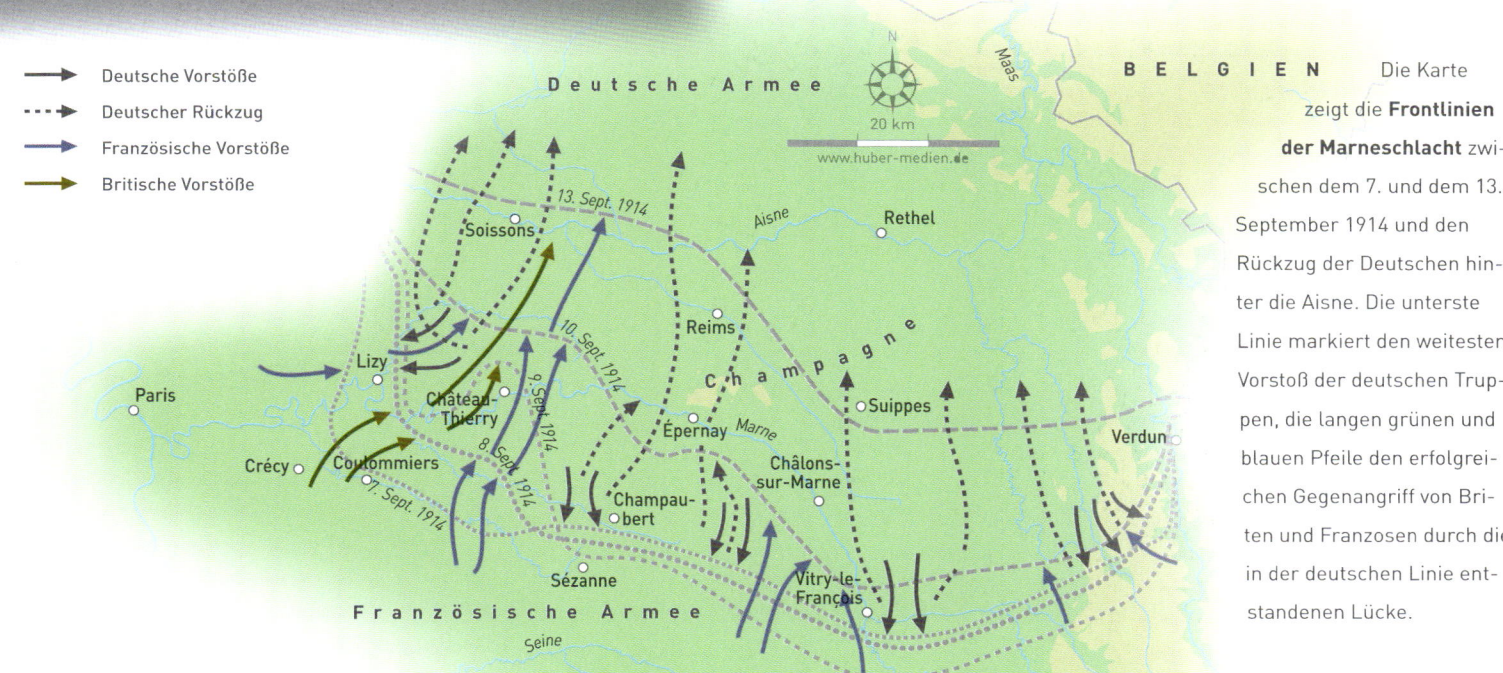

Deutsche Vorstöße
Deutscher Rückzug
Französische Vorstöße
Britische Vorstöße

BELGIEN Die Karte
zeigt die **Frontlinien
der Marneschlacht** zwi-
schen dem 7. und dem 13.
September 1914 und den
Rückzug der Deutschen hinter die Aisne. Die unterste
Linie markiert den weitesten
Vorstoß der deutschen Truppen, die langen grünen und
blauen Pfeile den erfolgreichen Gegenangriff von Briten und Franzosen durch die
in der deutschen Linie ent-
standenen Lücke.

Waffen des Ersten Weltkriegs

Bomben, Panzer, Kampfgas Die Schlachten waren durch moderne Waffen wie Maschinengewehre, Artillerie mit Sprenggranaten, Handgranaten und Flammenwerfer geprägt. Die Entscheidung wurde noch im massierten Infanteriesturm gesucht, der meist aber im vernichtenden Feuer der modernen Waffen endete. Die erstarrten Fronten führten 1915 zum Einsatz von Kampfgas und zur Entwicklung des Panzers, der erstmalig im September 1916 auf einem Schlachtfeld erschien. Mit Fesselballons, Zeppelinen und Flugzeugen begann 1914 auch der Luftkrieg. Zunächst dienten diese vor allem der Aufklärung, doch schon im August 1914 wurden erste Bomben auf Städte abgeworfen.

Die **deutschen Soldaten** wurden von den Franzosen an der Marne zum **Rückzug** gezwungen, wie es das zeitgenössische Gemälde zeigt.

Unzählige **tote deutsche Soldaten** lagen nach der Schlacht in den Schützengräben, hier in Soizy-aux-Bois.

Soldaten aller Armeen waren zu jenem Zeitpunkt bereits erschöpft, hatten schnelle Märsche und heftige Kämpfe hinter sich, litten unter Versorgungsmangel und den schrecklichen Eindrücken und hohen Verlusten der ersten Kriegswochen.

Front mit Lücken

Etwa in der Mitte der Front, bei den Sümpfen von St. Gond, lieferten sich die Gegner am 6. September heftige Artilleriegefechte, ohne dass eine Seite Geländegewinne erzielen konnte. Als am folgenden Tag die 1. deutsche Armee an der rechten Flanke der Front westlich zog, um die Flanke gegen Paris zu sichern, konnte die 2. Armee die entstandene Lücke von etwa 40 Kilometer Breite nicht rechtzeitig schließen. In einem überraschenden Gegenangriff stießen Franzosen und Briten an dieser Stelle am 8. September gegen die deutsche Linie vor und strömten mit massierten Kräften nach. Während der Kommandant der 1. Armee am Morgen des 9. September noch zuversichtlich war, die Franzosen in seinem Abschnitt schlagen und auf Paris marschieren zu können, leitete die 2. Armee bereits Teilrückzüge ein. Da sich auch im Zentrum eine gefährliche Lücke auftat, konnte die Front nur durch den Rückzug der gesamten Linie geschlossen werden.

Westen sehr unwahrscheinlich geworden. In Frankreich machte das Wort vom „Wunder an der Marne" die Runde, in Deutschland fand man in Generalstabschef Moltke den Schuldigen und enthob ihn seines Postens. Auf 510 000 wird die Zahl der Gefallenen, Verwundeten und Gefangenen der Marneschlacht geschätzt, auch die Opferbilanz stieß damit in eine neue Dimension vor.

Der deutsche Vormarsch war zum Stehen gekommen. Auch im folgenden „Wettlauf zum Meer", dem Versuch, die für den britischen Nachschub wichtigen Kanalhäfen einzunehmen, scheiterten die Deutschen. Der Bewegungskrieg erstarrte zum Stellungskrieg mit seinen verheerenden Materialschlachten, in dem sich die alliierten und deutschen Truppen zwischen der belgischen Küste und der Schweizer Grenze auf einer Frontlänge von 700 Kilometer gegenüberlagen.

Geordneter Rückzug

Die deutschen Armeen zogen sich bis zum 12. September 1914 um etwa 80 Kilometer in Verteidigungsstellungen hinter der Aisne zurück. Damit war die schnelle Entscheidung im

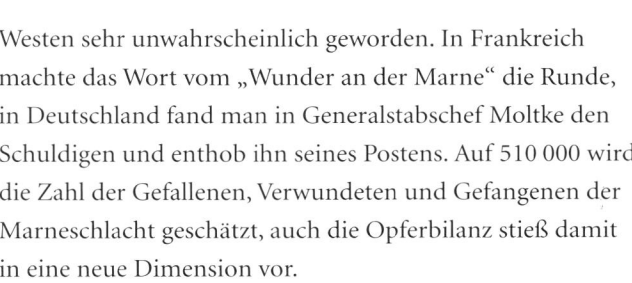

Die **Stadt Rethel** im Département Ardennes im nordöstlichen Frankreich wurde in großem Maß zerstört; erhalten blieb jedoch die Kathedrale.

Felsige Fronten – Isonzo

Im Mai 1915 trat Italien aufseiten der Entente in den Ersten Weltkrieg ein. Von den Dolomiten im Westen bis zum Tal des Isonzo im Osten sahen sich die Mittelmächte, vornehmlich Österreich-Ungarn, fortan mit einer neuen Front konfrontiert, die Schauplatz eines groß angelegten, erbitterten Gebirgskriegs wurde.

600 Soldaten ziehen **schwere Artillerie** während der Zweiten Schlacht am Isonzo durch unwegsames Gelände.

Stellungskrieg

An der Italienfront entwickelte sich ein breit angelegter Stellungskrieg im Hochgebirge, der in seiner Art einzigartig war. Er brachte auch außerhalb der Kampfhandlungen ungeheure Strapazen und Entbehrungen mit sich, natürliche Widrigkeiten wie schwieriges Gelände, Kälte, Lawinen und Frost forderten an einigen Abschnitten mehr Opfer als die Waffen der Gegner. Beide Seiten waren im Hochgebirge hauptsächlich bemüht, ihre Linie zu halten.

Der italienische Operationsplan sah daher zunächst einen Vorstoß nach Osten über den Isonzo vor, da nur dort das Gelände zumindest in Teilen eher hügelig war und somit für einen Großangriff geeignet schien. Strategisch zielte diese Offensive auf das ungarische Tiefland, um die Voraussetzung für ein Zusammenwirken mit der russischen und der serbischen Armee zu schaffen. Als

erste Etappe sollte dabei Triest, zu jener Zeit bedeutendster Hafen Österreichs, befreit und in den Schoß
Italiens zurückgeführt werden. Die österreichisch-
ungarischen Streitkräfte hatten über dem Isonzotal
jedoch mächtige Stellungen bezogen und besaßen
westlich des Isonzo zwei Brückenköpfe in Görz und
Tolmein.

Trommelfeuer

Die Kämpfe am Isonzo setzten unmittelbar nach der italienischen Kriegserklärung
an Österreich-Ungarn ein. Erstes Ziel der Italiener war die Einnahme des Brückenkopfs
Görz und die Überquerung des Isonzo. Mit
mehrtägigem massiertem Artilleriefeuer begann
am 23. Juni 1915 die erste von nicht weniger als
zwölf Isonzoschlachten (bis Oktober 1917).
Große Wirkung zeigte das Trommelfeuer aber
nicht und die folgenden Infanterieangriffe konnten meist schon von vorgeschobenen Verteidigungsstellungen abgewehrt werden. Nur aufgrund eines taktischen Rückzugs des
Gegners zur Begradigung der
Linie konnten die Italiener
Gelände gewinnen. Um ein-
zelne Höhen sowie den Brückenkopf
und Verkehrsknotenpunkt Görz ent-

In der Schlacht am Isonzo waren sogar
gefährliche Kletterpartien erforderlich, um
die Truppen in Stellung zu bringen, hier **italienische Gebirgsjäger** am Monte Nero.

**Steile gewundene Pass-
straßen** müssen die
Soldaten mitsamt
ihren Waffen
bewältigen – ein
kräftezehrendes
Unterfangen. **«**

brannten erbitterte Kämpfe, bei denen sich die aufseiten Österreich-Ungarns kämpfenden Kroaten, Slowenen, Ungarn und Triester gegen die italienische Übermacht besser schlugen als erwartet. Am 7. Juli flaute der Angriff ab, der italienische Geländegewinn war sehr bescheiden.

Bis zum Wintereinbruch Mitte Dezember 1915 führten die Italiener noch drei Großangriffe auf die österreichischen Stellungen. Stets war das Ziel, die Brückenköpfe einzudrücken und strategisch günstig gelegene Hochplateaus einzunehmen. Immer folgten tagelangem Artilleriebeschuss Angriffe der Infanterie und erbitterte Kämpfe in Nahkampfentfernung. Und auch das Ergebnis blieb gleich: Nirgends gelang den italienischen Armeen der Durchbruch. In der Vierten Isonzoschlacht (10. November bis 14. Dezember

Bericht von der Gebirgsfront

Aus dem Bericht eines ungarischen Offiziers „Die eine Seite des Höhenzugs halten die Italiener, die andere wir, und mit solcher Erbitterung wird gekämpft, dass ein und derselbe Laufgraben wochenlang immer wieder den Besitzer wechselt. ... Tausende Meter hoch liegen unsere Stellungen. Man kämpft hier über den Wolken in verzweiflungsvollem Handgemenge am Rand steiler Abstürze, die von uns wie den Italienern Todeswände genannt werden. Nachts sind Freund und Feind die Hände derart steif, dass kein Mensch an anderes denkt, als wie er sich erwärmen kann.‟

In den Isonzoschlachten wurde auch wichtige **Infrastruktur zerstört** – hier begutachten Soldaten der k. u. k. Armee eine Brücke. **»**

1915) wurde die Stadt Görz völlig zerstört, einnehmen konnten die Italiener sie dennoch nicht.

Gegenschlag der Mittelmächte

Als die Mittelmächte aufgrund einer russischen Offensive im Sommer 1916 Truppen von der Süd- an die Ostfront verlegten, gelang den Italienern in der Sechsten Isonzoschlacht die Einnahme von Görz, bis Juni 1917 konnten sie auch einiges an Fläche gewinnen. In der Zwölften (und letzten) Isonzoschlacht im Oktober 1917 kehrten sich die Verhältnisse um. Verstärkt durch eine deutsche Armee gingen die Mittelmächte in die Offensive, nahmen das Tal des Isonzo ein und drängten das italienische Heer schließlich 300 Kilometer zurück. Der Erfolg beruhte auch auf dem massiven Einsatz von Giftgas. Über 300 000 italienische Soldaten gingen in Gefangenschaft, eine etwa gleich große Zahl desertierte. Am Fluss Piave konnte die Entente mit Unterstützung britischer und französischer Truppen wieder eine Front aufbauen und damit den Durchmarsch der Mittelmächte und das Ausscheiden Italiens aus dem Krieg verhindern.

Blutopfer

Die Schlachten am Isonzo, der heutigen Soča in Slowenien, waren die größten und verlustreichsten Massenkämpfe an der österreichisch-italienischen Front und wurden dort zum Inbegriff der Grausamkeit und der Sinnlosigkeit des Krieges. Die mörderischen Kämpfe des Gebirgskriegs, in deren Verlauf ganze Berggipfel untergraben und weggesprengt, Lawinen und Bergstürze bewusst ausgelöst wurden, um Gegner zu verschütten, dauerten über zwei Jahre an und führten doch zu keiner Entscheidung. Die Verluste am Isonzo betrugen insgesamt wohl über 700 000 Gefallene, Verwundete, Vermisste und Gefangene.

Die Fotografie von 1917 zeigt **angreifende Soldaten** der Mittelmächte in der Elften Isonzoschlacht.

In der „Blutmühle" – Verdun

 Schon im Spätherbst 1914 war an der Westfront der Bewegungskrieg in einen Stellungskrieg übergegangen, 1915 herrschte eine Pattsituation. Mit größtem Aufwand geführte Versuche der Alliierten, zumindest auf einem begrenzten Frontabschnitt voranzukommen, scheiterten trotz ungeheurer Verluste am deutschen Grabensystem.

Die **französische Frontlinie bei Douaumont** am 25. Februar 1916. Heftig umkämpft war das Fort Douaumont, das stärkste der elf Forts, die zur Verteidigungslinie der Festung Verdun gehörten.

Deutsche Großoffensive

Im Februar 1916 befahl die deutsche Oberste Heeresleitung (OHL) ihrerseits eine Großoffensive, um den Krieg wieder in Bewegung zu bekommen. Ihr Ziel war die an der Maas gelegene Festung Verdun, der lothringische Eckpfeiler am östlichen Ende der französischen Grabenlinie. Der Name

Verdun war in Frankreich mit großer Symbolkraft belegt, hatte die Festung mit ihrem langen und heroischen Widerstand doch eine rühmliche Ausnahme im militärischen Debakel des Krieges von 1870/71 dargestellt. Die OHL war sich sicher, dass die Franzosen alles tun würden, um Verdun zu behaupten, und glaubte sich in jedem Fall als Sieger: Fiele Verdun in deutsche Hände, wäre die Demoralisierung der Franzosen groß, könnten sie es behaupten, so würden dabei

Der Farbdruck aus dem „Petit Journal" vom 19. März 1916 zeigt den Lesern die **Leichenberge** von deutschen Gefallenen vor Verdun.

„Frankreichs Kräfte verbluten". Die Folge war eine Material-schlacht mit einem beispiellos gigantischen Einsatz an Men-schen und Waffen, an der über mehrere Monate große Teile der französischen wie der deutschen Armee beteiligt waren.

Am 21. Februar 1916 eröffnete die deutsche Artillerie mit über 1400 Geschützen das Feuer auf ein verhältnismä-ßig kleines Areal am Ostufer der Maas. Der Beschuss sollte nach dem seinerzeit geläufigen Motto „Artillerie erobert, Infanterie besetzt" die Verteidigungsstellungen zerstören oder zumindest entscheidend schwächen, damit die Infan-terie nachrücken konnte, ohne in das verheerende Feuer der Verteidiger zu geraten. Bei Verdun zeigte sich aber, dass ein derart intensiver Beschuss häufig kontraproduktiv war: Das Gelände wurde dermaßen verwüstet und mit tiefen Granattrichtern übersät, dass es für die Angreifer kaum noch passierbar war, zumal wenn sich die Trichter mit Wasser füllten.

Materialschlacht

Die ersten Tage des Angriffs verliefen für die Angreifer vor-teilhaft, sie konnten in der Tiefe ein paar Kilometer Gelände gewinnen und am 25. Februar das wichtige Fort Douau-mont einnehmen. Die Franzosen verstärkten aber rasch ihre Kräfte und nahmen dem Angriff schon Ende Februar den Schwung. Sie richteten eine gut funktionierende Nach-schublinie in Gestalt einer permanenten Lastwagenkolonne ein und ließen die kämpfenden Truppen in recht kurzen Zyklen rotieren. Bald sahen beide Seiten ihr Heil

Französische Truppen erobern das Dorf Ville-en-Woëvre in der Nähe von Verdun von den Deutschen zurück.

Aus einem Feldpostbrief

Paul Boedicke, gefallen vor Verdun „Verdun, ein furchtbares Wort! Unzählige Menschen, jung und hoffnungsvoll, haben hier ihr Leben lassen müssen, ihre Gebeine verwesen nun irgendwo, zwischen Stellungen, in Massengräbern, auf Friedhöfen. ... Die Front wankt, heute hat der Feind die Höhe, morgen wir, irgendwo ist hier immer verzweifelter Kampf. Mancher, der sich eben noch der warmen Sonne freute, hörte es schon irgendwo brüllen und heulend herankommen. Dahin sind alle Träume von Frieden und Heimat, der Mensch wird zum Wurm und sucht sich das tiefste Loch: das ist Verdun."

allein darin, immer mehr Soldaten und Waffen in die Schlacht zu werfen sowie neue Waffen und Taktiken auszu-probieren. Angriff und Verteidigung konzentrierten sich bald auf kleine lokale Stellungen und Positionen, Artille-riefeuer und Nahkämpfe wechselten einander ab. Es wurde nahezu um jeden Erdhügel, um jedes Haus und jeden Baum gekämpft.

„Die Hölle von Verdun"

Auf deutscher Seite wurden erstmals Flammenwerfer einge-setzt, die Franzosen hatten die Lufthoheit und flogen Tief-fliegerangriffe, die Geschütze auf beiden Seiten wurden immer schwerer, die deutsche Artillerie verschoss bald auch Gasgranaten. Über der Landschaft lag vor allem während der Sommerhitze ein alles durchdringender Verwesungs-geruch. Das System aus Gräben und Stacheldraht war bei Beschuss aus Maschinengewehren und dem Einsatz von Handgranaten nicht oder nur unter größten Verlusten zu überwinden. Die Artillerie hatte vielerorts hauptsächlich die Aufgabe, die feindliche Infanterie in die Deckung zu zwin-gen, damit die eigene vorrücken konnte. Wendungen wie die vom „Schlachthaus Verdun", von der „Knochenmühle", der „Blutmühle" und der „Hölle von Verdun" waren auf deut-scher wie französischer Seite geläufig.

Totaler Krieg

Am 9. April 1916 unternahm eine neu formierte deutsche Angriffsgruppe aus fünf Divisionen einen letzten größeren Versuch, Bewegung in die erstarrten Linien zu bringen. Kleine Erfolge von kurzer Dauer, darunter die vorüberge-hende Einnahme der legendären „Höhe Toter Mann" waren alles, was dabei herauskam. Diese strategisch wichtige

Am Doppelgipfel der **„Höhe Toter Mann"** (Le Mort Homme) fanden schwerste Kämpfe statt. Das Bild zeigt gefallene Soldaten im Schützengraben.

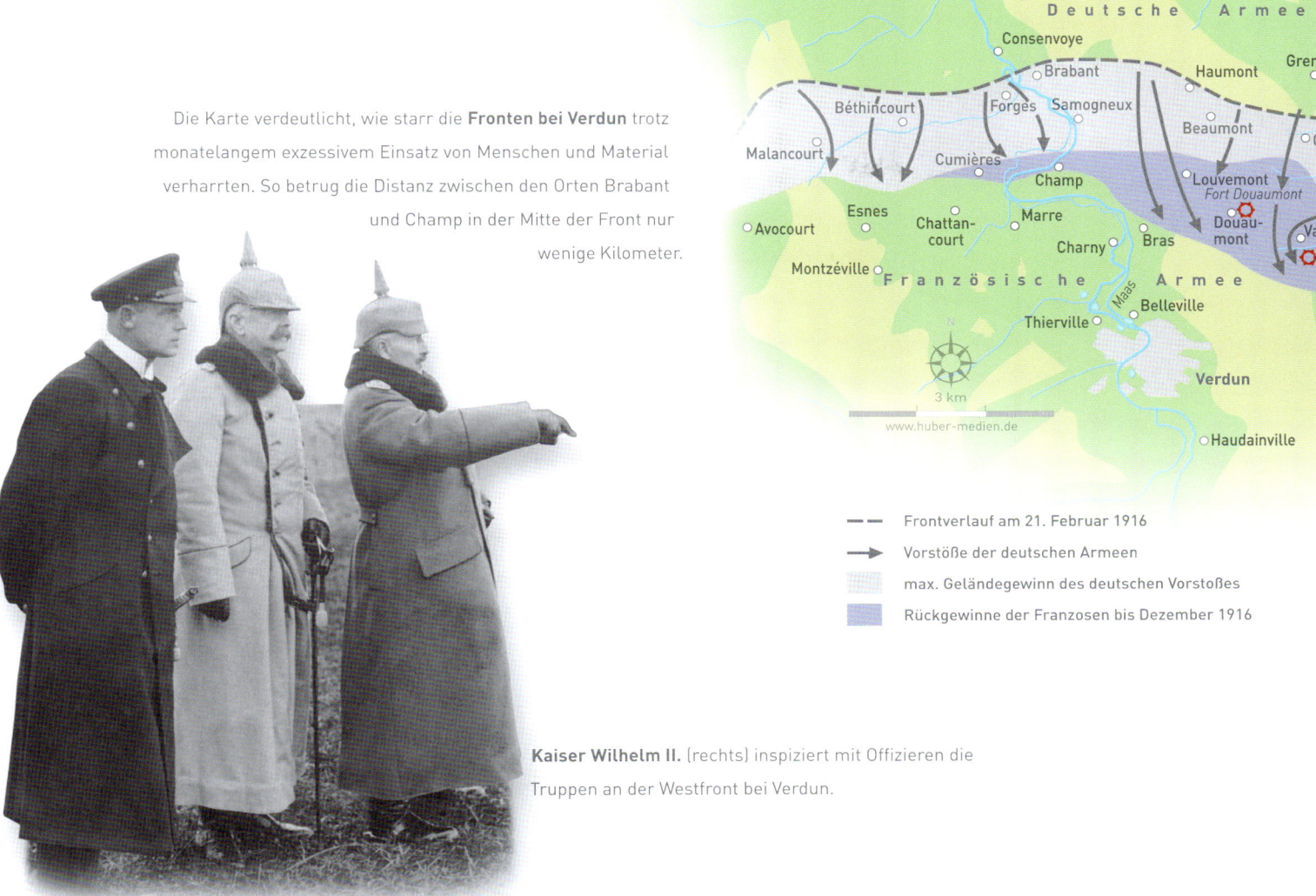

Die Karte verdeutlicht, wie starr die **Fronten bei Verdun** trotz monatelangem exzessivem Einsatz von Menschen und Material verharrten. So betrug die Distanz zwischen den Orten Brabant und Champ in der Mitte der Front nur wenige Kilometer.

Die Karte:

Dannevoux

Deutsche Armee

Consenvoye

Brabant — Haumont — Gremilly

Béthincourt — Forges — Samogneux — Beaumont — Ornes

Malancourt — Cumières — Champ — Louvemont / Fort Douaumont

Esnes — Chattan-court — Marre — Douau-mont — Vaux

Avocourt — Charny — Bras — Fort Vaux

Montzéville — Französische Armee — Maas — Belleville

Thierville — Verdun

3 km
www.huber-medien.de

Haudainville

– – – Frontverlauf am 21. Februar 1916

→ Vorstöße der deutschen Armeen

    max. Geländegewinn des deutschen Vorstoßes

    Rückgewinne der Franzosen bis Dezember 1916

Kaiser Wilhelm II. (rechts) inspiziert mit Offizieren die Truppen an der Westfront bei Verdun.

Der **Höhenzug Froide Terre** war zur Sicherung der Festung Verdun mit einem Zwischenwerk versehen, hier nach der Räumung durch die Deutschen (Foto vom 23.5.1917).

Im vordersten Frontabschnitt mussten die Soldaten, wie diese französischen Infanteristen, lange Zeit in den **Schützengräben** ausharren, ohne nur ein Stückchen voranzukommen.

Im **Beinhaus von Douaumont** werden die sterblichen Überreste der Soldaten aufbewahrt, um ihrer zu gedenken. Der Turm des Gebäudes ist 46 Meter hoch.

Anhöhe war in Angriffen und Gegenangriffen derart umkämpft, dass sie im permanenten Artilleriebeschuss über 20 Meter ihrer ursprünglichen Höhe verlor. Auf großen Arealen wurde die Landschaft – Dörfer, Straßen, Gehöfte, Wälder – geschliffen. Zum Sinnbild der Zerstörung und des Grauens wurden die völlig entlaubten Bäume, die nur mehr Stamm und einige starke Äste aufwiesen und als bizarre Skulpturen des Schreckens das Totale des modernen Krieges bezeugten.

Am Ausgangspunkt angekommen

Als die Alliierten am 24. Juni 1916 die Schlacht an der Somme einleiteten und das OHL daraufhin Truppen und Geschütze von der Maas nach Westen verlegte, gingen die mühsam erkämpften vorgezogenen Stellungen bei französischen Angriffen wieder verloren. Am 11. Juli stellten die Deutschen jegliche Offensivbemühungen ein, die Positionen sollten verteidigt werden. Offiziell wurde der Angriffsbefehl erst im November 1916 aufgehoben. Die Frontlinien verliefen nun wieder dort, wo sie schon im Februar verlaufen waren. In der Tiefe hatten sie sich in den Monaten der Zermürbungsschlacht um nicht einmal 15 Kilometer bewegt.

Der von den Deutschen beabsichtigte Durchbruch war misslungen, die deutsche Offensivkraft geschwächt. Die Franzosen feierten die Schlacht als Sieg und Beleg für ihre Widerstandskraft. Auf deutscher Seite machte sich bereits die grundsätzliche Unterlegenheit gegenüber den Alliierten an Material und frischen, gut ausgebildeten Reserven bemerkbar. Zieht man die bis 1918 in Verdun noch folgenden Kämpfe mit ein, so fielen allein in diesem recht begrenzten Gebiet an der Maas nach Schätzungen der beteiligten Parteien insgesamt etwa 350 000 Soldaten, 800 000 wurden verwundet.

Mythos Verdun

Keine andere Schlacht des Ersten Weltkriegs blieb so im Bewusstsein und Gedenken beider Völker wie die von Verdun. In der Zwischenkriegszeit entstanden Legenden und Mythen, die das Geschehen heroisierten und als Läuterung des dekadenten Europa in „Stahlgewittern" ausgaben. Die privaten Briefe und Berichte der beteiligten Soldaten hingegen sprechen eine andere Sprache, berichten von Not, Qualen und seelischer Zerrüttung, von der Sinnlosigkeit und Absurdität des Krieges.

Volle Breitseiten – Skagerrak

 Auch im Seekrieg war weder der Entente noch den Mittelmächten ein entscheidender Durchbruch gelungen. Die britische Flotte war stark genug, die deutschen Seestreitkräfte in der Nordsee zu blockieren, die deutsche Flotte hielt in der Ostsee die russische in Schach. Im Mai 1916 kam es zur einzigen großen Seeschlacht des Ersten Weltkriegs.

Die **deutsche Hochseeflotte** vor der Schlacht in voller Fahrt. Aufgrund der Rüstungspolitik Kaiser Wilhelms II. war sie bestens gerüstet, um eine Auseinandersetzung auf See zu wagen.

Seeblockade

Mit der von Kaiser Wilhelm II. (1859–1941) forcierten Flottenrüstung war die deutsche Hochseeflotte bis 1914 zwar zur zweitstärksten der Welt aufgestiegen, die britische Royal Navy blieb ihr aber deutlich überlegen. Die Briten blockierten den nördlichen und den südlichen Zugang zur Nordsee und brauchten ihre Vorherrschaft zur See nicht in einer Entscheidungsschlacht aufs Spiel zu setzen, die Deutschen hatten zu Beginn des Krieges bei Helgoland und auf der Doggerbank kleinere Gefechte verloren, scheuten die große Niederlage und ließen daher das Gros ihrer Schiffe im Hafen. Im Januar 1916 erhielt der neue deutsche Flottenchef, Vizeadmiral Reinhard Scheer, die kaiserliche Zustimmung für eine offensivere Führung des Seekriegs und entschied, die britische Flotte aus ihren Stützpunkten zu locken. Am frühen Morgen des 31. Mai 1916 lief die in Wilhelmshaven liegende deutsche Hochseeflotte mit 112 Schiffen aus, um ein britisches Kreuzergeschwader in der

Die Karte zeigt die **Route der deutschen Flotte** und die **Routen der drei britischen Flottenteile** in Richtung Skagerrak. Neben den angegebenen Schlachtschiffen, Schlachtkreuzern und Linienschiffen begleitete eine Vielzahl von Kreuzern, Zerstörern und Torpedobooten die Flotten.

Nordsee anzugreifen. Von ihrer Luftaufklärung informiert, stach auch die britische Flotte von drei Stützpunkten aus mit insgesamt 150 Schiffen unter dem Kommando von Admiral John Jellicoe in See, um die Deutschen vor Jütland zu stellen. Beide Kampfverbände waren in zwei Gruppen geteilt, dem Gros fuhren jeweils Aufklärungskräfte voraus.

In Sichtweite

Der Beginn der Seeschlacht war eher einem Zufall geschuldet. Gegen 14 Uhr sichtete ein deutscher Kreuzer ein Handelsschiff. Zwei Zerstörer erhielten den Auftrag, es zu kontrollieren. Auch ein britischer Kreuzer, dem eine Kurskorrektur seines Geschwaders entgangen war, sichtete dieses Handelsschiff und wenig später auch die beiden deutschen Zerstörer. Die Briten eröffneten umgehend das Feuer und gerieten bald darauf selbst unter Beschuss. Als sich zwei weitere deutsche Schiffe näherten, drehten die Briten bei. Über Funk über das Geschehen unterrichtet, änder-

→ Anmarsch der britischen Flottenteile
→ Anmarsch der deutschen Flottenteile

Der Erste Weltkrieg fand auch auf dem Meer statt: Vor dem **Skagerrak** lieferten sich die britische und die deutsche Flotte die einzige große Seeschlacht dieses Krieges.

Zur siegreichen Seeschlacht
am Skagerrak
am 31. Mai 1916

Die **Propagandapostkarte** zur siegreichen Seeschlacht am Skagerrak bildet die Admirale von Capelle, Scheer, Hipper, von Tirpitz und Kaiser Wilhelm II. ab.

ten daraufhin die Kommandeure beider Flotten den Kurs, um ihre Schiffe ins Gefecht zu bringen. Fast zwei Stunden nach dem ersten Schlagabtausch gerieten sie in Sicht- und Feuerweite. Die vorausfahrenden britischen Schlachtkreuzer fuhren auf südlichem Kurs in Linie, als sie aus einer Entfernung von über 13 Kilometer kurz vor 16 Uhr das Feuer eröffneten. Bereits wenige Minuten später erhielten die britischen Schlachtkreuzer eine Reihe von schweren Treffern. Die folgende Schlacht der vorausfahrenden Flottenteile verlief im Wesentlichen in einer Reihe von Gefechten, in denen sich jeweils zwei Schiffe duellierten, darunter auch die Admiralsschiffe. Die Großkampfschiffe beider Seiten waren dabei von einem Ring von Zerstörern und Kreuzern umgeben.

Quer zur Linie

Der anfänglich ungünstige Verlauf veranlasste die Briten, die Entfernung zu den gegnerischen Schlachtkreuzern auf 18 Kilometer zu vergrößern, sodass die

Der britische **Schlachtkreuzer „HMS Queen Mary"** explodiert, nachdem die Munitionskammer des Schiffes getroffen wurde.

eigenen Geschütze eben noch treffen konnten. Gegen 18 Uhr gelang es Jellicoe, eine Linie von 24 Schlachtschiffen quer zur Linie der deutschen Hauptflotte zu manövrieren. Sie konnten aus dieser Position Breitseiten feuern, während der Gegner das Feuer nur mit den vorderen Kanonen seiner Führungsschiffe erwidern konnte. In zehn Minuten gingen 40 Salven mit schweren Treffern auf die deutschen Schiffe nieder. Vizeadmiral Scheer ließ angesichts der misslichen Lage und der deutlichen Überlegenheit der Briten seine Schiffe wenden. Die deutsche Flotte setzte sich ab. Es kam noch zu einigen Gefechten und Scharmützeln, doch mit geschickten Manövern konnten die Deutschen den nachsetzenden Briten entkommen.

Achtungserfolg

Die Schlacht vor dem Skagerrak endete unentschieden, den Deutschen war aber ein Achtungserfolg gelungen, der in der Heimat frenetisch gefeiert wurde. Die britischen Verluste waren mit 14 Schiffen und über 6000 gefallenen Matrosen deutlich höher als die der Deutschen, die elf Schiffe und 2500 Mann verloren. Entsprechend schlecht war die Stimmung auf der Insel. Die britische Herrschaft zur See, die Blockade der Nordsee und der deutschen Flotte, blieben aber ungebrochen. Nur der zuvor vage entworfene englische Plan, die verbündeten Russen über die Ostsee zu unterstützen, wurde nach der Schlacht nicht mehr verfolgt, was die deutsche Position an der Ostfront stärkte.

Vor dem Skagerrak wurde 1916 letztmals eine große Seeschlacht ohne Luftunterstützung geführt. Zwar war der Einsatz von Zeppelinen und Flugzeugen speziell zur Aufklärung vorgesehen und wurde in Ansätzen auch vollzogen, blieb aber infolge mangelnder technischer Entwicklung nahezu wirkungslos.

Der **Schlachtkreuzer „SMS Derfflinger"** trug schwere Schanztreffer (weiße Kreuze) davon. Obwohl viel Wasser eingedrungen war, kam das Schiff noch bis Wilhelmshaven.

„*Wunder an der Weichsel*" – *Warschau*

Am 11. November 1918 unterzeichnete Deutschland den Waffenstillstandsvertrag, mit dem der Erste Weltkrieg endete. Am selben Tag wurde der polnische Staat neu gegründet. Die Zweite Polnische Republik (1918–1939) fand ihre territoriale Gestalt jedoch erst in den folgenden Jahren.

Die Grenze des wiedererstandenen Polen zu Deutschland wurde durch den Versailler Vertrag von 1919 und nach Volksabstimmungen festgelegt. Als Verlauf der Ostgrenze gegenüber Sowjetrussland schlug die Pariser Friedenskonferenz im Dezember 1919 eine Demarkationslinie entlang der Flüsse Bug und San vor, die sogenannte Curzon-Linie. Der polnische Staatschef Józef Piłsudski (1867–1935) verfolgte jedoch das Ziel, die vor der Ersten Polnischen Teilung von 1772 bestehenden Staatsgrenzen wiederzugewinnen.

In Russland war der Erste Weltkrieg in einen Bürgerkrieg zwischen den „Roten", den kommunistischen Bolschewiki, und den „Weißen", eine heterogene Bewegung aus Konser-

vativen, Nationalisten, Demokraten und gemäßigten Sozialisten, übergegangen. Gegen Ende des Bürgerkriegs kam es im April 1920 zum Krieg zwischen Polen und Sowjetrussland, denn Moskau weigerte sich, die früher polnischen Gebiete in Weißrussland und der Ukraine an Polen abzutreten. Um einem vermuteten Angriff Sowjetrusslands zuvorzukommen, verbündete sich Piłsudski mit der antibolschewistischen Ukrainischen Volksrepublik und eröffnete am 26. April 1920 eine militärische Offensive gegen die Rote Armee in der Ukraine. Die polnisch-ukrainischen Truppen stießen rasch nach Kiew vor. Am 7. Mai konnte die ukrainische Hauptstadt eingenommen werden.

Polnische Verteidigungslinie im August 1920 in der Nähe von Miłosna in Erwartung des sowjetischen Angriffs.

Józef Piłsudski war seit 1919 Marschall von Polen und damit Staatschef. Er kämpfte dafür, dass Polen seine alten Territorien zurückgewann.

Sowjetische Gegenoffensive

Mitte Mai startete die Rote Armee eine Gegenoffensive in Form einer Zangenbewegung und nahm am 12. Juni Kiew ein. Dem Großteil der polnischen Truppen gelang es jedoch, sich der Einschließung und Vernichtung durch einen gerade noch rechtzeitigen Rückzug zu entziehen. Die Russen drängten die Polen, die zur Verteidigung der etwa 300 Kilometer breiten Front nicht genügend Soldaten und Geschütze zur Verfügung hatten, aus der Ukraine, rückten ihrerseits nun in Südpolen ein, belagerten Lemberg und schickten einen Teil der Truppen in Richtung Warschau. Auch im Norden, auf weißrussischem und litauischem Gebiet, rückte die Rote Armee derweil vor, eroberte Minsk, Wilna, Brest-Litowsk und stand Anfang August 1920 nur mehr 100 Kilometer östlich von Warschau. Die Niederlage und Besetzung Polens schien nur noch eine Frage der Zeit.

Polnische Truppen zogen am 7. Mai 1920 **in Kiew** ein, der Hauptstadt der Ukraine. Sie konnten die Stadt allerdings nur wenige Wochen halten. **≪**

Die Rote Armee wurde erst im Januar 1918 gegründet, im Mai 1918 wurde die Wehrpflicht eingeführt. Der Ausbildungsstand der Soldaten war also verbesserungswürdig. Dieses Foto von 1920 zeigt **Soldaten einer Maschinengewehrabteilung** bei einer Übung.

Konzentration der Kräfte

Der Rückzug der Polen brachte jedoch auch Vorteile mit sich: Die Front war nun viel schmaler, die Kräfte konnten konzentriert, Nachschub und Kommunikation effektiver eingerichtet werden. Die Schlagkraft der Sowjetarmee wurde hingegen durch Rivalitäten unter den Armeeführern und strategische Fehler geschwächt. Vor allem die Aufsplitterung der Südwestarmee, die sich zunächst auf die Einnahme Lembergs konzentrierte und dann eigene Ziele verfolgte, statt massiv gegen Warschau zu marschieren und die Kräfte im Norden zu unterstützen, sollte sich nachteilig auswirken. Dennoch waren die Sowjets vor Warschau klar in der Überzahl und ihre Soldaten deutlich besser ausgerüstet. Die Annahme ihrer Führer, auf einen demoralisierten Gegner zu treffen, erwies sich allerdings als falsch.

Warschau in der Klemme

Am 10. August 1920 rückte ein sowjetisches Kavalleriekorps nördlich von Warschau gegen Włocławek an der Weichsel vor, um Warschau zu umgehen und die Verbindung der Hauptstadt zum Hafen in Danzig und damit den möglichen Nachschub an Waffen abzuschneiden. Der Angriff auf die Hauptstadt selbst begann am 12. August mit einem Vorstoß auf die Stadt Radzymin, die nach schweren Kämpfen zwei Tage später an die Rote Armee fiel. Unterdessen plante Piłsudski die Gegenoffensive, eine Zangenbewegung, die im Norden von Władysław Sikorski und im Süden von ihm selbst geführt werden sollte. Der linke, südliche Flügel der Sowjets war nämlich ausgesprochen schwach, da ihre Front nicht geschlossen war und er sich aufgrund der breiten Lücke zur Südwestarmee selbst decken musste.

Die **1. Rote Reiterarmee** formiert sich im Polnisch-Russischen Krieg.

Das „Wunder"

Am 14. August griff Sikorski nördlich von Warschau an, schlug den russischen Vorstoß zurück und ging dann selbst in die Offensive. Am 16. August folgte Piłsudskis Angriff südlich der Stadt, wo er die Hauptkräfte des Gegners vermutete. Die standen allerdings im Norden und so konnte er mit den besten Einheiten der polnischen Armee rasch nach Norden vorrücken und schon am 18. August in den Rücken der Russen gelangen. Die Front der Roten Armee und viele ihrer Formationen brachen daraufhin auseinander, der Rest wurde aufgerieben. Die Polen setzten nach, trieben die Russen ostwärts und errangen in den letzten großen Kavalleriegefechten der Geschichte eindrucksvolle Siege.

Mit der Unterzeichnung des Friedens von Riga am 18. März 1921 wurde der Polnisch-Sowjetische Krieg formal beendet. Die polnisch-sowjetrussische Grenze verlief fortan bis zu 250 Kilometer östlich der nach dem Ersten Weltkrieg als russisch-polnische Grenze bestimmten Curzon-Linie.

Das moderne **Denkmal für gefallene sowjetische Soldaten** in Ossow bei Warschau aus dem Jahr 2010 erinnert an die große Schlacht, die hier vor 90 Jahren stattgefunden hat.

Japan auf Expansionskurs – Schanghai

Japan hatte 1931 einen Konflikt in China provoziert, Gebiete in der Mandschurei annektiert und dort 1932 einen Marionettenstaat installiert. Von 1935 an kam es wiederholt zu Zusammenstößen japanischer und chinesischer Truppen, die 1937 im Japanisch-Chinesischen Krieg (bis 1945) eskalierten.

Japanische Soldaten, ausgestattet mit modernsten Waffen, sichern eine Brücke, die zum Kiagwan-Sektor in Schanghai führt (22. Oktober 1937).

Scharmützel bei Peking

Mit dem „Zwischenfall an der Marco-Polo-Brücke" bei Peking am 7. Juli 1937 nahm der offene Krieg seinen Auftakt. Die Hintergründe des Scharmützels zwischen japanischen und chinesischen Soldaten konnten nie ganz geklärt werden. Schon am nächsten Tag forderte die Führung der Kommunistischen Partei Chinas alle Chinesen zum Widerstand gegen die japanischen Aggressoren auf. Die japanische Regierung war eher um Deeskalation bemüht, der Generalstab aber drängte auf Truppenaufstockung und einen Feldzug und setzte sich durch. Angesichts der Bedrohung hatten die chinesischen Nationalisten unter Chiang Kai-shek (1887–1975) und die chinesischen Kommunisten ihren seit Jahren andauernden Bürgerkrieg eingestellt und waren Ende 1936 eine Koalition zur Abwehr der Invasoren eingegangen.

Verlagerung des Krieges

Im Norden Chinas kam der japanische Feldzug zu Beginn des Krieges rasch voran. Die chinesische Führung und ihre militärischen Berater waren der Meinung, dass eine wirksame Verteidigung dort aufgrund der topografischen Gegebenheiten nicht möglich sei. Die Kämpfe sollten stattdessen in den Süden, in die Gegend um Schanghai, verlegt werden, weil man sich von der dortigen urbanen und von Wasserläufen durchzogenen Landschaft strategischen Nutzen versprach. Schanghai selbst war infolge eines Vertrags seit Jahren demilitarisiert.

Die Chinesen schickten ihre besten Truppen nach Schanghai, wo japanische Marinesoldaten mit zwölf Kanonenbooten auf dem Jangtsekiang lagen, die ihrerseits bald Verstärkung durch Infanterie erhielten. Am 13. August 1937 entbrannten die ersten Kämpfe, als die Japaner versuchten, über die von chinesischen Truppen verteidigte Bazi-Brücke in die Innenstadt zu gelangen. Der Vorstoß misslang, zwei

Asiens Großmächte im Krieg

Japanisch-Chinesischer Krieg (1937–1945) Die Japaner gewannen zwar alle größeren Schlachten des Feldzugs, angesichts der Weite des Landes konnten sie aber nur die wichtigsten Städte und Verkehrswege tatsächlich kontrollieren, weite Gebiete blieben praktisch frei von japanischer Herrschaft. Sie setzten daher auf Kollaborateure und Marionettenregierungen, denen aber jeglicher Rückhalt in der chinesischen Zivilbevölkerung fehlte. Schon 1938 begann ein vornehmlich von Kommunisten getragener Guerillakrieg gegen die Fremdherrschaft. Der Japanisch-Chinesische Krieg wurde mit dem Überfall Japans auf Pearl Harbor im Dezember 1941 Teil des Pazifikkriegs und damit des Zweiten Weltkriegs. Er endete mit der Kapitulation Japans am 9. September 1945.

In Schanghai fanden erbitterte **Straßenkämpfe** zwischen chinesischen und japanischen Truppen statt, hier im Stadtteil Chapei (Foto aus „The Illustrated London News", 23. Oktober 1937).

Tage später gingen die Chinesen in die Gegenoffensive und drängten die Japaner in urbane Verteidigungsstellungen zurück, die sie aber trotz Artilleriebeschuss nicht einnehmen konnten.

Häuserkämpfe

Ab dem 19. August landete die japanische Flotte zusätzliche Kräfte in einer Stärke von über 75 000 Mann an, ihre Präsenz in den Gewässern vor Schanghai verstärkten sie um zwölf schwere Kriegsschiffe. Die Schiffsartillerie nahm chinesische Stellungen unter Beschuss und es setzten auf breiter Front Häuserkämpfe um das Zentrum von Schanghai ein. Beide Seiten erlitten starke Verluste, die Japaner konnten sie aber wesentlich schneller ausgleichen. Mitte September 1937 kämpften etwa 150 000 japanische Soldaten in der Stadt, Unterstützung erhielten sie von 250 Panzern. Die japanische Artillerie und die Luftstreitkräfte legten den Großteil Schanghais in Trümmer, auch in den Städten der Umgebung gewannen die Japaner bis Anfang November die

Chiang Kai-shek (Porträtaufnahme, um 1920) war der starke Mann der chinesischen Nationalisten. Er führte die Truppen des Landes gegen die japanischen Aggressoren.

Oberhand. Am 8. November ordnete die chinesische Führung den Rückzug ihrer Truppen an, große Kontingente entkamen über den Jangtsekiang. Insgesamt waren an der Schlacht von Schanghai wohl an die 750 000 Soldaten beteiligt, allein die Zahl der Toten belief sich auf 170 000.

Japanische Gräuel

Die Chinesen konnten Schanghai zwar nicht verteidigen, doch zum ersten Mal hatten sie den Japanern heftigen Widerstand geleistet und große Verluste beigebracht. Die Japaner setzten ihre Truppen nach der Schlacht in Richtung Nanking, seinerzeit Hauptstadt Chinas, in Marsch. Schon auf dem Vormarsch kam es zu Gräueln an der Zivilbevölkerung, nach der Einnahme der Hauptstadt wurden im berüchtigten Massaker von Nanking 300 000 chinesische Zivilisten und Soldaten auf grausame Weise ermordet.

Schanghai wurde 1937 schwer bombardiert. Das Amateurfoto zeigt einen Blick über die Stadt nach einem **Bombenangriff**.

Ein **japanischer Pilot** kurz vor einem Einsatz gegen chinesische Truppen. Zum Zeichen seiner Entschlossenheit und Vaterlandsliebe bindet er sich die japanische Flagge um den Kopf.

Die Republik am Boden – Ebroschlacht

Im Sommer 1936 putschte das spanische Militär gegen die republikanische Regierung des Landes. Da Madrid, Barcelona, Südostspanien und große Teile des Baskenlands in Händen der Republik blieben, kam es zu einem dreijährigen blutigen Bürgerkrieg zwischen Nationalisten und Republikanern.

Stellvertreterkrieg

Der Spanische Bürgerkrieg gewann schnell eine internationale Dimension, in der sich die ideologischen Konfliktlinien Europas spiegelten: Die faschistischen Mächte Italien und Deutschland unterstützten aktiv die aufständischen Nationalisten um General Francisco Franco (1892–1975), die Sowjetunion hingegen die Republikaner, die zudem den bewaffneten Beistand der sozialistischen Internationalen Brigaden fanden. Neben ideologischen Motiven waren dabei auch sehr pragmatische im Spiel, so ließ Hitler in Spanien die Einsatzfähigkeit und Kampfkraft der Luftwaffe erproben, der Sowjetunion war vor allem daran gelegen, die Position der spanischen Kommunisten zu stärken und sie stalinistisch auszurichten. Zudem ließ sie sich für die Unterstützung aus den spanischen Goldvorräten entlohnen. Frankreich und Großbritannien betrieben eine Politik der Nichteinmischung.

Putschisten auf dem Vormarsch

Nachdem die Nationalisten in einer Reihe von Offensiven das Baskenland erobert hatten, stießen sie im Frühjahr 1938 zwischen Barcelona und Valencia auch bis zum Mittemeer vor und trieben damit einen Keil in das von den Republikanern kontrollierte Gebiet Ostspaniens. Im Mai suchte die republikanische Regierung um die Einstellung der Kämpfe nach, Franco verlangte jedoch die bedingungslose Kapitulation, was die Republikaner nicht akzeptieren konnten. In einer letzten großen Offensive am Ebro versuchte die Republik daraufhin, die Verbindung der von ihr gehaltenen Territorien wiederherzustellen.

Beim Festakt zur Vereinigung der spanischen Nationalisten am 26. April 1938 blickt **„Generalissimus" Francisco Franco** (Mitte) von einem Balkon auf 250 000 Bürger, die zu den Feierlichkeiten nach Saragossa gekommen sind.

Internationale Brigaden, kommunistische Freiwilligenverbände, kämpften 1936 bis 1939 im Spanischen Bürgerkrieg gegen General Franco.

Die Zerstörung Guernicas

Erstes Flächenbombardement Am 26. April 1937 wurde die baskische Stadt Guernica nahe Bilbao das erste zivile Ziel eines Flächenbombardements. Den Angriff flog die deutsche Legion Condor, ein Kampfgeschwader, das im Spanischen Bürgerkrieg aufseiten Francos operierte. Als Ziel des Angriffs wurde später eine strategisch wichtige Brücke vor der Stadt ausgegeben, der tatsächliche Verlauf legt aber nahe, dass dies nur ein Vorwand war, um die Flugzeuge unter Kriegsbedingungen zu testen. Es kamen insgesamt 50 Tonnen Brand-, Spreng- und Splitterbomben zum Einsatz, auf die flüchtenden Zivilisten wurde im Tiefflug mit Maschinengewehrfeuer Jagd gemacht. 80 Prozent der Gebäude waren nach dem Angriff zerstört, zwischen 250 und 300 Menschen starben. Nur die Brücke, die angeblich das Ziel war, überstand den Angriff ohne Treffer.

Soldaten der **Legion Condor** begutachten Aufklärungsflugzeuge der national-spanischen Truppen (Foto, 1938).

Lufthoheit

Die Ebroschlacht begann am 25. Juli 1938 und entwickelte sich zur längsten und blutigsten des gesamten Bürgerkriegs. In den frühen Morgenstunden, noch im Schutz der Dunkelheit, setzten die republikanischen Truppen unter dem Kommando von Juan Modesto in drei Sektoren und auf Hunderten von Pontons, Booten und Flößen vom Nordufer aus über den Ebro. Die Offensive überraschte den Gegner und verlief zu Beginn erfolgreich. Schon gegen Mit-

Die nationalsozialistische Deutsche Arbeitsfront unterstützte Franco. **„Heute Spanien, morgen die Welt"**, proklamiert dieses Plakat.

tag erschienen aber die ersten Luftwaffengeschwader der Nationalisten am Himmel, die, unter maßgeblicher Beteiligung deutscher und italienischer Einheiten, in den nächsten beiden Tagen die republikanischen Stellungen und Nachschublinien über den Fluss systematisch bombardierten. Die wenigen Flugzeuge, über die die Republikaner noch verfügten, waren derweil bei der Verteidigung Valencias im Einsatz.

Ein aussichtsloser Kampf

Die republikanische Offensive kam bald zum Stehen und ging in einen Stellungs- und Abnutzungskrieg in bergigem Gelände über, den die Republikaner ohne die Unterstützung von Luftstreitkräften und Artillerie nicht gewinnen konnten. Die zahlenmäßig überlegenen und zudem besser ausgerüsteten Nationalisten führten indes weitere Truppen zum Ebro. Die Schlacht wurde von beiden Seiten mit großer Härte geführt, die Angriffe auf gegnerische Stellungen ähnelten jenen des Ersten Weltkriegs. Die Infanterie beider Seiten attackierte in Frontalangriffen einen gut verschanzten Gegner und erlitt große Verluste. Spätestens nach einem Monat war die Situation für die Republikaner aussichtslos, ihre Generäle wollten aber nicht kapitulieren. So dauerte der Zermürbungskrieg noch zwei Monate an, bis zum 16. November 1938, als die Republikaner ihre Stellungen aufgeben mussten.

Das Ende der Republik

Am Ebro ging nicht nur eine Schlacht für die Republikaner verloren, auch der Ausgang des Bürgerkriegs war mit der Niederlage entschieden. Ihre Verluste an Menschen, wohl an die 10 000 Tote, 20 000 Verwundete und ebenso viele Gefangene, sowie Material waren nicht wieder auszugleichen. Ende Dezember starteten die Truppen Francos ihre Katalonienoffensive, am 26. Januar 1939 nahmen sie Barcelona ein. Die letzten republikanischen Hochburgen Valencia und Madrid gaben Ende März auf. Die militärische Hilfe Deutschlands und Italiens in Form von Luftwaffen-, Panzer-, Transport- und Nachrichteneinheiten waren letztlich der Garant für den Sieg Francos im Frühjahr 1939. Danach ließ der „Caudillo" noch Zehntausende Republikaner ermorden.

Spanische Miliz verteidigt aufopferungsvoll eine Ortschaft gegen Francos faschistische Truppen.

Die Luftschlacht um England

Neun Monate nach Beginn des Zweiten Weltkriegs im September 1939 schien die Expansion des Deutschen Reiches unaufhaltbar. In Blitzfeldzügen hatte es West-, Nord- und Mitteleuropa unter seine Kontrolle gebracht, nur Großbritannien musste noch erobert werden, um dann freie Hand gegen die Sowjetunion zu haben.

Jagdflugzeuge des Typs **Hawker Hurricane** bildeten zusammen mit der Supermarine Spitfire das Rückgrat der britischen Luftstreitkräfte im Kampf gegen herannahende deutsche Bombenflugzeuge.

„Operation Seelöwe"

Nach der schnellen Kapitulation Frankreichs im Juni 1940 machte Reichskanzler Adolf Hitler (1889–1945) den Briten ein Friedens- und Verhandlungsangebot. Die britische Regierung unter Winston Churchill (1874–1965) dachte jedoch zu keiner Zeit daran, mit dem deutschen Diktator zu verhandeln. So gab Hitler den Befehl, die „Operation Seelöwe" vorzubereiten, die Invasion Großbritanniens. Im Vorfeld der Landung sollte die Insel zunächst von der deutschen Luftwaffe sturmreif gebombt werden, was bedeutete, die britische Marine und die militärische Infrastruktur an der Kanalküste auszuschalten und die Herrschaft über den britischen Luftraum zu gewinnen.

Battle of Britain

Nach ersten Probeangriffen auf Radarstationen bei Dover und Portland starteten die deutschen Luftstreitkräfte am „Adlertag", dem 13. August 1940, die bis dahin größte Luftoffensive des Krieges. Von Flughäfen und Rollfeldern in den besetzten Niederlanden, in Belgien und Nordfrankreich flogen deutsche Verbände der Luftflotten 2 und 3 mit 1485 Starts eine Serie von Angriffen auf die Südküste Großbritanniens und bombardierten Einrichtungen der Royal Air Force und der Royal Navy. Die Deutschen verloren 55 Maschinen, die Briten nur 13. Zwei Tage später griff die Luftflotte 5 aus Dänemark und Norwegen den Norden Großbritanniens an, wo man geringeren Widerstand erwartete. Das erwies sich jedoch als fatale Fehleinschätzung: 75 abgeschossenen deutschen Bombern standen 34 britische Flugzeuge gegenüber. Der 15. August ging in England daher als „Greatest Day" der Battle of Britain in die Geschichte ein. Als „Hardest Day" gilt hingegen der 18. August 1940, an dem beide Seiten die höchsten Tagesverluste der gesamten Schlacht zu verzeichnen hatten: Die Air Force verlor 136 Maschinen und 30 Piloten, die Luftwaffe 100 Maschinen, aber 62 Piloten, da die deutschen Flieger im Gegensatz zu den britischen in Gefangenschaft gerieten, wenn sie den Abschuss überlebten.

Luftkrieg gegen die Zivilbevölkerung

Als sich bereits nach wenigen Tagen abzeichnete, dass der Kampf gegen die britischen Jäger und die Angriffe auf die Stützpunkte der Air Force nicht zum erhofften schnellen Sieg führten, flog die Luftwaffe am 24. August 1940 erste Angriffe auf strategische Ziele im Raum London. Dabei fielen auch Bomben auf die Innenstadt, vermutlich weil die Piloten die Orientierung verloren hatten. Daraufhin ließ Churchill Berlin bombardieren, was wiederum Hitler zum Anlass nahm, sogenannte Vergeltungsangriffe auf London zu befehlen. Die Verluste der deutschen Luftwaffe stiegen von Tag

Das Foto zeigt **britische Piloten**, die nach einem Einsatzbefehl zu ihren Flugzeugen eilen.

Premierminister Winston Churchill besichtigt die **Ruinen der Kathedrale von Coventry**. Die deutsche Luftwaffe hatte am 14. November 1940 schwere Bombenangriffe auf die mittelenglische Stadt Coventry gestartet.

239

zu Tag. Allein am 15. September gingen 56 Maschinen verloren, den Briten nur 30. Als Reaktion verstärkte die Luftwaffe ihre Angriffe auf britische Städte, um die Moral der Zivilbevölkerung zu brechen. Erstmals kamen dabei auch Brandbomben zum Einsatz, im Zentrum Londons wüteten verheerende Feuerstürme. Am härtesten traf es die Stadt Coventry, über der 500 deutsche Bomber in der Nacht

zum 15. November 500 Tonnen Sprengbomben und Luftminen abwarfen. 1000 Zivilisten starben, 90 Prozent der Gebäude waren zerstört. Der Durchhaltewille der Briten wurde in dieser Zeit der Not und Bedrängnis allerdings eher gestärkt als geschwächt.

NORWEGEN

N

100 km
www.huber-medien.de

→ geplante Landung deutscher Truppen

✈ wichtiger deutscher Flugplatz

● Hauptquartier der deutschen Luftflotte

⊥ wichtiger britischer Flugplatz

⌐ Radar- und Beobachtungsstation

---- Reichweite des Radars gegen tief fliegende Flugzeuge

—— Reichweite des Radars gegen hoch fliegende Flugzeuge

✴ wichtigste bombardierte Städte

Luftflotte 5
(von Norwegen und Dänemark)

NORDSEE

Aberdeen

Dundee

Edinburgh
Glasgow

Nord-
irland

Belfast

Newcastle
Carlisle
Durham

Lancaster
Leeds   York
Liverpool   Hull
Manchester
Sheffield   Lincoln
Wrexham
Shrewsbury   Derby   Nottingham

GROSSBRITANNIEN

NIEDER-
LANDE

Amsterdam

Birmingham   Coventry
Pembroke   Bury St. Edmont   Great Yarmouth
Gloucester   Cambridge   Ipswich
Gloucester   Oxford   Colchester
Cardiff   Themse   Hornchurch
Bristol   London   Rochester
Winchester   Margate
Southampton   Canterbury
Exeter   Portsmouth   Brighton   Lympne   Dover   Ostende
Radstow   Weymouth   Newhaven   Hastings   Calais   Dünkirchen
Plymouth   Etaples

Hoek
van Holland   Haarlem   Utrecht

Nimwegen   DEUTSCHES
Eind-   REICH
hoven

Rhein   Köln

Gent
Brüssel   Luftflotte 2
Lüttich
BELGIEN

Ärmel-kanal

Cherbourg
Saint-Lô   Le Havre
Deauville   Rouen   Beauvais
Evreux
Brest   Dinard   Dreux   St-Cloud   Paris
St-Brieuc   Alençon   Villacoublay   Orly
Rennes   Chartres

Amiens   St. Quentin
Chambrai

Reims

Luxemburg

LUXEM-
BURG

Seine

FRANKREICH

Laval   Le Mans
Vannes   **Luftflotte 3**   Orleans
Loire
Nantes   Tours   Bourges

Bei der **Luftschlacht um England** kam dem technisch fortschrittlichen britischen Radar, das heranfliegende Flugzeuge bereits über dem Meer erfassen konnte, eine besondere Bedeutung zu.

Hitlers erste Niederlage

Schon am 17. September 1940 legte Hitler seine Pläne für die Invasion Englands für „unbestimmte Zeit" auf Eis, da offensichtlich geworden war, dass die Herrschaft über den britischen Luftraum nicht gewonnen werden konnte. Der Luftkrieg gegen britische Ziele wurde zwar mit vermindertem Einsatz fortgesetzt, die Luftschlacht um England aber hatten Hitler und Deutschland verloren und damit ihre erste empfindliche Niederlage im Krieg erlitten. Ausschlaggebend war vor allem das britische Frühwarn- und Luftverteidigungssystem, das modernste und effektivste seiner Zeit. Es ortete die deutschen Bomber schon beim Start auf dem Kontinent und verfolgte ihre Routen. Alle Informationen wurden in unterirdischen Zentralen ausgewertet und an die eigenen Jagdgeschwader übermittelt. Noch bevor die deutschen Flieger die Küste erreicht hatten, waren die Abfangjäger meist schon in der Luft.

Das Deutsche Reich hatte in der Luftschlacht um England empfindliche Verluste zu beklagen: Insgesamt verlor die Luftwaffe 2265 Maschinen, 2000 Piloten fielen, 2600 weitere galten als vermisst. Diese Verluste waren in den kommenden Monaten kaum auszugleichen. Was nicht weniger schwer wog: Der Nimbus von der angeblich unaufhaltbaren und unbesiegbaren deutschen Angriffsmaschinerie war dahin oder doch zumindest stark angekratzt.

Die Illustration in einer englischen Lesefibel weist darauf hin, dass der Buchstabe **J für die Junkers**, also für einen der deutschen Hersteller für Bombenflugzeuge steht.

Der Luftkrieg verschonte auch die englische Hauptstadt nicht – hier fallen Bomben ganz in der Nähe von **St. Paul's Cathedral**.

Überfall im Pazifik – Pearl Harbor

Im Dezember 1941 eskalierte der amerikanisch-japanische Konflikt in Ostasien. Eine „heimtückische" japanische Attacke mitten im Pazifik lieferte dem amerikanischen Präsidenten Franklin D. Roosevelt (1882–1945) den Anlass, unter Zustimmung der Bevölkerung in den Krieg einzutreten.

Auf die aggressive Expansionspolitik Japans hatten die USA und Großbritannien von 1940 an mit Boykottmaßnahmen reagiert. Besonders ein strenges Ölembargo traf den auf Rohstofflieferungen angewiesenen asiatischen Inselstaat ins Mark. Verhandlungen scheiterten an der japanischen Weigerung, imperialistische Ziele aufzugeben und annektierte Gebiete in China und Indochina zu räumen. Der Krieg schien unvermeidlich. In den USA wollten jedoch weite Kreise in Politik und Bevölkerung die neutrale Position des Landes gewahrt sehen. Roosevelt hatte seit 1939 vergeblich versucht, die Amerikaner von der Notwendigkeit des Krieges gegen Deutschland, Italien und Japan zu überzeugen.

Auf verdeckter Fahrt

Bereits 1940 hatten die USA ihre Pazifikflotte von der eigenen Westküste nach Hawaii verlegt, 2000 Seemeilen näher an Japan heran. Um einem vermuteten Flottenvorstoß der Amerikaner zuvorzukommen, bereitete die japanische Marine im November 1941 den Überfall auf Pearl Harbor vor, den Hauptliegehafen der US-Flotte auf der hawaiianischen Insel Oahu. Zu diesem Ziel sammelte sich eine Kampfgruppe von sechs Flugzeugträgern, zwei Schlachtschiffen, Kreuzern, Zerstörern und U-Booten in einem abgelegenen Stützpunkt auf den Kurilen. Am 26. November lief dieser Verband aus, nahm zunächst Kurs Richtung Osten, um dann südöstlich Richtung Hawaii beizudrehen. Bei völliger Funkstille und abseits der üblichen Routen legten die Japaner über 6000 Kilometer zurück und standen am frühen Morgen des 7. Dezember 1941 unentdeckt etwa 500 Kilometer nördlich von Pearl Harbor. 408 Piloten warteten auf den Befehl zum Angriff.

Im Visier der Tiefflieger

Der 7. Dezember 1941 war ein Sonntag, von den Angreifern wohl mit Bedacht gewählt, um den Überraschungseffekt zu verstärken. Als die erste Angriffswelle kurz vor 8 Uhr anbrandete, waren die meisten US-Soldaten

In einem gewaltigen Feuerball explodiert der **Zerstörer „USS Shaw"** am 7. Dezember 1941 in Pearl Harbor.

In einem Propagandaplakat für den Krieg erinnert die US-Regierung 1942 an den **7. Dezember**, den Tag des Überfalls auf Pearl Harbor – dazu benutzt sie ein Lincoln-Zitat. ❯❯

we here highly resolve that these dead shall not have died in vain...

REMEMBER DEC. 7th!

Auf der Suche nach Überlebenden im Wasser nähert sich ein Motorboot dem **gesunkenen Schlachtschiff „USS West Virginia"**. Das später kolorierte Foto entstand während oder kurz nach dem japanischen Angriff.

nicht auf Posten. Sie verschliefen buchstäblich den Beginn des Krieges und wurden erst vom Heulen der Tiefflieger, von Detonationen und ratterndem MG-Feuer geweckt. Die 183 japanischen Marineflieger nahmen systematisch die vor Anker liegende Flotte und nahe Flugfelder ins Visier, ohne auf spürbare Gegenwehr zu treffen. Als um 9 Uhr der zweite Angriff mit 178 Flugzeugen begann, hatten die Amerikaner zwar einige Verteidigungspositionen besetzt, doch in dem allgemeinen Chaos der Brände und Verwüstungen blieb die Abwehr unkoordiniert und von bescheidener Wirkung. Nach den beiden Angriffen stellte der japanische Kommandeur Nagumo das Unternehmen ein. Da die drei Flugzeugträger der US-Flotte nicht in Pearl Harbor lagen und ihr Standort den Japanern nicht bekannt war,

Zum Gedenken an die 1102 Seeleute, die beim Untergang des Schlachtschiffs **„USS Arizona"** in Pearl Harbor ums Leben kamen, wurde über dem Wrack dieses Mahnmal errichtet.

fürchtete er einen Gegenschlag. Gegen Mittag zog sich der japanische Verband zurück.

Die Wucht und die Überraschung des japanischen Angriffs führten zu hohen amerikanischen Verlusten. 2400 Soldaten starben, weitere 1200 wurden verwundet. Fünf Schlachtschiffe und sieben weitere Schiffe waren versenkt oder gestrandet, neun schwer beschädigt, über 300 Flugzeuge am Boden vernichtet. Die Pazifikflotte insgesamt war nach dem japanischen Angriff schwer in Mitleidenschaft gezogen und einige Monate ihrer Schlagkraft beraubt. Durch den frühen Abbruch des Angriffs seitens der Japaner blieb aber ein großer Teil der Infrastruktur vor Ort verschont und leistete dem Wiederaufbau der Flotte gute Dienste. Die japanische Marine verlor lediglich 29 Flugzeuge und fünf kleine U-Boote, die in den Hafen eingedrungen waren.

Wendepunkt des Krieges

Die Folgen von Pearl Harbor waren außerordentlich bedeutend: Der „feige" Angriff ohne vorherige Kriegserklärung ließ die Stimmung in den USA kippen. Schon am nächsten Tag erklärte Roosevelt Japan den Krieg, was wiederum eine globale Kettenreaktion von Kriegserklärungen auslöste. Mit dem Eintritt der USA in den Krieg wuchsen der Krieg in Europa und in Ostasien nunmehr tatsächlich zu einem Weltkrieg zusammen. Die Achsenmächte Deutschland, Italien und Japan kämpften fortan an völlig überdehnten Fronten praktisch gegen die ganze Welt, gegen Alliierte mit kaum zu erschöpfenden Mengen an Soldaten und Ressourcen.

Japan hatte mit seinem überraschenden Luftschlag zwar einen militärischen Erfolg erzielt, dem schon am nächsten Tag eine groß angelegte Offensive im Pazifikraum folgte, doch es hatte damit auch die Phalanx der Gegner entscheidend gestärkt. Vor allem aber hatte Japan die Rachegelüste der Amerikaner geweckt, deren letzte Antwort auf Pearl Harbor dann in Hiroshima und Nagasaki gegeben wurde.

Dieses Foto entstand während der ersten Angriffswelle der japanischen Marineluftstreitkräfte auf Pearl Harbor. Noch ist die **US-Pazifikflotte**, von deren neun Schlachtschiffen sieben in einer Reihe vor Ford Island, der sogenannten „Battleship Row", vor Anker lagen, weitgehend intakt.

Bewegter Wüstenkrieg – El Alamein

 Um die in Nordafrika kämpfenden Divisionen des verbündeten Italien zu unterstützen, landeten im Februar 1941 deutsche Truppen in Tripolis. Der Feldzug des Deutschen Afrikakorps entwickelte sich zu einem Bewegungskrieg, der bei der ägyptischen Kleinstadt El Alamein in seine entscheidende Schlacht mündete.

Im September 1940 hatten italienische Streitkräfte von ihrem Kolonialgebiet in Libyen aus das unter britischer Herrschaft stehende Ägypten attackiert, waren in einer Gegenoffensive aber bis Februar 1941 an die libysche Große Syrte zurückgeworfen worden. Ein Sieg der Briten in Nordafrika hätte für das Deutsche Reich die Gefahr einer Invasion Italiens und damit einer zusätzlichen Front im Süden heraufbeschworen, sodass Hitler, dem an der Eröffnung eines Nebenkriegsschauplatzes eigentlich nicht gelegen war, das Afrikakorps unter Generalleutnant Erwin Rommel (1891–1944) in den Wüstenkrieg schickte.

„Wüstenfuchs" Rommel

Dem Kommando Rommels wurden auch die schwer angeschlagenen italienischen Verbände unterstellt, dennoch schien die britische Übermacht an Soldaten und Panzern erdrückend. Das Afrikakorps startete Ende März 1941 eine Offensive zur Rückeroberung der libyschen Halbinsel Cyrenaika und warf die Briten in sehr mobil und geschickt geführten Manövern 800 Kilometer zurück. Erst bei der ägyptischen Grenzstadt Sollum kam der Vorstoß infolge von Nachschubproblemen zum Stehen, bis November 1941 folgte ein zermürbender Stellungskrieg an der libysch-ägyptischen Grenze. Während die Briten neue Truppen und Waffen über ihren recht nahe gelegenen Stützpunkt Alexandria heranführten, bekam Rommel nicht im benötigten Umfang Nachschub, da zum einen die Linien durch britische

Ein **Panzerspähwagen** der deutschen Wehrmacht bahnt sich auf der Suche nach dem Feind den Weg durch die Wüste bei El Alamein in Ägypten.

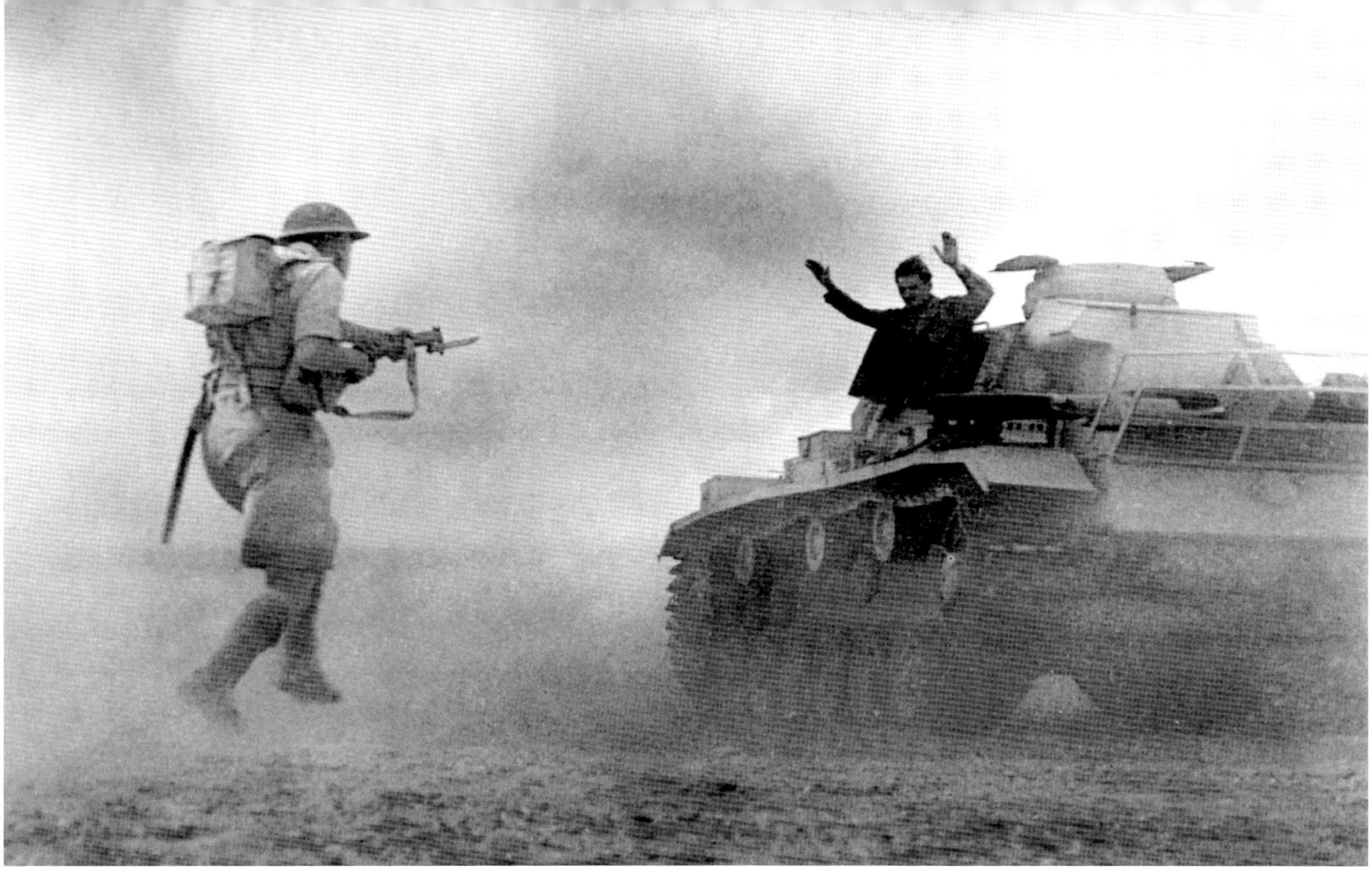

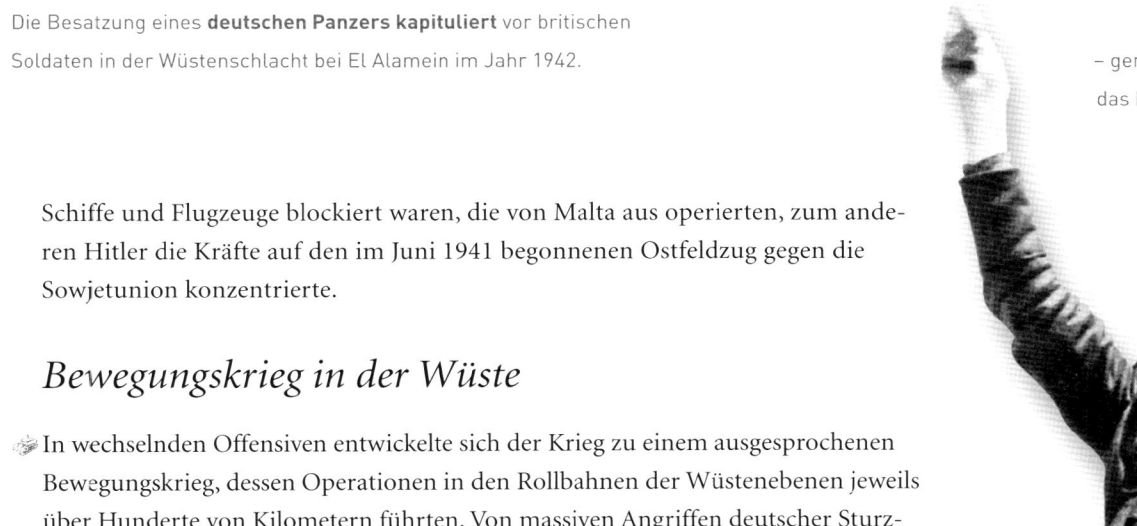

Die Besatzung eines **deutschen Panzers kapituliert** vor britischen Soldaten in der Wüstenschlacht bei El Alamein im Jahr 1942.

Generaloberst Erwin Rommel – genannt „Wüstenfuchs" – leitete seit 1941 das Deutsche Afrikakorps und seit 1942 die deutsch-italienische „Panzerarmee Afrika".

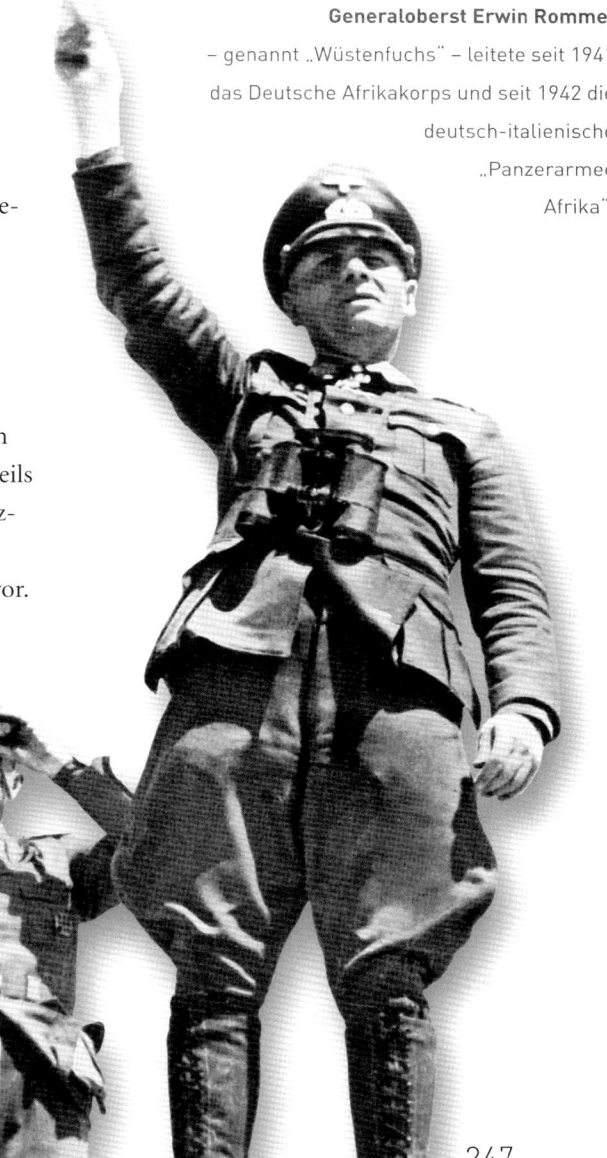

Schiffe und Flugzeuge blockiert waren, die von Malta aus operierten, zum anderen Hitler die Kräfte auf den im Juni 1941 begonnenen Ostfeldzug gegen die Sowjetunion konzentrierte.

Bewegungskrieg in der Wüste

In wechselnden Offensiven entwickelte sich der Krieg zu einem ausgesprochenen Bewegungskrieg, dessen Operationen in den Rollbahnen der Wüstenebenen jeweils über Hunderte von Kilometern führten. Von massiven Angriffen deutscher Sturzkampfbomber unterstützt, stieß das Afrikakorps bis Ende Juni 1942 an die etwa 60 Kilometer breite britische Verteidigungslinie bei El Alamein in Westägypten vor. Eine erste Schlacht im Juli endete nach anfänglichen deutschen Erfolgen in einer Pattsituation. Damit war der Vormarsch der Achsenmächte auf Alexandria und Kairo gestoppt. Die Briten übertrugen das Kommando ihrer Armee daraufhin General Bernard Montgomery, der umgehend mit dem Neuaufbau der Armee und den Vorbereitungen für eine Großoffensive begann.

Britische Übermacht

Am 23. Oktober 1942 standen an der Linie bei El Alamein 185 000 deutsche und italienische Soldaten etwa 220 000 britischen gegenüber, in deren Reihen auch Inder, Südafrikaner, Australier und Neuseeländer kämpften. Bei den Panzern

betrug das Verhältnis 543 zu 1029, bei den Flugzeugen 340 zu 530. Die Schlacht begann mit einem vorbereitenden Trommelfeuer britischer Artillerie und mit Luftangriffen der Royal Air Force, dann gingen die Panzerbrigaden zum Angriff über. Da das deutsche Kommando – Rommel selbst hielt sich bei Beginn der Schlacht in Deutschland auf und traf erst zwei Tage später ein – sich nicht darüber im Klaren war, ob mit dem Artilleriefeuer die erwartete Großoffensive

bereits begonnen hatte, erhielt die deutsche Artillerie wegen Munitionsmangels zunächst keinen Feuerbefehl. Die Briten konnten daher ohne große Störungen vorrücken.

„Sieg oder Tod"

Im Norden der Kampfzone, nahe der Küste, gelang britischen Verbänden nach der Durchquerung von Minenfeldern

Deutsche Krad-schützen im August 1942 in der Wüste Nordafrikas bei El Alamein.

Der **britische General Bernard Law Montgomery** führte das Kommando über die britische 8. Armee und war der Gegenspieler des „Wüstenfuchses" Erwin Rommel. »

Die **britischen Truppen** rückten in der Schlacht um El Alamein trotz der deutschen Gegenwehr unaufhaltsam vor.

der Einbruch in die deutsche Linie, auch im Süden agierten sie offensiv. Zwar konnte Rommels Panzerarmee die Linie im Norden vorübergehend wieder schließen, doch mit jedem Tag, den die folgende Materialschlacht andauerte, verschlechterte sich die Lage für die Achsenmächte. Am 2. November starteten die Briten einen neuen Großangriff. Als die Lage der deutsch-italienischen Panzerarmee auf breiter Front bereits prekär, an einigen Abschnitten aussichtslos war, traf aus Berlin ein Führerbefehl ein, in dem Hitler in pathetischem Ton einen Rückzug verbot und Rommel nur die Alternative „Sieg oder Tod" ließ. Der aber setzte sich über den Haltebefehl hinweg und ordnete den Rückzug an.

Nach der Niederlage bei El Alamein und der Landung weiterer alliierter Truppen in Marokko und Algerien im November 1942 gestaltete sich die Situation der deutsch-italienischen Afrikaarmee immer bedrohlicher. Ende März 1943 war sie schließlich in einem engen Brückenkopf um Tunis eingeschlossen. Am 13. Mai 1943 endete der Afrikafeldzug mit der Kapitulation. Über 240 000 deutsche und italienische Soldaten gingen in Gefangenschaft, da Hitler die Rückverschiffung nach Europa ablehnte. In Deutschland löste die Kapitulation Entsetzen aus, das Wort vom „Zweiten Stalingrad" machte die Runde.

Wende im Pazifikkrieg – Midway

Nach dem Angriff auf Pearl Harbor Ende 1941 führte Japan einen Eroberungs-
feldzug, der dem Inselstaat bis Mai 1942 eine enorme Ausweitung seines Machtbereichs in Südostasien eintrug. Dann rückte jedoch der Kampf gegen die USA in
den Vordergrund, um das Mutterland vor Angriffen zu schützen.

„Doolittle Raid"

Am 18. April 1942 hatten die Luftstreitkräfte der USA als erste Antwort auf Pearl
Harbor von einem Flugzeugträger aus einen überraschenden Bombenangriff auf
Militär- und Industrieanlagen in Tokio und Yokohama geflogen. Der „Doolittle Raid"
richtete zwar nur geringe Schäden an, verfehlte aber seine psychologische Wirkung
nicht, zumal die japanische Flugabwehr und Luftwaffe praktisch nicht in Erscheinung trat. Daher beschloss das japanische Oberkommando, weitere Inseln und Insel-
gruppen im Pazifik zu besetzen, um die eigene Vorpostenkette enger zu knüpfen.

Atoll in exponierter Lage

Zu den Inseln, die Japan ins Visier nahm, gehörte auch das westlich von Hawaii
gelegene kleine Midwayatoll, der westlichste Vorposten der USA im Zentralpazifik,

Startvorbereitung einer **Torpedobomber-
Staffel** auf dem Deck der „**USS Enterprise**"
am ersten Tag der Schlacht um Midway. Nur
vier der vierzehn Maschinen kehrten vom
Angriff auf die japanischen Träger zurück.

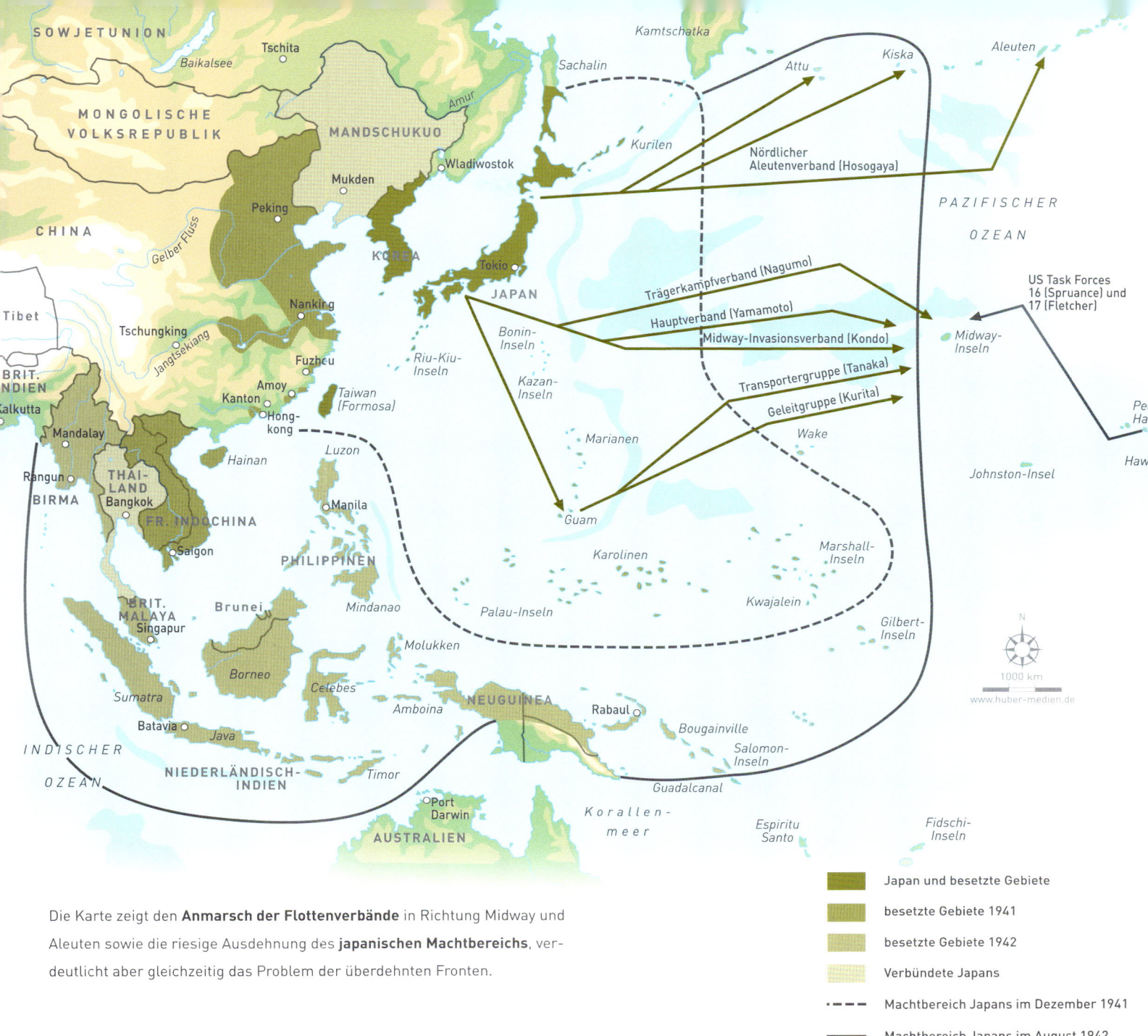

Die Karte zeigt den **Anmarsch der Flottenverbände** in Richtung Midway und Aleuten sowie die riesige Ausdehnung des **japanischen Machtbereichs**, verdeutlicht aber gleichzeitig das Problem der überdehnten Fronten.

Legende:
- Japan und besetzte Gebiete
- besetzte Gebiete 1941
- besetzte Gebiete 1942
- Verbündete Japans
- Machtbereich Japans im Dezember 1941
- Machtbereich Japans im August 1942

wo die US Navy seit 1940 einen Luftwaffen- und Aufklärungsstützpunkt unterhielt. Mit dem Angriff auf Midway wollte der japanische Admiral Yamamoto die verbliebene Pazifikflotte der USA in den Kampf locken, denn es war leicht auszurechnen, dass die Amerikaner diesen Stützpunkt entschlossen verteidigen würden. In Midway wollte Yamamoto also vollenden, was unter seinem Kommando in Pearl Harbor begonnen hatte. Da er die japanische Marine etwa doppelt so stark wie die US-Pazifikflotte vermutete, verlockte die Aussicht auf einen entscheidenden Sieg im Pazifikkrieg. Was er nicht ahnte: Die Alliierten hatten den Funkcode der japanischen Marine entschlüsselt und wussten, dass der Angriff am 4. Juni beginnen sollte.

Yamamoto bot seine gesamte einsatzfähige Flotte auf, darunter vier schwere Flugzeugträger mit insgesamt 400 Flugzeugen und elf Schlachtschiffe. Die US Navy organisierte ihre Verbände zur Verteidigung Midways um drei schwere Flugzeugträger herum, und damit um mindestens einen mehr, als Yamamoto vermutete. Der Stützpunkt auf Midway selbst war um zwei Marinekorps und eine Artilleriebatterie verstärkt worden.

Drei Volltreffer

Am Morgen des 4. Juni 1942, gegen 5.30 Uhr, meldeten US-Aufklärer die Sichtung des japanischen Trägerverbands 250 Kilometer nordwestlich von Midway und kurz darauf den Start der ersten japanischen Angriffswelle mit etwa 100 Kampfflugzeugen und Bombern. Die Attacke entfaltete eine enorme Wucht, doch die US-Basis auf der Hauptinsel blieb

Die **Trägerflugzeuge der US Navy** brachten der japanischen Flotte große Verluste bei. Hier überfliegen zwei Sturzkampfbomber vom Typ Douglas SBD Dauntless von der „USS Hornet" das brennende Wrack der „Mikuma".

Der **japanische Kreuzer „Mikuma"**, von amerikanischen
Trägerflugzeugen und Langstreckenbombern schwer
getroffen, sank erst am
6. Juni 1942.

kampffähig. Das japanische Kommando entschied daher, die Fliegerstaffeln, die für den Kampf gegen die US-Flotte zurückgehalten worden waren, zunächst für einen Angriff auf die Insel umzurüsten. Als die Umrüstung in vollem Gange war, meldete ihre Aufklärung einen US-Flugzeugträger und es wurde erneut umgerüstet. Zur gleichen Zeit kehrten die Flugzeuge zurück, die den ersten Angriff geflogen hatten und nun wiederbewaffnet wurden. Eben zu jenem Zeitpunkt, als die Decks und Hallen der japanischen Träger voller Maschinen standen, griffen US-Sturzkampf-bomber, Torpedo- und U-Boote an und konnten drei gegnerische Träger außer Gefecht setzen. Die Japaner gaben die Schiffe auf und versenkten sie.

Japanischer Rückzug

Das japanische Kommando reagierte auf den schwe-ren Schlag mit Gegenangriffen von ihrem einzigen verbliebenen Flugzeugträger, bei denen ein amerikanischer Träger mehrfach getroffen und später von gegnerischen U-Booten auch versenkt wurde. Die US-Streitkräfte schlugen mit Bombenangriffen auf den letzten japanischen Träger zurück, der schwer beschädigt wurde und schließlich ebenfalls sank. Damit hatte Yamamoto keine Möglichkeit mehr, die Offensive fortzusetzen. Er befahl den restlichen Schiffen, sich in Richtung Westen zurückzuziehen.

Die Alliierten im Vorteil

Die Gefechte der See- und Luftschlacht um Midway dauerten vier Tage an, bis zum 7. November 1942 griffen amerikanische Bomber Schiffe der japanischen Flotte an. Mit dem Verlust der Hälfte ihrer gesamten Trägerflotte sowie der meisten ihrer Piloten und Kampfflugzeuge war die japanische Flotte so geschwächt, dass sie zur Verteidigung der weiten eroberten Gebiete und für größere Offensiven nur noch bedingt einsatzfähig war. Die Schlacht um Midway gilt daher als Wendepunkt im Pazifikkrieg. Die absolute Dominanz der japanischen Flotte war gebrochen, fortan konnten im Pazifik auch die Alliierten die Initiative ergreifen und brauchten nicht mehr nur auf japanische Offensiven zu reagieren. Zwar gelang es den Japanern, die vier verlorenen Flugzeugträger zu ersetzen, doch die USA rüsteten in einem gigantischen Schiffbauprogramm ebenfalls ihre Flotte auf und gewannen in der Folgezeit ihrerseits ein erdrückendes Übergewicht.

Die japanische Flotte verlor bei Midway die Hälfte ihrer **Flugzeugträger**. Auch die in Brand gesetzte „**Hiryu**" sank wenige Stunden nach dem Angriff.

Die „**USS Yorktown**" wird von japanischen Sturzkampfbombern attackiert. Getroffen von einem U-Boot-Torpedo sank der amerikanische Flugzeugträger letztendlich am 7. Juni 1942.

Das Ende der 6. Armee – Stalingrad

Im Verlauf der großen deutschen Sommeroffensive an der Ostfront stieß die 6. Armee unter General Friedrich Paulus (1890–1957) im August 1942 auf Stalingrad vor. Für Hitler kam der Einnahme der „Stadt Stalins" am Ufer der Wolga nicht nur strategische Bedeutung, sondern auch hoher symbolischer Wert zu.

In Stalingrad entbrannte ein erbitterter **Häuser- und Straßenkampf**. Im Bild ein deutscher Infanteriezug nach Einnahme des Traktorenwerks im Norden der Stadt. ▶▶

Mit Beginn der deutschen Sommeroffensive setzte die Wehrmacht im Juni 1942 alle verfügbaren Kräfte in Marsch. Hier marschieren **deutsche Landser** in Richtung Stalingrad.

„Fall Blau"

Seit Beginn der sowjetischen Gegenoffensive vor Moskau im Dezember 1941 hatte sich die Situation für die deutsche Wehrmacht an der Ostfront stetig verschlechtert. Nur unter großen Verlusten gelang es im Frühjahr 1942, eingeschlossene Divisionen zu entsetzen und die Front zu stabilisieren.

Insgesamt hatte die Wehrmacht schon fast ein Drittel ihrer Ausgangsstärke verloren. Dennoch begann auf Befehl Hitlers am 28. Juni 1942 eine große deutsche Offensive, deren Ziele er schon im April unter dem Codenamen „Fall Blau" definiert hatte. Im Norden der Ostfront sollte Leningrad eingenommen und damit eine Verbindung zu Finnland hergestellt, im Südabschnitt sollten die Front bis zum Don und

Am 19. August 1942 gab Oberbefehlshaber General Paulus den Befehl zum Angriff auf Stalingrad. Die **4. deutsche Panzerarmee** rückte von Süden aus gegen die Stadt vor.

zur Wolga vorgeschoben, Stalingrad eingenommen und schließlich der Kaukasus sowie die Ölfelder von Grosny und Baku erobert werden.

Die Offensive verlief zunächst durchaus erfolgreich, auch weil die Rote Armee Gelände preisgab und sich aus taktischen Gründen bald hinter die Don-Wolga-Linie zurückzog. Der günstige Verlauf der Operation bestärkte Hitler in dem Glauben, die Armee der Sowjets sei schwer angeschlagen. Am 23. Juli teilte er daher die Kräfte der Heeresgruppe Süd, um die Ziele schneller zu erreichen. Heeresgruppe A marschierte nun Richtung Kaukasus, Gruppe B Richtung Stalingrad. In den Reihen der Heeresgruppe B kämpften auch zwei rumänische, eine italienische und eine ungarische Armee.

Straßen- und Häuserkämpfe

Am 19. August 1942 gab der Oberbefehlshaber der 6. Armee, General Friedrich Paulus, den Befehl zum Angriff auf das Rüstungs- und Verkehrszentrum Stalingrad. Seine eigenen Truppen griffen von Norden an, während die 4. Panzerarmee aus dem Süden vorrückte. Vom 23. August an flog die Luftwaffe mit 600 Maschinen massive Angriffe auf Stalingrad, in deren Folge an die 40 000 Menschen starben und weite Teile der Stadt zerstört wurden. Anfang September war Stalingrad von

Besorgt blicken diese deutschen Soldaten nach oben. **Herabstürzende Trümmerteile** und **Scharfschützen** bildeten für beide Seiten eine stete Gefahr.

von anderen Frontabschnitten nach Stalingrad führen und zudem im Hinterland neue Truppen aufstellen. Die deutsche 6. Armee hatte in den Stellungskämpfen große Verluste an Menschen und Material erlitten, die nicht ersetzt werden konnten. Der wochenlange Häuserkampf unter Artilleriefeuer und Luftangriffen zeitigte zudem eine extreme körperliche und psychische Belastung. Eine stetig wechselnde Frontlinie in unübersichtlichem Gelände, Nahkampf und Nachtangriffe auf fremdem Terrain, die permanente Bedrohung durch Scharfschützen, bewaffnete Zivilisten und selbst das eigene Feuer hatten die Kraft der meisten deutschen Soldaten erschöpft.

Einschluss der 6. Armee

Am 19. November startete die Rote Armee eine große, zangenförmig angelegte Gegenoffensive: Eine Million Soldaten trat zur Befreiung Stalingrads an und bereits drei Tage später waren die 6. Armee, Teile der 4. Panzerarmee sowie Verbündete weiträumig von sowjetischen Einheiten eingekesselt. Am Don wurde zudem die einzige deutsche Nachschublinie abgeschnitten. Paulus suchte in Berlin um Handlungsfreiheit nach, um einen Ausbruchversuch starten zu können, doch die deutsche Führung befahl, die Front trotz Einschließung zu halten sowie Maßnahmen zur Versorgung aus der Luft und einen Entsatzangriff abzuwarten.

Ob die 6. Armee, die noch über 140 Panzer und kaum mehr Treibstoff verfügte, überhaupt noch aus eigener Kraft hätte ausbrechen können, ist später häufig diskutiert worden, nach dem Durchhaltebefehl jedenfalls igelte sie sich ein und musste umgehend die Verpflegungsrationen für die insgesamt 250 000 Eingeschlossenen kürzen.

In den folgenden Winterwochen sanken die Temperaturen unter −20 Grad Celsius, die Versorgungsaktion aus der Luft stieß bald an ihre Grenzen und auch der angekündigte Entsatzversuch durch die 4. Panzerarmee scheiterte, als ihr an Heiligabend 1942 selbst die Einkesselung drohte. Die Lage war hoffnungslos, Tag für Tag dezimierten Gefechte, Kälte und Hunger die Reihen. Immerhin konnten noch etwa 30 000 Verletzte aus dem Kessel ausgeflogen werden.

der Wehrmacht umklammert, am 13. September rückten die ersten deutschen Einheiten in die Stadt ein. In erbittert geführten Straßen- und Häuserkämpfen eroberte die Wehrmacht bis Mitte November etwa neun Zehntel des Stadtgebiets, die vollständige Einnahme gelang indes nicht. Ein schmaler Streifen an der Wolga sowie einige Gebiete im Norden der Stadt konnten von der Roten Armee gehalten werden.

Während Hitler in der Heimat bereits den vermeintlichen großen Sieg feierte, ließ Stalin immer neue Reserven

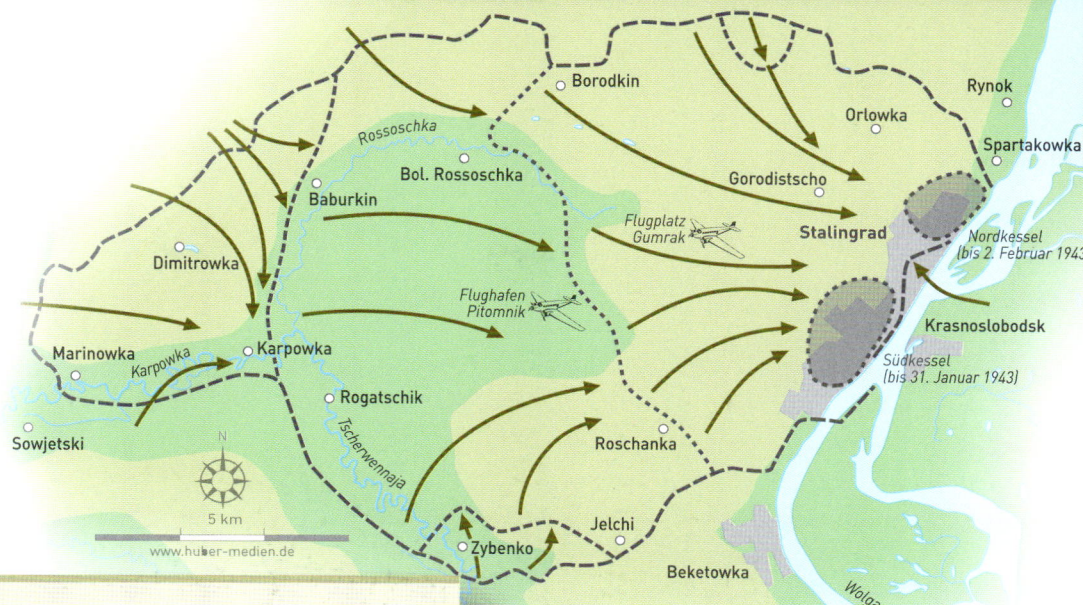

Die Karte zeigt, wie die Rote Armee den **Ring um die 6. deutsche Armee** immer enger zog, bis sie schließlich in zwei Kesseln eingeschlossen war. Der Versorgungsflugplatz Gumrak war bis zum 22. Januar 1943 die letzte deutsche Verbindung nach draußen.

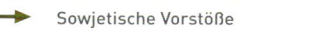

→ Sowjetische Vorstöße

– – – Deutscher Verteidigungsgürtel am 10. Januar 1943

- - - Frontverlauf vom 10. bis 12. Januar 1943

· · · · Frontverlauf vom 13. bis 17. Januar 1943

⬭ Deutsche Kessel vom 18. Januar bis 2. Februar 1943

Bericht von der Front

Aus einem Feldpostbrief des deutschen Soldaten Kurt Reuber aus Stalingrad vom Januar 1943 „Kaum eine irdische Hoffnung mehr, den sicheren Tod vor Augen oder ein Schrecken ohne Ende in Gefangenschaft, irgendwo im Raum aller Unbarmherzigkeit. Wir wissen nun, was sich um uns ereignet hat. Anfängliche Hoffnung auf eine baldige Wende hat sich zerschlagen, wir wissen, dass wir noch lange aushalten müssen. … Wir haben uns tief in die Erde eingegraben, die wir so lieben. … Du ahnst nicht, was diese dunkelste Zeit für ein Menschenleben bedeutet."

Soldaten der Wehrmacht bringen ihre **Panzerabwehrkanone** in Stellung. Die verlustreichen Kämpfe dauerten bis zur Kapitulation der eingeschlossenen 6. Armee an.

Militärisches Desaster

Derweil zog die Rote Armee den Ring um Stalingrad immer enger. Ein Kapitulationsangebot vom 10. Januar 1943 lehnte Paulus in Übereinstimmung mit allen Kommandierenden ab. Ab dem 25. Januar waren die Eingeschlossenen auf zwei getrennte Kessel im Norden und Süden des Stadtgebiets zurückgedrängt. Am 29. Januar wurde Paulus mittels Funkspruch zum Generalfeldmarschall befördert. Ein perfider Zug Hitlers, denn niemals zuvor hatte sich ein deutscher Generalfeldmarschall in Gefangenschaft begeben. So wollte er Paulus zwingen, entweder die Stellung zu halten oder sich selbst das Leben zu nehmen. Angesichts der drückenden Übermacht der Sowjetarmee und der Aussichtslosigkeit jeglichen weiteren Widerstands stellte der Südkessel am 31. Januar 1943 den Kampf ein, zwei Tage später auch der Nordkessel. Anders als meist dargestellt, unterzeichnete Paulus jedoch keine Kapitulationsurkunde.

Nach neueren Recherchen starben im Kessel von Stalingrad etwa 60 000 deutsche Soldaten, weitere 110 000 sowie etwa 18 000 verbündete Soldaten gingen in sowjetische Gefangenschaft. Von den deutschen Gefangenen kehrten bis 1956 lediglich 6000 zurück. Die Verluste der Roten Armee lagen noch deutlich höher, lassen sich aber nur schwer beziffern, Schätzungen nennen meist 200 000 bis 300 000 Tote. Die Toten der Achsenmächte wie der Zivilisten eingerechnet, starben in und bei Stalingrad

insgesamt etwa eine halbe Million Menschen. Die Stadt existierte praktisch nicht mehr, 99 Prozent der Gebäude waren zerstört.

Der Anfang vom Ende?

Die Schlacht um Stalingrad war eine der längsten und opferreichsten des Zweiten Weltkriegs. Die Wehrmacht erlitt ihre erste schwere Niederlage im Krieg gegen die Sowjetunion, war aber nicht entscheidend besiegt. Den teilweise bedenklich geschwächten deutschen 160 Divisionen standen auf der 2500 Kilometer weiten Front allerdings weit mehr als doppelt so viele sowjetische Verbände gegenüber, deren Ausrüstung und Strategie zudem stetig besser wurden. Dennoch konnte die Wehrmacht ihre Linie stabilisieren und ging im Sommer 1943 sogar erneut in die Offensive, die in die Panzerschlacht um Kursk mündete.

Ein Wendepunkt des Krieges war Stalingrad jedoch hinsichtlich der psychologischen Wirkung des militärischen Desasters. Mit den Nachrichten aus Stalingrad wurde offensichtlich, dass der Krieg insgesamt verloren werden konnte – der Name der fernen Stadt an der Wolga wurde im Deutschen Reich zum Menetekel.

110 000 deutsche und 18 000 verbündete Soldaten gerieten in Stalingrad in **Gefangenschaft**. In langen Kolonnen marschierten sie von Kampf, Kälte und Hunger erschöpft in bitterer Kälte einer düsteren Zukunft entgegen.

Nach Ende der Kämpfe war **Stalingrad bis auf die Grundmauern zerstört**, 99 Prozent der Gebäude lagen in Trümmern oder mussten eingerissen werden.

Alles auf eine Karte – Kursk

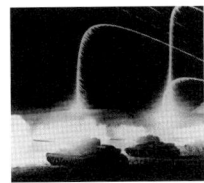 Nach der Niederlage in Stalingrad gelang es der deutschen Wehrmacht im Frühjahr 1943, einige erfolgreiche Gegenschläge zu führen und die zurückgezogene Frontlinie in Südrussland zu stabilisieren. Bei Kursk wollte Hitler ein Zeichen setzen und die operative Überlegenheit zurückgewinnen.

Die Linie der Ostfront zwischen Leningrad im Norden und dem Asowschen Meer ganz im Süden zeigte im Frühjahr 1943 eine auffällige Ausbuchtung, die selbst Nicht-Militärs sofort ins Auge fiel: Bei Kursk griff die Frontlinie in Form eines Bogens etwa 200 Kilometer weiter nach Westen in das von der Wehrmacht gehaltene Gebiet aus als an den nördlich und südlich angrenzenden Abschnitten. Dieser „Kursker Bogen" barg für die Strategen beider Seiten Chancen, aber auch erhebliche Risiken. So konnte die Rote Armee aus der vorgeschobenen Position eine Offensive starten und im Norden wie im Süden in den Rücken des Gegners gelangen. Der Wehrmacht wiederum eröffnete die strategische Lage die Möglichkeit, den Bogen an den Enden einzudrücken und die vorgeschobenen sowjetischen Truppen einzukesseln. Daher rückte dieser recht kleine Frontabschnitt ins Zentrum der militärischen Planung.

Deutsche Artillerie in der Schlacht am Kursker Bogen im Sommer 1943. Im Vordergrund sind Mitglieder der Waffen-SS mit gefangenen Rotarmisten zu sehen.

Von den neuentwickelten Panzermodellen erwies sich vorerst nur der **kampfstarke Tiger** als wirklich fronttauglich. Am Kursker Bogen griff diese Einheit in die großen Panzergefechte ein. «

„Operation Zitadelle"

Mit einem Zangenangriff auf den Kursker Bogen wollte Hitler nicht nur eine lokale Offensive starten. Angesichts der alliierten Territorialgewinne im Westen und der Schmach von Stalingrad brauchte er einen aufsehenerregenden Sieg. Er wollte dem Gegner zumindest an einem Frontabschnitt das Gesetz des Handelns vorschreiben, an den anderen sollte der Feind „anrennen und verbluten". Die „Operation Zitadelle", die mit einem Angriff auf die Stadt Kursk von Norden und Süden aus beginnen sollte, war zunächst für Anfang Mai 1943 geplant, wurde dann aber verschoben, weil der deutschen Aufklärung die massive Truppenkonzentration der Sowjets und der Ausbau ihrer Verteidigungsstellungen an diesem Abschnitt nicht verborgen blieben. Um den eigenen schnellen Panzerdurchbruch zu gewährleisten, sollte zunächst aufgerüstet werden. Dass ein lokaler Erfolg entscheidende Auswirkungen auf die gesamte Ostfront haben könnte, wurde allerdings von vielen deutschen Generälen bereits in der Phase der Planung bezweifelt.

Eine Einheit russischer **T-34-Panzer** rückt am 9. Juli 1943 bei Kazachie Lisitsy vor, unterstützt wird sie bei ihrem Vorstoß von Schlachtflugzeugen vom Typ Iljuschin Il-2.

Eine **sowjetische Panzereinheit** rollt an die Front im Raum Kursk. Bei Prochorowka kam es zum größten Panzergefecht der Militärgeschichte.

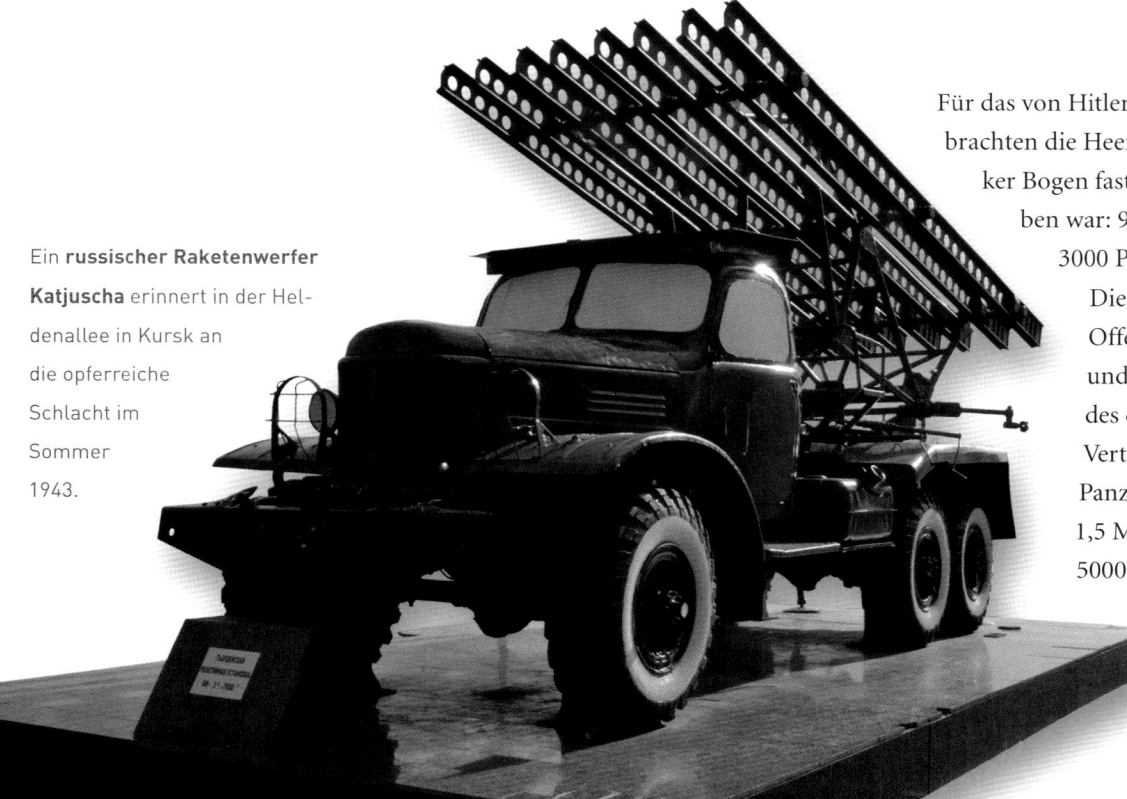

Ein **russischer Raketenwerfer
Katjuscha** erinnert in der Hel-
denallee in Kursk an
die opferreiche
Schlacht im
Sommer
1943.

Für das von Hitler geforderte „Fanal für die Welt"
brachten die Heeresgruppen Mitte und Süd am Kursker Bogen fast alles zusammen, was ihnen geblieben war: 900 000 Soldaten, 10 000 Geschütze,
3000 Panzer und an die 2000 Flugzeuge.
Die Sowjets wussten um die deutschen
Offensivpläne an diesem Frontabschnitt
und legten in der Zeit der Verzögerung
des deutschen Angriffs ein mächtiges
Verteidigungssystem von Minenfeldern,
Panzergräbern und Stellungsbunkern an.
1,5 Millionen Rotarmisten und rund
5000 Panzer standen hinter der Linie. Sie
sollten den deutschen Angriff
auffangen und dann ihrerseits
in die Offensive gehen.

Vorbereitendes Artilleriefeuer

Die Schlacht, die als größte Panzerschlacht aller Zeiten in die Geschichte einging, begann am 5. Juli 1943, um 1.30 Uhr, mit einem massiven halbstündigen sowjetischen Artilleriefeuer auf die deutschen Bereitstellungsräume. Große Wirkung zeigte das Feuer nicht, denn von deutscher Seite war der Angriffsbeginn für 3.30 Uhr vorgesehen und die Verbände hatten die Räume noch nicht bezogen. Die sowjetische Luftwaffe flog daraufhin einen Großangriff, der die deutschen Maschinen noch am Boden zerstören sollte. Der Angriff wurde aber früh geortet und die deutschen Jäger konnten noch rechtzeitig aufsteigen. In der folgenden Luftschlacht behielten die deutschen Kräfte deutlich die Überhand.

Gigantisches Panzergefecht

Um 3.30 Uhr ging im Norden des Bogens die deutsche 9. Armee zum Angriff über, Artillerie und Infanterie versuchten eine Lücke in die Verteidigung zu schlagen, in die dann die Panzer vorstoßen sollten. Im Süden begann die Operation gegen 5 Uhr mit massiven Panzerattacken und parallelen Angriffen der deutschen Luftwaffe.

Während die Offensive im Norden kaum Geländegewinn brachte, gelang im Süden der Durchbruch durch die vorderen sowjetischen Verteidigungsstellungen unerwartet schnell. Das Steckenbleiben des Angriffs im Norden deutete jedoch schon das Scheitern der Offensive insgesamt an. In den folgenden Tagen entwickelte sich eine Materialschlacht, in der es für die Deutschen aufgrund der Ausgangslage wie auch der unterschiedlichen Nachschubbedingungen kaum Aussicht auf Erfolg gab. Als die sowjetische Gegenoffensive begann, kam es bei Prochorowka zu einem Gefecht, an dem 900 russische und 600 deutsche Panzer beteiligt waren, so viele wie in keinem anderen Einzelgefecht der Geschichte.

Als Hitler am 13. Juli angesichts der aussichtslosen operativen Lage die Einstellung der Angriffsbemühungen befahl, war die letzte Offensive an der Ostfront klar gescheitert. Für den nun einsetzenden permanenten Rückzug der Wehrmacht, der erst in den Straßen Berlins enden sollte, befahl der deutsche Diktator die Politik der verbrannten Erde.

Auf dem **deutschen Soldatenfriedhof von Besedino bei Kursk** trauert diese Frau um einen Familienangehörigen. Auf den Gedenkstelen sind die Namen von 19 000 gefallenen und vermissten Soldaten verzeichnet.

„*Der längste Tag*" *– Normandie*

Im Frühjahr 1944 sammelte sich an der Südküste Englands die größte Landungs-flotte der Geschichte, um den entscheidenden Schlag zur Befreiung Europas von der Gewaltherrschaft Hitler-Deutschlands zu führen. Die Offensive gegen den deutschen „Atlantikwall" war mit großen Unwägbarkeiten behaftet, ihr Gelingen hing in hohem Maß vom Erfolg der ersten Angriffswelle ab.

US-Infanterie beim Verlassen eines Landungsboots am 6. Juni 1944, dem „D-Day" in der Nor-mandie. Gerade die Amerikaner stießen stellenweise auf erbitterten deut-schen Widerstand und erlitten hohe Verluste.

Neuorientierung gen Westen

1943 hatten die Alliierten an allen wichtigen Fronten die Initiative ergriffen. Für wie prekär selbst Hitler die militä-rische Lage hielt, zeigt seine Entscheidung aus dem No-vember jenes Jahres, den „Krieg gegen den Bolschewis-mus" an der Ostfront zugunsten einer Stärkung der Kräfte im Westen zurückzustellen. Während die Weite des Rau-mes im Osten, so der Diktator, einen Bodenverlust zuließe, ohne den deutschen Lebensnerv zu treffen, seien die Fol-gen eines feindlichen Durchbruchs im Westen innerhalb kürzester Zeit unabsehbar. Mit dieser Einschätzung lag er durchaus richtig: Die entscheidende Schlacht des Krieges sollte 1944 im Westen geschlagen werden.

Der sowjetische Diktator Stalin hatte die Westalliierten lange vergeblich gedrängt, mit der Invasion in Frankreich eine zweite große Front im Westen zur Entlastung der Ostfront zu eröffnen. Erst bei einem Treffen in Teheran im November 1943 sagten die Westalliierten die Landung in Frankreich für den Frühsommer 1944 zu. Die Lufthoheit über Nordfrankreich besaßen sie längst und so flogen alliierte Bomber im April und Mai 1944 zur Vorbereitung der Landung systematisch Angriffe auf Gleisanlagen und Bahnhöfe im Hinterland, um den deutschen Nachschub zu schwächen. Infolge ungestörter Aufklärungsflüge und Informationen der französischen Résistance kannten die Alliierten nahezu jeden Fußbreit des für die Landung auserkorenen Küstenstrichs.

Calais oder Normandie?

Hitler und seine Generäle waren sich im Frühjahr 1944 bewusst, dass der Großangriff kurz bevorstand. Doch wo genau würde er stattfinden? Alles sprach für eine Landung bei Calais, wo der Ärmelkanal am schmalsten ist. Mit einer

Diese 500 Meter lange und 30 Meter hohe **Steilküste am Pointe du Hoc**, zwischen den Landungsabschnitten Utah Beach und Omaha Beach gelegen, wurde am D-Day von einem US-amerikanischen Ranger-Bataillon eingenommen.

Decknamen

„Operation Overlord" Der Deckname bezeichnet die Offensive der Westalliierten, mit der nach der Invasion in der Normandie Nordfrankreich erobert und damit eine feste Basis für das weitere Vorrücken gegen das Deutsche Reich errichtet wurde. Sie begann am 6. Juni 1944 und endete mit der Befreiung von Paris am 25. August.

„Operation Neptune" Die erste Phase dieser Operation, die Landung an der Küste der Normandie, trug den Codenamen „Operation Neptune" und war Ende Juni 1944 abgeschlossen.

Küstenbatterie der deutschen Wehrmacht in Longues-sur-Mer zwischen den Landungsstränden Omaha Beach und Gold Beach. Die Batterien an diesem Abschnitt waren mit 15-cm-Kanonen ausgestattet.

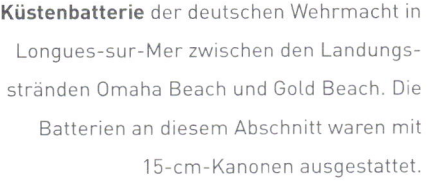

Reihe von Täuschungsmanövern gelang es den Alliierten, die Deutschen in dieser Vermutung zu bestärken. Als die alliierte Armada in See stach, lag der Schwerpunkt der deutschen Verbände bei Calais und damit über 300 Kilometer östlich des tatsächlichen Angriffsziels – der Küste der Normandie bei Bayeux.

„Atlantikwall"

Stark verteidigt war der deutsche „Atlantikwall" aber überall an der Küste des Ärmelkanals, auch bei Bayeux. Die Verteidigungslinie zur Abwehr der alliierten Invasion war

insgesamt 5000 Kilometer lang und reichte vom Nordkap in Norwegen bis zu den Pyrenäen. Ihre Schwäche war die geringe Verteidigungstiefe. War erst einmal eine Bresche geschlagen, konnte der Angreifer schnell ins Hinterland vorstoßen. Die Verteidiger mussten den Angriff also möglichst schon am Strand abfangen. Das Gelände kam ihnen dabei entgegen, denn ihre befestigten Stellungen befanden sich oben auf den Abbruchkanten von Klippen und Dünen und der breite Strand, der keine Deckung bot, lag voll in ihrem Schussfeld.

Die Invasionsstreitmacht unter Oberbefehl des amerikanischen Generals Dwight D. Eisenhower (1890–1969)

Fast **7000 Schiffe** überquerten den Ärmelkanal – hier eine Szene am Omaha Beach. Die **Sperrballone** sollten feindliche Luftstreitkräfte am Anflug hindern.

umfasste etwa 6000 schwimmende Einheiten, darunter 4000 speziell entwickelte Landungsboote, mit denen in der ersten Phase der Offensive 150 000 Soldaten – das Gros stellten US-Amerikaner, Briten und Kanadier – angelandet werden sollten. Zur Unterstützung der Bodentruppen kamen 4200 Jagdflugzeuge, 3400 schwere, 900 mittlere und leichte Bomber sowie 3000 weitere Maschinen zum Einsatz.

„D-Day"

Die „Operation Overlord", die lange geplante und akribisch vorbereitete Großoffensive zur Befreiung Europas vom Joch der braunen Diktatur, begann am „D-Day", am 6. Juni 1944, mit dem gleichzeitigen Angriff auf fünf Küstenabschnitte zwischen Caen und Cherbourg. Um 5.30 Uhr eröffneten die alliierten Kriegsschiffe das vorbereitende Feuer auf die deutschen Küstenbefestigungen, ihre Flugzeuge warfen 12 000 Tonnen Bomben auf Bunker und Stellungen. Die Anlandung der Bodentruppen begann eine Stunde später: Um 6.30 Uhr betraten die ersten amerikanischen Soldaten am „Utah Beach" französischen Boden. Dort wie auch an zwei weiteren Abschnitten gelang die Landung verhältnismäßig schnell, weil das Bombardement die deutsche Gegenwehr entscheidend geschwächt hatte. Nach einer Stunde waren die ersten Brückenköpfe eingerichtet. Am „Juno Beach" hingegen erlitten kanadische Verbände große Verluste.

Diese amerikanischen Soldaten **bergen am Omaha Beach ihre toten Kameraden**, die bei der Landung in deutsches Feuer gerieten.

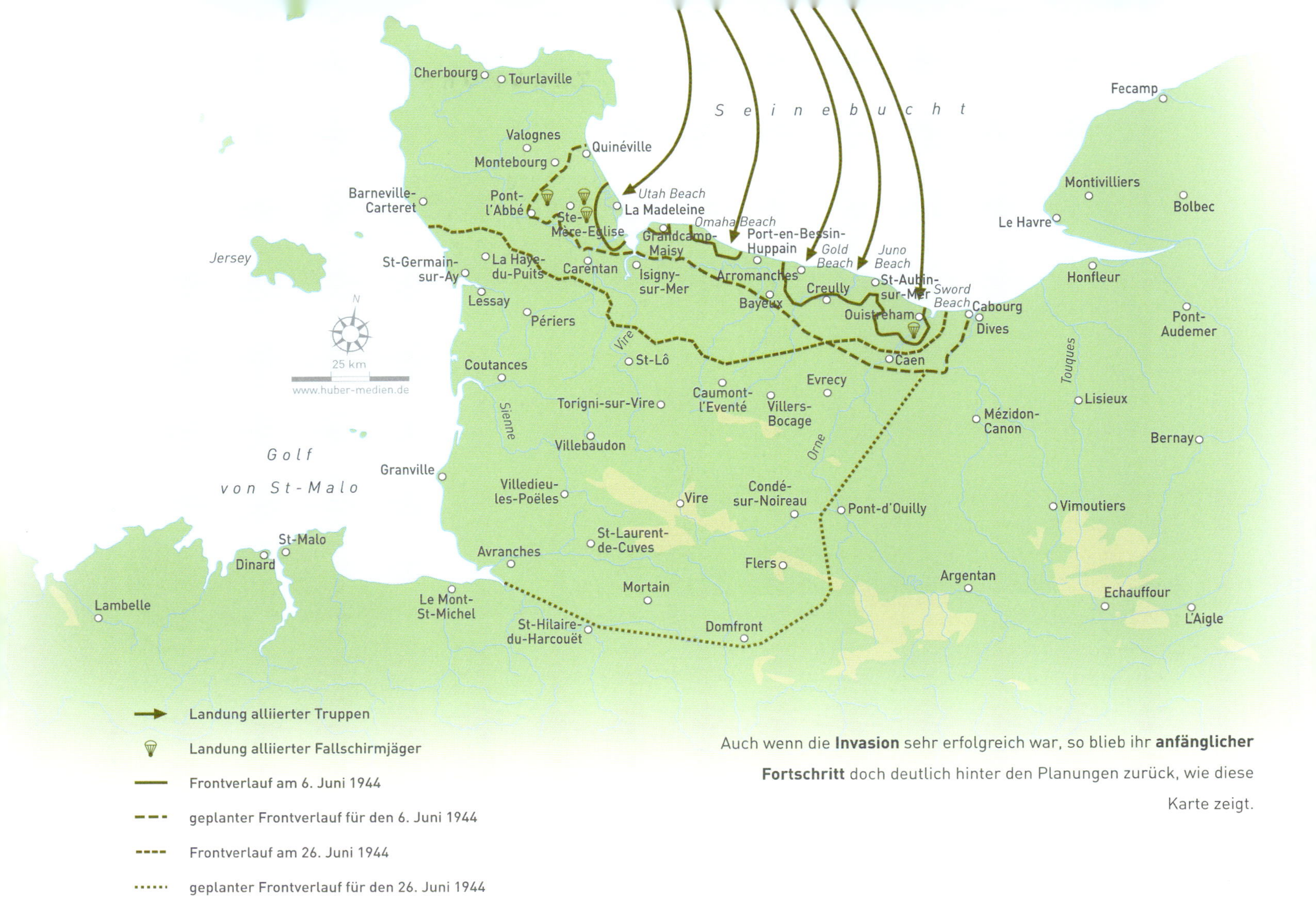

Legende:

→ Landung alliierter Truppen

⛱ Landung alliierter Fallschirmjäger

— Frontverlauf am 6. Juni 1944

– – – geplanter Frontverlauf für den 6. Juni 1944

- - - - Frontverlauf am 26. Juni 1944

· · · · · geplanter Frontverlauf für den 26. Juni 1944

Auch wenn die **Invasion** sehr erfolgreich war, so blieb ihr **anfänglicher Fortschritt** doch deutlich hinter den Planungen zurück, wie diese Karte zeigt.

Erstes Ziel der Alliierten war die Errichtung von **Brückenköpfen**, also von Räumen, in denen weitere Truppen sowie der Nachschub sicher anlanden konnten. Das Foto enstand am Omaha Beach nach Ausschaltung des deutschen Widerstands.

„Omaha Beach"

Die heftigsten Kämpfe entwickelten sich an dem fast zehn Kilometer langen Landungsabschnitt „Omaha Beach", wo der Strand an 20 Meter hohen Klippen endet und die deutschen Stellungen weitgehend intakt waren. Die Deutschen nahmen aus ihren MG-Nestern und Geschützstellungen die durch das Wasser watenden und am Strand vorstürmenden Soldaten unter schweren Beschuss. Aus den ersten Reihen der anrennenden GIs überlebte im Feuerbereich dieser Stellungen kaum jemand, nach einigen Stunden war der Strand mit Toten und Verwundeten sowie brennenden Fahrzeugen übersät. An manchen Stellen wurde im Nahkampf zehn Stunden ununterbrochen aufeinander gefeuert. Allein bei der Eroberung dieses Abschnitts starben 1500 US-Soldaten noch am Strand, weitere 2000 wurden nach dem Angriff vermisst. Beteiligte Soldaten haben den 6. Juni wegen der erbitterten Gefechte, der permanenten Mühsal und Todesangst, des ununterbrochenen Lärms des Feuers und der Schreie ihrer Kameraden als den „längsten Tag" ihres Lebens bezeichnet. Einzelne Strandzugänge konnten erst gegen 17 Uhr eingenommen werden. Um 20 Uhr trafen weitere Landungswellen ein, landeten Panzer und Artillerie an. Am Abend dieses Tages befanden sich über 140 000 alliierte Soldaten auf französischem Boden. Die verbliebenen deutschen Truppenteile zogen sich zurück, da sie nur noch über Handfeuerwaffen verfügten.

Der Kilometer Null des **„Weges der Freiheit"** am Utah Beach. Gedenkstein und Auftakt zu einer Route, die den räumlichen Verlauf der Befreiung nach der Landung der Alliierten markiert.

Nach Paris!

Als mit Verspätung die deutsche Verstärkung eintraf – die Führung hatte bis zuletzt an ein Ablenkungsmanöver geglaubt und den eigentlichen Angriff bei Calais erwartet – hatten die Alliierten ihre Landungsköpfe bereits ausgeweitet und gesichert. Bis Ende Juni 1944 brachten die Alliierten über provisorische Häfen und Flugbasen 850 000 Soldaten ins Land. Dennoch kamen sie auf ihrem Vormarsch ins Hinterland und nach Paris zunächst nur langsam voran, da die Wehrmacht sie mit starken Kräften einschnürte. Als Mitte August 1944 die Alliierten auch von der Mittelmeerküste her nach Norden vorrückten, war die Befreiung Frankreichs nur noch eine Frage der Zeit. Am 25. August 1944 zogen die ersten Einheiten durch den Triumphbogen ins Zentrum der Hauptstadt ein.

Viele **Dörfer und Städte** an der normannischen Küste und im Hinterland wurden bei Bombardements vor und während der Landung und bei den folgenden Gefechten stark **zerstört**.

Der Untergang – Berlin

Der Krieg war für das Deutsche Reich längst verloren, als die Alliierten im Frühjahr 1945 von Westen und Osten auf Berlin vorrückten. Hitler wollte von einer Kapitulation jedoch nichts wissen und befal die Taktik der „verbrannten Erde". Für die symbolträchtige Eroberung der Reichshauptstadt brachte die Rote Armee eine gewaltige Streitmacht in Stellung.

Kurz vor dem **Angriff auf die Reichshauptstadt** verliest der Kommandeur dieser sowjetischen Panzereinheit östlich von Berlin den Tagesbefehl.

Der letzte Akt

Der Berliner Volksmund brachte die militärische Lage Anfang April 1945 in einem launigen Kommentar auf den Punkt: Bald könne man mit der Straßenbahn von der West- an die Ostfront fahren. Während Hitler im Bunker unter der Alten Reichskanzlei in völliger Verdrängung der Realität auf Entsatzangriffe deutscher Armeen hoffte, Durchhalteparolen verkündete und von neuen „Wunderwaffen" schwadronierte, starben draußen jeden Tag Tausende Landser in sinnlos gewordenen Gefechten, und die deutschen Großstädte wurden im Bombenhagel der alliierten Luftangriffe pulverisiert.

Mit einem Zangenangriff auf Berlin von Norden und Süden nahm die Rote Armee am 16. April 1945 den letzten bedeutenden Akt des Krieges auf europäischem Schauplatz in Angriff. Nördlich der Reichshauptstadt eroberte sie auf der Ostbrandenburgischen Platte in einer viertägigen, sehr verlustreichen Schlacht die Seelower Höhen, die letzte große deutsche Verteidigungsstellung der Ostfront. Im Süden überrollte sie die deutschen Stellungen an der Lausitzer Neiße. Damit war der Weg nach Berlin frei, am 25. April schloss sich der Ring um die Stadt.

Das letzte Aufgebot

In der bereits stark zerbombten Hauptstadt lebten zu jener Zeit noch etwa 2,7 Millionen Zivilisten. Zur Verteidigung sammelten sich Reste von Einheiten der Wehrmacht, der Waffen-SS und der SS sowie provisorisch ausgehobene Verbände der Polizei und des Volkssturms, mit dem nun auch noch 14–16-jährige Jungen und alte Männer über 60 Jahre in den Kampf geworfen wurden. Insgesamt standen damit etwa 800 000 Mann unter Waffen, viele von ihnen unzureichend ausgerüstet und von lediglich 700 Panzern unterstützt. Die Rote Armee konzentrierte hingegen 1,5 Millio-

Diese **sowjetische Panzereinheit** ist Ende April bereits bis in die **Berliner Straße** vorgestoßen und rechnet offensichtlich nicht mehr mit Gegenwehr.

nen Soldaten, 6000 Panzer, 7000 Flugzeuge und weit über 10 000 Geschütze für den entscheidenden Schlag.

„Bis zur letzten Patrone"

Der Befehl, Berlin „bis zum letzten Mann und zur letzten Patrone" zu verteidigen, führte zu einer erbittert geführten Schlacht, in der die ganze Gewalt und Brutalität des Zweiten Weltkriegs noch einmal aufschien.
Vom 21. April an drangen sowjetische Einheiten auf das eigentliche Stadtgebiet vor. Die Gefechte gerieten bald zum Straßen- und Häuserkampf, in dem einzelne Gebäude und Häuserzeilen heftigst umkämpft waren. Da die Rotarmisten häufig ins Feuer von Scharfschützen gerieten und Hunderte ihrer Panzer durch einfache Abwehrwaffen wie die Panzerfaust ausgeschaltet wurden, ging die

Zum **letzten Aufgebot Hitlers** gehörten auch 16-jährige Jungen, die noch in den bereits verlorenen Krieg geworfen wurden. Diese Jugendlichen des „Volkssturms" sind nach der Kapitulation von Erschöpfung und Enttäuschung gezeichnet.

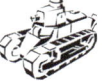

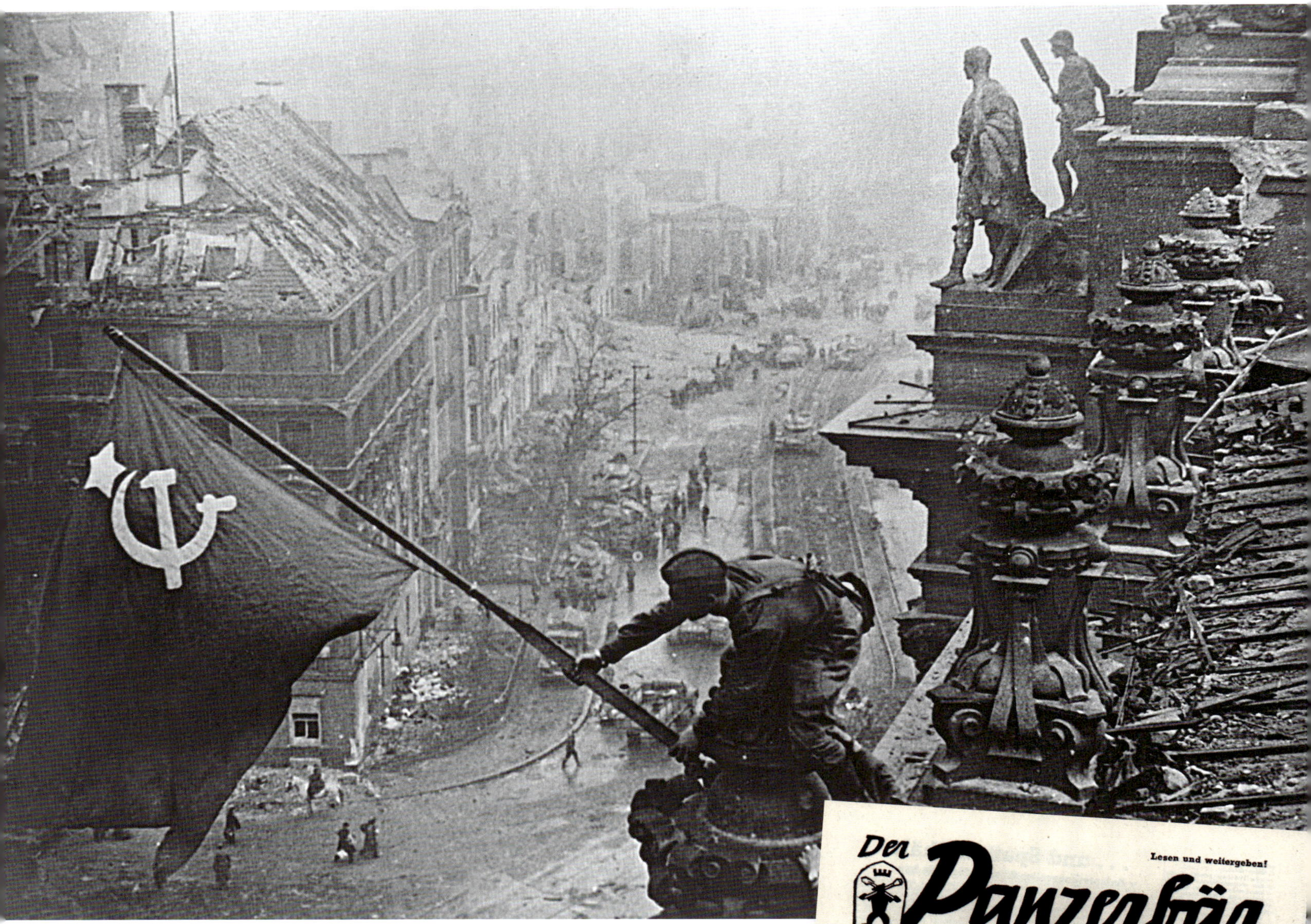

Führung dazu über, das entsprechende Terrain mit Artilleriefeuer sturmreif zu schießen, bevor die Infanteristen vorrückten. Die Zerstörung der Stadt, ihrer Gebäude und Infrastruktur nahm in diesen Tagen ungeheure Ausmaße an. Die Übermacht der Roten Armee war so stark, dass sie die Verteidiger immer enger auf den Stadtkern zurückwarf. Am 29. April stieß sie ins Regierungsviertel vor.

Kapitulation

Am 30. April 1945 wehte die rote Fahne mit Hammer und Sichel über dem Reichstag, wenige Hundert Meter entfernt nahm sich Hitler am

Der Panzerbär

Lesen und weitergeben!

28. April 1945

KAMPFBLATT FÜR DIE VERTEIDIGER GROSS-BERLINS

Wir halten durch!

Die Stunde der Freiheit wird kommen

Heiliges Wort:

Berlin

Die Hauptstadt des Reiches ist zur Hauptstadt des Kampfes geworden. In Berlin ergingen die Führerbefehle, die aus der inneren deutschen Zerrissenheit ein einiges Großdeutschland machten und dem Volk die Grundlagen einer mustergültigen sozialen Ordnung gaben. Aus Berlin kamen die Führerbefehle, die Europa Zug um Zug befriedeten. Aus Berlin kamen die Führerbefehle, die während des Krieges trotz aller Schwierigkeiten jahrelang dem von uns besetzten Europa Ruhe und Ordnung, Arbeit und Brot gaben. Berlin war die Hauptstadt der inneren deutschen Ordnung. Berlin war die Hauptstadt der europäischen Ordnung.

Heute schlägt der Bolschewismus auf das verhaßte Berlin ein. Er will das Haupt der deutschen Ordnung, der europäischen Ordnung, tödlich treffen. Wir bekennen uns zu diesem Kampf. Darum ist der Führer in Berlin. Er trägt mit uns alle Belastungen der hart umkämpften Frontstadt. Er steht mit uns im schweren Kampf. Von Berlin aus ergehen wieder seine Befehle zum Freiheitskampf, der Weltgeschichte macht. In Berlin wird es sich entscheiden, ob in Zukunft der Bolschewismus alle Völker unterjochen darf oder ob die Völker ihr Selbstbestimmungsrecht behalten. In Berlin werden wir den Bolschewismus entscheidend schlagen. Darum ist der Führer in Berlin. Er steht auf dem heißesten Schlachtfeld, das die Geschichte kennt. Es scharen sich um ihn die fanatischsten Soldaten, von denen man weiß.

In Berlin wurde der bolschewistischen Weltgefahr der Heilige Krieg erklärt. In Berlin wird dieser Krieg entschieden. Alle Völker, die unter der bolschewistischen Geißel zusammenbrechen, sehen auf Berlin. Alle Staaten, die von der bolschewistischen Weltherrschaft bedroht werden, ahnen die Tragweite dieses Entscheidungskampfes. Die Haltung der Berliner und der unbeugsame Kampfgeist seiner Verteidiger werden den Bolschewismus schlagen und die Furcht vor dieser Weltgefahr aus den Herzen der Menschen verjagen.

Der Führer ist in Berlin. Der Weltfeind wird hier geschlagen.

Heldischer Kampf um Berlin
Anmarsch der Reserven von allen Seiten

Aus dem Führerhauptquartier, 27. April

Das Oberkommando der Wehrmacht gibt bekannt:

Der Schwerpunkt der Kampfhandlungen in Nordwestdeutschland lag auch gestern in Bremen. In schweren und verlustreichen Straßenkämpfen konnten die Engländer ihre Einbrüche im Stadtgebiet erweitern.

Elbefront im wesentlichen ruhig

An der Elbefront verhielten sich die Anglo-Amerikaner weiterhin ruhig. Lediglich südlich Tangermünde setzten schwächere feindliche Abteilungen über den Fluß.

Im Mittelpunkt der Kämpfe stand auch gestern die Schlacht im Raum Berlin. Schulter an Schulter mit allen waffenfähigen Männern führten unsere Truppen einen heldischen Kampf gegen den bolschewistischen Massenansturm, verteidigten jedes Haus und warfen den Feind durch Gegenangriffe aus dem inneren Verteidigungsring der Stadt wieder zurück.

Die Schlacht im Raum Berlin

Aus dem Raum südlich Fürstenwalde stießen unsere Verbände im Angriff nach Westen in die tiefe Flanke der im Süden von Berlin operierenden Bolschewisten und durchbrachen deren Hauptnachschubverbindung auf der Straße Baruth — Zossen. Unsere im Westen schwungvoll angreifenden jungen Divisionen erreichten den Raum von Beelitz und stehen dort in schweren Waldkämpfen mit den Sowjets. Angriffe auf Brandenburg und Rathenow wurden verlustreich abgewiesen. Beiderseits Oranienburg brachen Übersetzversuche der Bolschewisten über den Rhin und Hohenzollernkanal verlustreich für den Feind zusammen. Dagegen konnten die Sowjets südwestlich Stettin auf Prenzlau hin weiter Boden gewinnen.

In Süddeutschland

In Süddeutschland hielt der starke feindliche Druck gegen die Donaulinie von Deggendorf bis Ulm an. Bei Dillingen konnten die Amerikaner ihren Brückenkopf nach Südwesten erweitern und nach heftigen Kämpfen in den Nordteil von Ulm eindringen. In der Schwäbischen Alb und nordwestlich des Bodensees kämpfen sich eigene Kampfgruppen durch die feindlichen

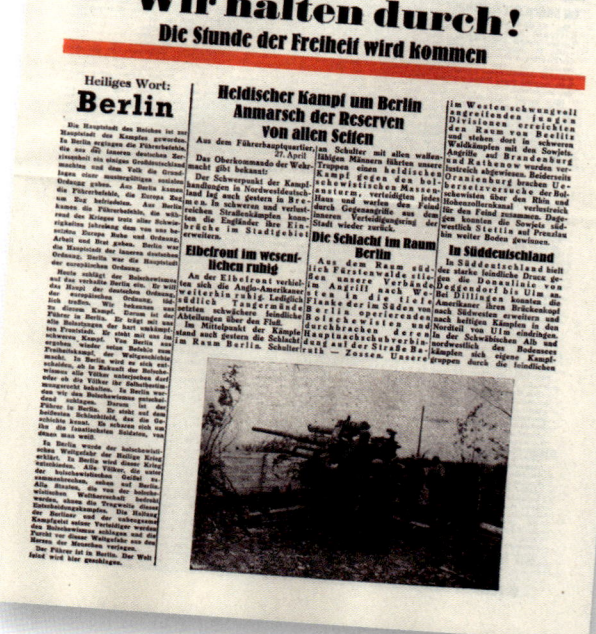

Dieses „Kampfblatt für die Verteidiger Groß-Berlins" forderte noch am 28. April 1945 zum **Durchhalten** und zum „heldischen Kampf" auf.

Die letzten Tage in Berlin

Aus dem Tagebuch der Gerda Langosch „Es ging nun schon dem Ende der Woche zu. Die Russen setzten immer mehr Stalinorgeln ein. Kein Mensch getraute sich aus dem Keller. Das Haus zitterte vom Bersten der Granaten, Steine und Dachziegel fielen, Fensterscheiben zersprangen. Es war uns, als ob das ganze Haus so langsam Stück für Stück zusammenfiel. Immer wieder neue Soldaten kamen und gingen. Sie verlangten nach Wasser. Und wir konnten ihnen doch keines geben, denn der Wasserhahn im Keller lief schon einige Tage nicht mehr ... Aber meiner Mutter und mir krampfte sich das Herz zusammen, wir konnten es nicht mit ansehen, wie die Soldaten schweißtriefend und keuchend in den Keller kamen und kein Mensch ihnen Wasser gab. Wir gaben ihnen doch ein paar Schluck."

Ein Rotarmist hisst die **Sowjetflagge auf dem Reichstag**. Die symbolträchtige Szene wurde am 1. Mai 1945 nachgestellt, nachdem die rote Fahne bereits am Abend zuvor über dem Reichstag geweht hatte. **«**

selben Tag das Leben. Am 2. Mai streckten die wenigen verbliebenen deutschen Verbände die Waffen. Nach zwölf Jahren lag das „Tausendjährige Reich" am Boden, die Hauptstadt war in den innerstädtischen Bezirken nur mehr ein großes Trümmerfeld.

Wie viele Menschen in dieser letzten Schlacht des „Dritten Reiches" starben, konnte niemals ermittelt werden. Die Gefahr ging dabei nicht nur von feindlichem Feuer aus. Noch in den letzten Tagen wurden ungezählte Soldaten und Zivilisten, angeblich Deserteure und Wehrkraftzersetzer, von fanatisierten Einsatzkommandos der Waffen-SS erschossen. Während eine Rundfunkansprache meldete, dass „der Führer, bis zum letzten Atemzuge gegen den Bolschewismus kämpfend, gefallen" sei, rissen seine verblendeten Anhänger noch die eigenen Leute mit in den Untergang. Am 8. Mai 1945 war der Zweite Weltkrieg in Europa beendet.

Am 2. Mai 1945 werden **überlebende deutsche Soldaten** von Rotarmisten aus den Tunneln der Berliner U-Bahn geholt und in Gefangenschaft geführt.

„*Taifun aus Stahl*" – *Okinawa*

Als in Europa die Menschen das Ende des Krieges feierten, wurde in Ostasien noch heftig gekämpft. Mehr als drei Jahre nach dem japanischen Angriff auf Pearl Harbor rückten die Alliierten immer weiter auf das japanische Mutterland vor. Um Okinawa, die letzte japanische Bastion im Pazifik, entbrannte eine mörderische Schlacht zur See und zu Land.

Am 31. März 1945 nimmt dieses Schlachtschiff der amerikanischen Pazifikflotte zur Unterstützung der Landungstruppen **japanische Stellungen auf Okinawa unter Feuer**.

Verschanzt in den Bergen

Okinawa liegt etwa 500 Kilometer südlich der japanischen Hauptinseln, ist 100 Kilometer lang und bis zu 25 Kilometer breit. Im Frühjahr 1945 waren an die 120 000 japanische Soldaten auf der Insel stationiert, die sich vornehmlich im südlichen Bergland verschanzten und den Auftrag hatten, die Insel unbedingt zu halten. Die Alliierten rüsteten sich mit 600 000 Soldaten und 1500 Schiffen zum größten amphibischen Unternehmen des Pazifikkriegs – der Eroberung Okinawas als Basis für Angriffe auf das japanische Mutterland. Um ähnlich hohe Verluste wie auf der kurz zuvor eroberten Insel Iwo Jima zu vermeiden, nahm die alliierte Schiffsartillerie die Insel ab dem 24. März 1945 für eine ganze Woche unter Beschuss.

In der Nacht zum 1. April bereiteten Trommelfeuer der alliierten Schiffsartillerie und Wellen von Luftangriffen der Trägerflugzeuge die Landung vor. In der Mor-

Den US-Truppen gelang es recht schnell, **Brückenköpfe** einzurichten. Hier gehen die Soldaten des III. Amphibischen Korps der 10. US-Armee an Land. **»**

gendämmerung gingen an zwei Abschnitten im Norden und Süden zunächst 180 000 Mann an Land, die ersten Reihen bildeten US-Marines. Die Landung verlief weitgehend problemlos und auch beim Vormarsch ins Inselinnere trafen die Alliierten vor allem im Norden der Insel kaum auf Widerstand, da sich die Japaner auf Abwehrschwerpunkte in schwierigem Gelände, in Dschungel und Gebirge konzentrierten. Wenige Tage nach Beginn der Invasion waren bereits weite Teile Okinawas besetzt.

Kamikazeflieger

Die stärkste japanische Gegenwehr kam zunächst aus der Luft und über See. Hunderte Kamikazeflieger griffen unter Hingabe des eigenen Lebens die alliierte Flotte an, versenk-

ten auch eine Reihe von Schiffen, konnten jedoch keinen der strategisch wichtigen Flugzeugträger endgültig ausschalten. Ein japanischer Flottenverband wurde frühzeitig gesichtet und erfolgreich bekämpft, dabei wurde am 7. April auch die „Yamato" versenkt, das größte und schwerste Kriegsschiff der Zeit. Auf der Insel hatten sich derweil im Norden ein Kleinkrieg in den Bergen und im Süden ein gnadenloser Graben- und Abnutzungskrieg entwickelt. Strategisch wichtige Höhen wurden mehrfach erobert und wieder verloren. Der Einsatz von Panzern war aufgrund der Beschaffenheit des Geländes meist nicht möglich. Wie in den großen Schlachten des Ersten Weltkriegs mussten die Infanteristen im feindlichen Feuer Meter um Meter vorrücken. Dabei griff die Luftwaffe beider Seiten die gegnerischen Stellungen an, die Artillerie bestrich ganze Areale mit ihrem Feuer und

nach Art von Guerillakämpfern nahmen japanische Schützen die Angreifer selbst aus Baumkronen heraus unter Beschuss.

Zivile Opfer

Zwar geriet auf Okinawa erstmals eine größere Zahl japanischer Soldaten in Gefangenschaft, weil das Ende des Krieges absehbar und die bisher gültige Maxime „lieber Ehre im Tod als Schande in Gefangenschaft" stark an Kraft verloren hatte, doch immer noch kämpfte die Mehrheit tapfer und verbissen bis zur sprichwörtlichen „letzten Patrone", die viele für sich selbst zurückhielten. Unter den etwa 450 000 einheimischen Zivilisten waren die Opfer ebenfalls enorm, mehr als 70 000 starben in dem fürchterlichen „Taifun aus Stahl", als der die Schlacht später bezeichnet wurde.

Aufgesessene US-Marines auf dem Vormarsch. **Panzer** fanden auf Okinawa wegen des ungeeigneten Geländes in Gefechten nur beschränkt Verwendung.

Die in den Bergen verschanzten japanischen Stellungen wurden auch aus der Luft bekämpft. Diese von einem Flugzeugträger aufgestiegene **F4U Corsair** nimmt zur Unterstützung der Bodentruppen eine Bergstellung unter Beschuss. «

In **Gefangenschaft** zu geraten galt für japanische Soldaten als **unehrenhaft**. Entsprechend verzweifelt zeigen sich diese Gefangenen unter Bewachung der 6. US-Marinedivision am letzten Tag der Schlacht.

Unter Beschuss japanischer Scharfschützen hisst Oberstleutnant Richard R. Ross von der 1. US-Marinedivision am 30. Mai 1945 die **amerikanische Flagge auf der** Wallanlage der **Shuri-Festung.**

Auch viele Zivilisten nahmen sich das Leben, weil sie der japanischen Propaganda von zu erwartender Folter und Schändung seitens der Sieger Glauben schenkten. In den Verstecken, Höhlen und Erdlöchern, in die das monatelange Stahlgewitter Soldaten wie Zivilisten schließlich trieb, spielten sich dramatische Szenen ab.

150 000 Tote

Mit dem Fall der Festung Shuri und der Hauptstadt Naha am 1. Juni waren der größte Teil Okinawas und auch die Schlacht für die Japaner verloren. Versprengte japanische Einheiten leisteten noch bis in den Juli energischen Widerstand. Sie verschanzten sich in unwegsamem Gelände und griffen den Gegner zuletzt mit Steinen, Knüppeln und bloßen Händen an. Die schreckliche Bilanz der opferreichsten Schlacht des Pazifikkriegs verzeichnete insgesamt etwa 150 000 tote Soldaten und Zivilisten, darunter 13 000 Angehörige der US Army, die zudem fast 70 000 Verwundete zu beklagen hatte.

Mit Okinawa stand den Alliierten nun eine Basis mit Flugplätzen und Hafen für die geplante Invasion des japanischen Mutterlands zur Verfügung. Dazu kam es jedoch nicht mehr. Nach dem Abwurf der Atombomben auf Hiroshima und Nagasaki forderte der japanische Kaiser seine Truppen am 15. August zur Einstellung des Kampfes auf. Am 2. September 1945 unterzeichnete Japan die Kapitulationserklärung. Damit war der Zweite Weltkrieg, der weltweit 60 Millionen Menschen das Leben gekostet hatte, endgültig beendet.

Stellvertreterkrieg am Changjin-See

Mit dem Ende des Zweiten Weltkriegs setzte der „Kalte Krieg" zwischen den USA und ihren Verbündeten sowie der Sowjetunion und ihren Satelliten ein. Im Korea-krieg (1950–1953) fand er seine erste heiße Phase, als die Hauptopponenten in die militärische Auseinandersetzung zwischen Nord- und Südkorea eingriffen.

38. Breitengrad

Nach der Kapitulation Japans im August 1945 war die zuvor dem japanischen Kaiserreich eingegliederte Koreanische Halbinsel entlang des 38. Breitengrads in zwei Besatzungs-zonen geteilt worden: Den Norden kontrollierte die Sowjet-union, den Süden die USA. Als die USA im Süden 1948 die Republik Korea ausriefen, wurde im Norden mit Unterstüt-zung des UdSSR die Demokratische Volksrepublik Korea proklamiert. Beide Staaten sahen sich als einzig rechtmäßi-gen koreanischen Staat an.

Nordkoreanische Invasion

1950 kam es zu Grenzzwischenfällen und in Südkorea zu Demonstrationen gegen die von den USA gestützte Regie-rung. Nordkorea nahm das zum Anlass für eine Inter-vention. Mit dem Überschreiten der Demarkationslinie und dem Vormarsch Richtung Seoul lösten seine Truppen am 25. Juni 1950 den Koreakrieg aus, um den Süden gewaltsam in die Volksrepublik einzugliedern. Das Vorhaben schien anfänglich auch zu gelingen, denn schon nach drei Tagen nahm der Norden die südkoreanische Hauptstadt ein. Bis Mitte September 1950 drängten die Nordkoreaner die süd-koreanischen und US-amerikanischen Truppen in ein klei-nes Gebiet im Südosten der Halbinsel zurück. Dann schlu-gen UN-Truppen unter Führung der USA zurück, vertrie-ben die Nordkoreaner aus Seoul wie dem ganzen Süden und drangen schließlich selbst in den Norden vor.

Mitte Oktober 1950 deutete alles auf ein baldiges Ende des Krieges hin. Die UN-Truppen hatten nahezu ganz Nord-

Rund 30 000 Solda-
ten der UN-Truppen
wurden bei Changjin
eingekesselt. Diese
Einheit der 1. US-
Marinedivision ist
auf dem **Rückzug**
durch die chinesi-
schen Linien.

korea besetzt. Am 19. Oktober aber trat das kommunistische China aufseiten der Volksdemokratie in den Krieg ein und schickte starke Truppen über die Grenze. Im Umland des Changjin-Stausees kesselten etwa 70 000 Volksarmisten die dort liegenden 30 000 Mann der UN-Truppen ein, die sich hauptsächlich aus amerikanischen Marines und Infanteristen, aber auch britischen Marines rekrutierten.

Ausbruch aus dem Kessel

Die im Angloamerikanischen als „Battle of Chosin Reservoir" bekannte Schlacht begann am 26. November 1950 und war von extremen Witterungsbedingungen begleitet, von Schnee und Temperaturen unter –30 Grad Celsius. Teile der im Umland des Sees verstreuten UN-Truppen wurden von der chinesischen Offensive überrascht, eine Infanteriedivision musste sich ungeordnet zurückziehen und ließ dabei einen großen Teil ihrer Ausrüstung zurück. Es gelang den UN-Truppen aber, sich mit den ebenfalls eingekesselten US-Marines zu vereinen und sich neu zu formieren. Auf diver-

Schnee und Kälte waren die Begleiter der
Schlacht am Changjin-Stausee. Hier führen
Soldaten der 1. US-Marinedivision einen Feu-
erwechsel mit chinesischen Einheiten. **«**

Die Karte zeigt den **Vorstoß der Nordkoreaner**, die **Gegenoffensive der UN-Truppen** und ihren Rückzug nach Hungnam am Japanischen Meer.

→ Rückzug der UN-Truppen

Der Ausbruch aus dem Kessel gelang aufgrund sehr effektiver Luftunterstützung. Hier werfen **Douglas B-26-Bomber** ihre tödliche Last über chinesischen Stellungen ab.

sen Schauplätzen entbrannten in den folgenden Tagen erbitterte Kämpfe. Angesichts der drückenden Übermacht des Gegners entschloss sich das Oberkommando dazu, den Ring der chinesischen Linien zu durchbrechen. Die Truppenteile zogen sich beiderseits des Stausees nach Hagaru-ri an seinem Südende zurück und starteten nach einer kurzen Ruhepause am 6. Dezember von dort den Ausbruch aus dem Kessel. Als Rückzug wollte der kommandierende US-General den Ausbruch aber nicht verstanden wissen, er bezeichnete ihn in einem bekannt gewordenen Ausspruch stattdessen als „Angriff in eine andere Richtung".

Evakuierung der UN-Truppen

US-Marines auf dem Rückzug beobachten den **Einschlag von Napalmbomben** in chinesischen Stellungen. Diese verheerenden Bomben verursachten auch unter der Zivilbevölkerung großes Leid.

Mit effektiver Luftunterstützung durchbrachen die UN-Truppen die chinesische Blockade und fügten den sieben chinesischen Divisionen herbe Verluste zu. Die Rückzugsroute nach Süden führte über eine von Bergen flankierte

US-Corporal Charles Price bei einer Trauerzeremonie an den **Gräbern gefallener Kameraden** nahe der Stadt Hungnam.

Straße und mehrere Pässe. Immer wieder verwickelten chinesische Einheiten die UN-Truppen auf ihrem Weg durch das schwierige Gelände in Gefechte. Dennoch gelang es jenen, unter relativ geringen Verlusten Hungnam am Japanischen Meer zu erreichen, wo 190 Schiffe der US Navy warteten, um die UN-Truppen in einem der größten Evakuierungsunternehmen der amerikanischen Militärgeschichte aufzunehmen und in Sicherheit zu bringen. Das letzte Schiff mit UN-Soldaten verließ am 24. Dezember 1950 Hungnam, an Bord waren nicht nur Soldaten, sondern auch koreanische Flüchtlinge.

Obwohl die chinesischen Verluste um ein Vielfaches höher waren als die der UN-Truppen (1029 Tote und etwa 10 000 Verwundete und Vermisste), sah China sich als Sieger der Schlacht, war es seiner Armee doch erstmals in der Moderne gelungen, eine westliche Armee zu schlagen oder zumindest zurückzuwerfen. Der Koreakrieg dauerte noch bis zum Waffenstillstandsabkommen im Juli 1953 an, das im Wesentlichen den Vorkriegszustand wiederherstellte. Die meisten Opfer fand der Krieg unter der Zivilbevölkerung, die vor allem unter den schrecklichen Napalmbomben der US Air Force litt.

Diese Skulptur steht vor dem 1994 eröffneten **War Memorial in Seoul**, einem Museum zur Militärgeschichte Koreas und Gedenkstätte für die Opfer des Koreakriegs.

Frankreichs Stalingrad – Dien Bien Phu

Nach Ende des Zweiten Weltkriegs war Frankreich bestrebt, seine Kolonialherrschaft in Indochina (Vietnam, Laos, Kambodscha) wiederherzustellen. Die Franzosen besetzten den Süden des Landes und gerieten in Konflikt mit der Unabhängigkeitsbewegung des Vietminh, deren Führer Ho Chi Minh (1890–1969) im September 1945 die Demokratische Republik Vietnam ausgerufen hatte.

Diplomatische Verhandlungen

Bereits wenige Tage nach der nordvietnamesischen Unabhängigkeitserklärung landeten erste Einheiten des französischen Expeditionskorps im Süden Indochinas und richteten in Saigon ihr Hauptquartier ein. Kambodscha, Laos und Südvietnam hatten die Franzosen bis Anfang 1946 wieder weitgehend unter Kontrolle, mit der Demokratischen Republik Ho Chi Minhs führten sie zunächst diplomatische Verhandlungen über einen unabhängigen Status des Landes innerhalb einer Französischen Union. Frankreich erkannte Vietnam im März 1946 als autonomen Staat an, Ho Chi Minh im Gegenzug französische Militärpräsenz in ganz Vietnam. In den folgenden Monaten landeten weitere französische Truppen im Norden Vietnams und zogen auch in Hanoi ein.

Auftakt zum Indochinakrieg

Nach Zollstreitigkeiten zwischen der Kolonialmacht und der vietnamesischen Verwaltung im Hafen von Haiphong nahm französische Schiffsartillerie am 23. November 1946 die Hafenstadt unter Feuer. 6000 Zivilisten starben bei dem Angriff, woraufhin Ho Chi Minh zum Widerstand und zu Vergeltungsmaßnahmen aufrief. Der folgende Indochinakrieg, auch als Französischer oder Erster Viet-

Bei dem Angriff auf Dien Bien Phu im November 1953 stießen die französischen Truppen zunächst nur auf geringen Widerstand. Hier feuert eine Einheit des **französischen Expeditionskorps** aus einem Mörser auf Stellungen des Vietminh.

Das militärische Unternehmen begann mit **einer der größten Luftlandeaktionen der Geschichte**. Am 20. November 1953 setzten die Franzosen Tausende französische Fallschirmjäger über dem Gebiet von Dien Bien Phu ab.

namkrieg bekannt, wurde von beiden Seiten mit großer Härte und Brutalität geführt. Nach der Machtübernahme der Kommunisten unter Mao Tse-tung in China 1949 unterstützte der mächtige nördliche Nachbar den Vietminh mit Waffen und Material, während die USA mit Finanzspritzen und Militärberatern an die Seite Frankreichs traten.

Der Indochinakrieg war in weiten Teilen ein Guerillakrieg, in dem das französische Expeditionskorps den Gegner kaum einmal in größeren Verbänden zu Gesicht bekam. Der Vietminh fand großen Rückhalt bei der Landbevölkerung, die Franzosen hatten nur die großen Städte unter effektiver Kontrolle. Im Norden konnten sie lediglich Hanoi und Haiphong halten, sahen sich aber auch dort immer wieder Angriffen der Guerilla ausgesetzt. In Frankreich selbst wuchsen bald die Abneigung und der Protest gegen den zermürbenden und teuren Krieg im fernen Ostasien.

Offene Schlacht

Der Krieg dauerte bereits sieben Jahre, als das französische Oberkommando 1953 den Plan entwickelte, den Vietminh in eine offene Feldschlacht zu locken, um die eigene Überlegenheit an Waffen und Technik endlich ausspielen und Ho Chi Minh die Bedingungen für einen Frieden aufzwingen zu können. Die Wahl des Ortes fiel auf ein breites Tal an der Grenze Nordvietnams zu Laos, das an drei Seiten von Bergen flankiert ist. Am 20. November 1953 begann die größte Luftlandeaktion des Krieges: Die Franzosen setzten Tausende Fallschirmjäger über dem Tal ab, die umgehend damit begannen, einen verlassenen französischen Außenposten nahe der Kreisstadt Dien Bien Phu zu einer Festung auszubauen sowie eine Start- und Landebahn anzulegen. Der Widerstand war zunächst gering, es kam lediglich zu einigen Scharmützeln. Im Januar 1954 aber nahmen die Vietminh die Herausforderung an: Der erfahrene General Vo Nguyen

Die Luftabwehr des Vietminh war nicht besonders effektiv. Wenn es doch gelang, eine feindliche Maschine abzuschießen, war die Euphorie groß. Hier jubeln Vietnamesen auf dem **Wrack einer französischen Maschine** vom Typ B-26.

Nach der Luftlandung richteten die Franzosen zunächst ein **Rollfeld** zur Sicherung des Nachschubs ein. Hier graben französische Soldaten in unmittelbarer Nähe der Landebahn **Verteidigungsanlagen**.

Giap erhielt den Befehl, den Angriff auf die Festung vorzubereiten, und setzte 50 000 Mann in Marsch.

Böse Überraschung

Die Schlacht um Dien Bien Phu begann am 13. März 1954 mit einer äußerst unangenehmen und folgenreichen Überraschung für die Franzosen: Die Vietnamesen nahmen die Festung von den umliegenden Bergen aus unter Artilleriebeschuss. China hatte ihnen reichlich schwere Artillerie und Luftabwehrgeschütze geliefert, was der französischen Aufklärung völlig entgangen war. Bald war die Landebahn zerstört, sodass Nachschub und Verstärkung nur noch per Fallschirm herbeigeschafft werden konnten. Die französischen Außenposten wurden überrannt und der Vietminh zog in einem wochenlangen Zermürbungskampf, der jenen an der Westfront des Ersten Weltkriegs ähnelte, den Ring um die Festung immer enger. Bei ihren permanenten Infanterieangriffen erlitten die Vietnamesen große Verluste, sodass sie sich schließlich in Gräben auf die Festung vorarbeiteten. Anfang Mai war der Kessel der Franzosen so eng, dass der Nachschub aus der Luft kaum einmal dort landete, sondern meist den Vietminh in die Hände fiel.

Paul Colin, einer der bekanntesten französischen Grafiker, schuf in **Erinnerung an die Opfer des Indochinakriegs** das Plakat „Dien Bien Phu ... Sie opferten sich für die Freiheit".

Am 7. Mai 1954 kapitulierten die Reste der französischen Streitmacht. 11 000 ihrer Soldaten, darunter Franzosen, Afrikaner, Vietnamesen und aus den Reihen der Fremdenlegion auch Tausende Deutsche, gerieten in Gefangenschaft. Über 8000 von ihnen starben in den folgenden Monaten. In der Schlacht selbst waren 3000 französische und wohl an die 12 000 Kämpfer der Vietminh gefallen. Frankreich gab in der Folge seine kolonialen Ansprüche in Indochina auf, Vietnam wurde entlang einer Demarkationslinie geteilt.

Wer in Gefangenschaft geriet, sah einer finsteren Zukunft entgegen. Von den französischen Kriegsgefangenen überlebten nur knapp 4000. Hier marschieren **gefangene Vietminh** in ein französisches Lager.

Vorstoß in Nahost – Sechstagekrieg

Unmittelbar nach Ausrufung des Staates Israel am 14. Mai 1948 hatten arabische Truppen den jüdischen Staat angegriffen. Dieser Krieg bildete den Auftakt zu einer Reihe von Konflikten, Grenzzwischenfällen und Kriegen zwischen Israelis und Arabern. Hauptgegner Israels wurde zunächst Ägypten unter Präsident Gamal Abdel Nasser (1918–1970), dem selbsternannten Führer der arabischen Welt.

Im Norden führte Israel den Sechstagekrieg gegen Syrien. Diese **Fahrzeugkolonne der israelischen Armee** bewegt sich am 10. Juni 1967 auf syrischem Hoheitsgebiet.

Die Straße von Tiran

Bereits in der Sueskrise 1956, in der Israel gemeinsam mit Frankreich und Großbritannien aktiv wurde, hatten israelische Soldaten im Gazastreifen und auf der Sinaihalbinsel gegen ägyptische Truppen gekämpft und weite Teile des Sinai besetzt. Eines ihrer strategischen Ziele war dabei die Öffnung der Straße von Tiran am südlichen Ende des Golfes von Akaba, die Israels einziger Zugang zum Indischen Ozean und Haupthandelsroute nach Ostafrika und Asien war, doch von Nasser für israelische Schiffe blockiert wurde. Als die Israelis im März 1957 auf internationalen Druck die

Sinaihalbinsel wieder räumen mussten, stellten sie daher klar, dass sie die erneute Blockade der Straße von Tiran als Casus Belli betrachten würden.

Alarmbereitschaft

Ein Jahrzehnt später, im Mai 1967, spitzte sich der Nahostkonflikt dramatisch zu, als Moskau die Regierungen in Kairo und Damaskus warnte, Israel bereite einen Angriff vor. Was die Sowjets mit dieser nachweislich falschen Information bezweckten, ist bis heute fraglich geblieben. Sie führte jedenfalls zu einer Eskalation der Spannungen, die

von polternder Rhetorik seitens der arabischen Führer begleitet war. Nasser sprach von der „Vernichtung Israels", Syriens Präsident Nureddin al-Atassi von einem „totalen Krieg ohne Einschränkungen". Am 14. Mai 1967 versetzte Nasser die ägyptischen Streitkräfte in Alarmbereitschaft, zwei Tage später forderte er die UNO auf, die seit 1957 auf dem Sinai und im Gazastreifen stationierten Truppen abzuziehen, und remilitarisierte die Halbinsel mit eigenen Truppen. Am 23 Mai ließ er die Straße von Tiran erneut für israelische Schiffe sperren.

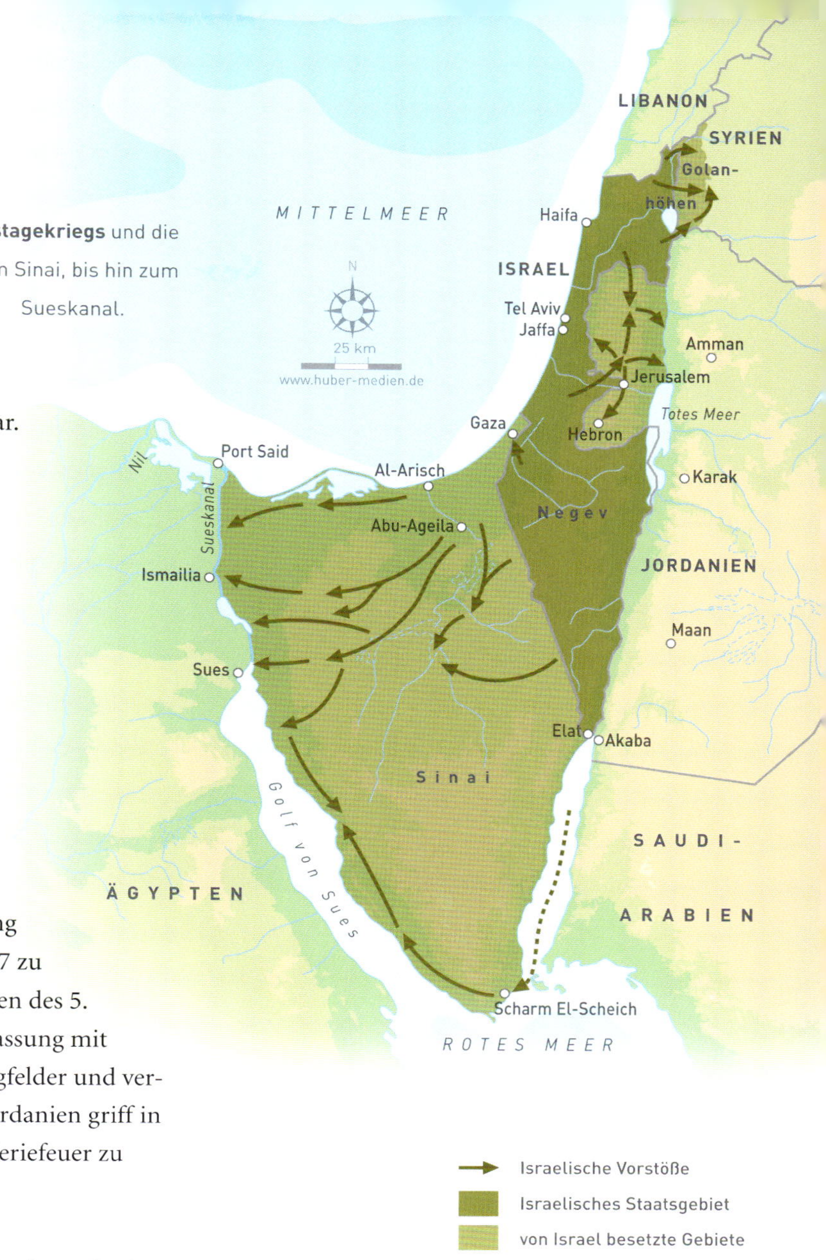

Sechstagekrieg

Für Israel ging es um mehr als die freie Zufahrt zum Indischen Ozean, die Existenz ihres Staates stand auf dem Spiel. Die Regierung fühlte sich in die Enge gedrängt und entschloss sich am 4. Juni 1967 zu einem Präventivschlag gegen die arabischen Streitkräfte. Am Morgen des 5. Juni flogen die israelischen Luftstreitkräfte unterhalb der Radarerfassung mit nahezu allen Kampfflugzeugen einen Angriff gegen ägyptische Flugfelder und vernichteten fast die gesamte ägyptische Luftwaffe noch am Boden. Jordanien griff in den Krieg ein und begann, Westjerusalem und Tel Aviv unter Artilleriefeuer zu

➤ Israelische Vorstöße

▮ Israelisches Staatsgebiet

▮ von Israel besetzte Gebiete

Wenige Tage vor dem Krieg trifft **General Ariel Scharon** (Mitte) mit Offizieren der Armee in einem israelischen Militärstützpunkt in der Negevwüste ein.

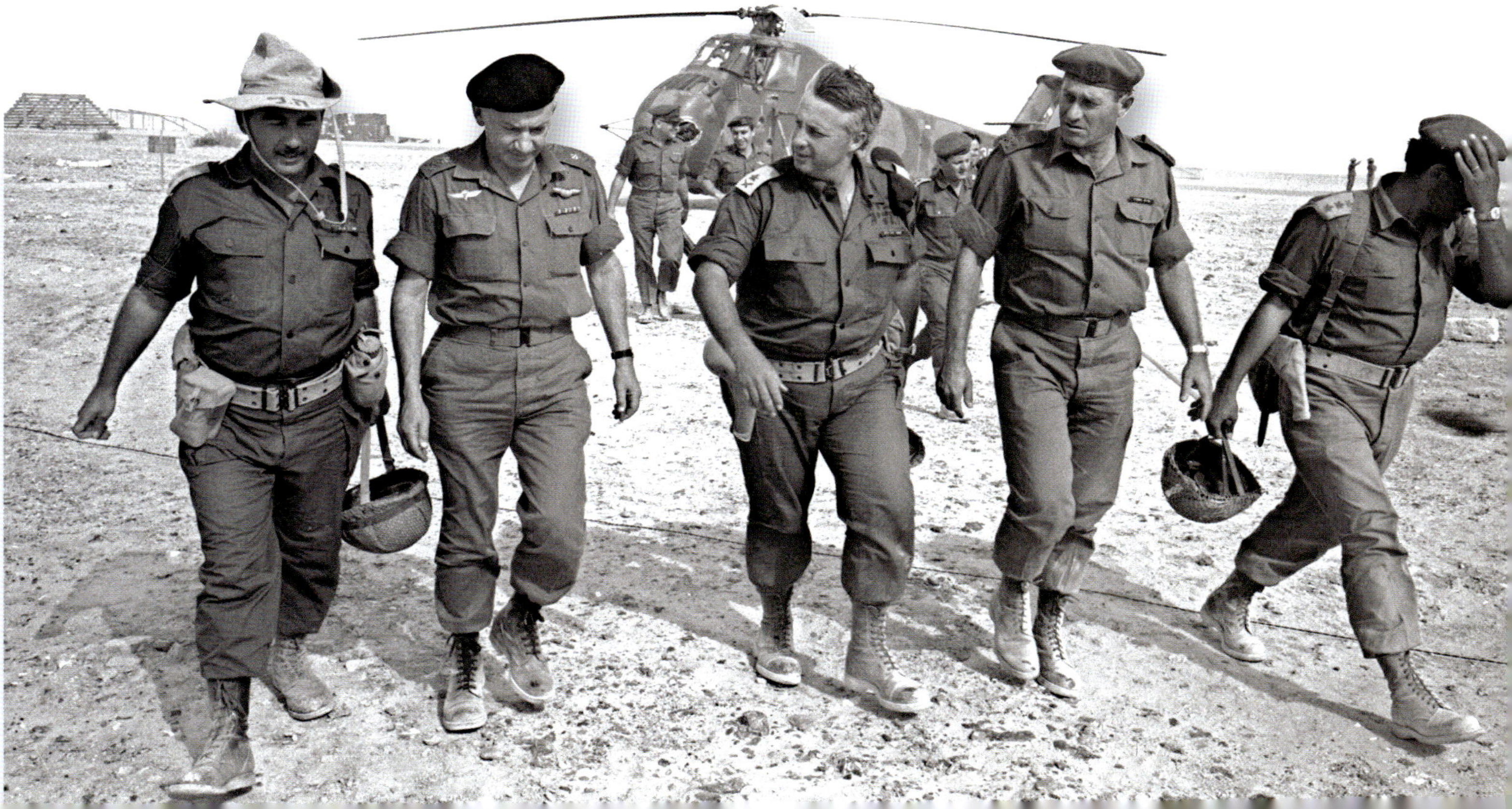

Am 7. Juni 1967 gelangt diese israelische Einheit an den **Felsendom in** der Altstadt von **Jerusalem**.

nehmen. Israel antwortete mit Gegenangriffen. Auch die syrischen und jordanischen Luftstreitkräfte wurden bereits in der ersten Phase des Sechstagekriegs weitgehend ausgeschaltet.

Abu-Ageila

Parallel zum Luftangriff rückten die israelischen Bodentruppen an drei Abschnitten gegen ägyptische Stellungen auf dem Sinai

vor. Im Norden durchbrachen israelische Verbände Stellungen nahe des Mittelmeers und stießen entlang der Küste in Richtung Sueskanal vor. Weiter südlich marschierten 14 000 Soldaten mit 150 Panzern auf die stark befestigte ägyptische Stellung bei Abu-Ageila zu, wo eine strategisch wichtige Straße ins Innere des Sinai führte. Nach vorbereitendem Bombardement aus der Luft eröffnete ein israelisches Panzerbataillon den

Angriff. Der Vorstoß kam jedoch bald zum Stehen, da die Ägypter hier bedeutend mehr Kräfte konzentriert hatten, als von den Israelis vermutet, und ein großes Minenfeld ein unerwartetes Hindernis bot. Auch eine zweite Panzerattacke, die an der nördlichen Flanke und im Zentrum parallel geführt wurde, blieb stecken.

Durchbruch zum Sueskanal

Nachdem Stärke und Positionen der Ägypter bekannt waren, starteten die Israelis in der Nacht zum 6. Juni den entscheidenden Angriff mit einem einstündigen Artilleriebeschuss. Nach heftigen Panzergefechten brach die israelische Infanterie in das gegnerische Grabensystem ein und hatte bald die Oberhand gewonnen. Dann nahmen israelische Panzereinheiten die ägyptischen in die Zange und schalteten sie in einem dreistündigen Gefecht aus. Gegen Mittag des 6. Juni war die Straßenkreuzung erobert und der Weg ins Innere des Sinai frei. Bereits am 8. Juni 1967 erreichten die israelischen Panzer den Sueskanal, schon am 10. Juni hatten die Israelis auch die bis dahin syrischen Golanhöhen unter ihre Kontrolle gebracht.

Die Folgen des Krieges

Machtveränderungen im Nahen Osten Der Krieg veränderte das Gesicht des Nahen Ostens. Israel dehnte seinen Einflussbereich aus. Ägypten verlor den Sinai und den Gazastreifen, Jordanien das Westjordanland und Ostjerusalem, Syrien die strategisch wichtigen Golanhöhen. Die Waffenstillstandslinien von 1967 blieben bis zum Jom-Kippur-Krieg im Oktober 1973 die Grenzen Israels. Rückzugsaufforderungen der UN kam Israel nicht nach. Der Sinai wurde 1982, nach dem Frieden von Camp David, an Ägypten zurückgegeben.

Trauma Vietnam – Kampf um Hué

Nachdem Frankreich den Indochinakrieg verloren und sich aus Ostasien zurück-gezogen hatte, stützten die USA die Republik im Süden Vietnams gegen die kom-munistisch geführte Demokratische Republik im Norden. Der Vietnamkrieg trat damit in seine zweite, amerikanische Phase (1957/58–1975), die sich mit dem direkten militärischen Eingreifen der USA 1964 zum offenen Krieg entwickelte.

Zweiter Vietnamkrieg

Nach der nie ganz aufgeklärten Beschießung zweier US-amerikanischer Zerstörer im Golf von Tonking im August 1964, erteilte der US-Kongress Präsident Lyndon B. Johnson (1908–1973) die Vollmacht zur offenen Kriegführung in Vietnam. Die Truppen wurden in der Folge massiv verstärkt, um den Kampf gegen die von der UdSSR und China unterstützte Armee Nordvietnams sowie die Guerilla der „Nationalen Befreiungsfront Südvietnams", später allgemein als Vietcong bekannt, effektiv führen zu können. Der Krieg eskalierte bald in umfassenden US-amerika-nischen Flächenbombardements, bei denen mit entsetzlichen Folgen für die Zivil-bevölkerung auch Napalmbomben und Pestizide eingesetzt wurden.

In Hué entwickelte sich die Schlacht schnell zum Häuserkampf. Hier **bergen US-Soldaten einen verletzten Kameraden**, während ein anderer ihnen Feuerschutz gibt.

In ihrer Stellung erwarten diese **US-Marines** einen Angriff der nordvietnamesischen Armee und des Vietcong **während der Tet-Offensive**.

Tet-Offensive

🔹Am Vorabend des vietnamesischen Neujahrsfests starteten die nordvietnamesische Armee und der Vietcong am 30. Januar 1968 eine große, nach dem Monat „Tet" des vietnamesischen Kalenders benannte Offensive. Mit 80 000 Mann wurden mehr als 100 Ziele angegriffen, darunter die US-Botschaft in Saigon. Der Angriff kam für die südvietnamesische Armee und die US Army sehr überraschend. Der Vietcong ging bei seinen Operationen in Südvietnam mit größter Härte gegen tatsächliche und vermeintliche Anhänger der Regierung und „Kollaborateure" jeder Art vor. Die Tet-Offensive brachte Nordvietnam nach anfänglichen Erfolgen schwere Verluste ein, die fast die Hälfte aller Kämpfer umfassten. Propagandistisch war sie allerdings ein Erfolg, zeigte sich doch vor allem die amerikanische Öffentlichkeit entsetzt, dass trotz der Anwesenheit von einer halben Million US-Soldaten der Gegner auf breiter Front operieren konnte.

Hué

🔹Bereits kurz nach Beginn der Offensive, in den Morgenstunden des 31. Januar 1968, griffen die Nordvietnamesen das schwach verteidigte und bis dahin von Kämpfen verschonte Hué an, die alte Kaiserstadt nahe der Demarkationslinie

zwischen Nord- und Südvietnam. Die Attacke erfolgte aus verschiedenen Stoßrichtungen auf mehrere Ziele und brachte den Angreifern weite Teile der Stadt ein, darunter die Zitadelle. Einige strategisch wichtige Komplexe in und außerhalb der Stadt wurden belagert. Auf dem eigentlichen Stadtgebiet kämpften zunächst vornehmlich Vietnamesen gegen Vietnamesen, erst als die Angreifer sich bereits festgesetzt hatten, rückten ab dem 1. Februar auch drei Bataillone US-Marines an.

Haus um Haus

🔹In den folgenden drei Wochen mussten sich die US-Soldaten in einer der längsten und blutigsten Schlachten des Vietnamkriegs Straße um Straße und Haus um Haus in Richtung Zentrum vorkämpfen. Der Gegner verfügte über Scharfschützen in günstigen Positionen, über Maschinengewehrstellungen in stark befestigten Gebäuden, setzte Granatwerfer, Sprengstoff und Minen ein und attackierte häufig nachts. Von einer großflächigen Bombardierung sah die US Army zunächst ab, da Hué hohen kulturellen Symbolwert für die Vietnamesen besaß. Erst als die Verluste deutlich stiegen, flog die US-Luftwaffe Bomben- und auch Napalmangriffe auf die Zitadelle, die stärkste und dann auch letzte Bastion der Nordvietnamesen. Ende Februar

Die ganze **Grausamkeit des Vietnamkriegs** kommt in diesem Foto zum Ausdruck. Leichen bedecken die Straßen der umkämpften Stadt. »

In den erbitterten **Kämpfen um die Zitadelle von Hué** liegen diese US-amerikanischen Soldaten im Februar 1968 unter Beschuss des Vietcong.

wehte wieder die Fahne Südvietnams über der Zitadelle, wenige Tage später zogen sich die Nordvietnamesen und der Vietcong vollständig aus Hué zurück.

Militärisch war die Schlacht um Hué ein Erfolg für die US-Amerikaner und Südvietnamesen, für das militärische Engagement der Amerikaner in Vietnam stellten die erbitterten Kämpfe der Tet-Offensive aber den Anfang vom Ende dar. Dafür war vor allem der Stimmungswandel in der Heimat verantwortlich, in dessen Folge die Präsenz und die Aktivitäten in Vietnam stufenweise heruntergefahren wurden.

„Agent Orange"

Entlaubungsmittel als Kampfstoff Um Dschungelgebiete als Rückzugsgebiet und Basis für die Guerilla unbrauchbar zu machen, versprühte die US Army bis zu 80 Millionen Liter Herbizide als Entlaubungsmittel über den dichten vietnamesischen Wäldern. Der Großteil davon war das sogenannte Agent Orange, das seinen Namen von den orangefarbenen Warnstreifen auf den Giftfässern erhielt und zwischen Januar 1965 und April 1970 zum Einsatz kam. Heute leiden Vietnamesen bereits in der dritten Generation unter den Folgen dieses Einsatzes. Hilfsorganisationen schätzen, dass bis zu 150 000 Kinder mit Missbildungen geboren wurden und genetische Defekte erlitten haben.

„*Operation Wüstensturm*" – *Kuwait*

 Der Erste Golfkrieg (1980–1988) zwischen dem Iran und dem Irak war zwar ohne Sieger geblieben, doch die mit westlichen und sowjetischen Waffen ausgerüstete irakische Armee stellte weiterhin die stärkste Streitmacht der Region. In seinem Streben nach Hegemonie richtete Präsident Saddam Hussein (1937–2006) den Blick auf das Emirat Kuwait.

Die von den Irakern auf dem Rückzug in Brand gesetzten Ölquellen wurden zum Erkennungszeichen des **Zweiten Golfkriegs**. Hier überfliegt sie ein F-14-Kampfflugzeug der US Air Force.

Der Irak hatte sich mit der Unabhängigkeit Kuwaits (1961) nie wirklich abgefunden. 1990 warf Hussein dem Nachbarland vor, mehr Öl als vereinbart zu fördern und damit die Preise zu drücken sowie Ölfelder auszubeuten, die zu großen Teilen unter irakischem Boden lägen. Als Verhandlungen scheiterten, stellte der Irak im Juli 1990 starke militärische Verbände an der Grenze zu Kuwait auf.

Zweiter Golfkrieg

Am 2. August 1990 marschierte die irakische Armee in Kuwait ein. Die Invasionstruppen nahmen das Land in drei Tagen ein. Der UN-Sicherheitsrat reagierte umgehend mit der Verurteilung der Invasion und forderte den Irak zum Rückzug auf. Da der politische Druck auf Hussein keine Wirkung zeigte, stellte der Sicherheitsrat ihm im November 1990 ein Ultimatum, das am 15. Januar 1991 ablief. Ein Bündnis von 34 Staaten unter Führung der USA schickte Truppen aller Waffengattungen nach Saudi-Arabien.

Blitzsieg

Saddam Hussein nahm die Kraftprobe an, befehligte er doch die fünftgrößte Streitmacht der Welt. Westliche Militär-

Der Raketenkreuzer „USS Mississippi" feuert **Tomahawk-Marschflugkörper** auf irakische Stellungen in Kuwait.

Als **„Highway des Todes"** ging der Highway 80 westlich von Kuwait-City in die Geschichte ein. Am 27. und 28. Februar 1991 bombardierten die Interventionstruppen die auf dem Rückzug befindlichen irakischen Einheiten. Tausende ausgebrannte Fahrzeuge blieben zurück. ≫

experten erwarteten einen monatelangen Krieg zur Befreiung Kuwaits. Es kam ganz anders. Am 16. Januar startete das Bündnis einen massiven Luftkrieg. Schon in der ersten Nacht wurden Radaranlagen, Flugabwehrstellungen und das Gros der irakischen Luftstreitkräfte vernichtet. In den folgenden Wochen wurden über 100 000 Luftangriffe auf den Irak und seine Stellungen in Kuwait geflogen und dabei über 85 000 Tonnen Bomben abgeworfen.

Der Bodenkrieg begann am 24. Februar 1991 und es dauerte nur 100 Stunden, bis Kuwait befreit war. Als amerikanische Stoßtruppen die ersten Infanteriestellungen der Iraker erreichten, fanden sie häufig nur Leichen vor. In den wochenlangen Angriffen von Bombern und Marschflugkörpern war bereits die Hälfte der irakischen Soldaten gestorben, die verbliebenen waren so zermürbt und demoralisiert, dass sie sich zumeist sofort ergaben. Das Bündnis beklagte in diesem Krieg knapp 400 Tote, der Irak über bis zu 100 000.

Vor einer **brennenden Ölquelle bei Al Ahmadi** in der kuwaitischen Wüste ist dieser Kampfpanzer in Stellung gegangen.

Ende des Saddam-Regimes – Bagdad

Nach den Terroranschlägen auf das World Trade Center in New York im September 2001 hatte US-Präsident George W. Bush den Irak wiederholt als Teil der „Achse des Bösen" bezeichnet. In der Vermutung, dass der Irak Massenvernichtungswaffen produziere, schmiedeten die USA eine „Koalition der Willigen", die 2003 einen militärischen Feldzug zum Sturz des irakischen Diktators führte.

Mörderisches Regime

Nach dem Zweiten Golfkrieg (1991) war das irakische Regime nicht gestürzt worden, die Vereinten Nationen verabschiedeten aber eine Reihe von Resolutionen, die den Staat unter Kontrolle halten sollten. So überwachten UN-Inspektoren die auferlegte Zerstörung von Massenvernichtungswaffen. Als Hussein begann, deren Arbeit zu behindern, nährte das den Verdacht, der Irak verfüge über biologische und chemische Waffen oder arbeite an deren Herstellung und bedrohe damit die internationale Sicherheit. Zudem führte der Diktator im Innern einen äußerst brutalen Krieg gegen Minderheiten, der Massenmorde an Schiiten und Kurden zur Folge hatte. Die USA und Großbritannien verlegten ab Ende 2002 über 200 000 Soldaten in die Golfregion und bombardierten noch vor dem offiziellen Kriegsbeginn strategisch wichtige Anlagen und Grenzstellungen der Iraker.

Im Vorfeld von Bagdad stießen die Truppen der Koalition auf den stärksten Widerstand. Angehörige der US-Marines feuern in Vorbereitung eines Vorstoßes aus einem **Artilleriegeschütz.**

„Iraqi Freedom"

Am 17. März 2003 stellte Präsident Bush Hussein das Ultimatum, innerhalb von 48 Stunden das Land zu verlassen, andernfalls käme es zum militärischen Angriff. Zwei Stunden nach Ablauf des Ultimatums begann am 20. März die Operation „Iraqi Freedom" mit dem Abschuss von Marschflugkörpern auf mögliche Aufenthaltsorte Husseins in Bagdad. Am selben Tag begann der Bodenkrieg mit dem Vorrücken US-amerikanischer und britischer Truppen von Kuwait aus, aus Jordanien griffen ebenfalls US-amerikanische Truppen an, alle Manöver fanden effektive Unterstützung aus der Luft. Die irakische Armee konnte den massiven Luftan-

Am 9. April 2003 nimmt diese US-amerikanische Einheit einen der **Paläste Saddam Husseins** im Zentrum von Bagdad ein.

griffen nichts entgegensetzen, die absolute Lufthoheit der Koalition erleichterte den recht schnellen Vormarsch. Die Briten übernahmen bald die Herrschaft im Süden des Irak und schon am 24. März standen die Invasionsstreitkräfte 60 Kilometer vor der irakischen Hauptstadt.

Gewalt nach dem Krieg

Die Besetzung des Irak (2003–2011) Nach Ende der heißen Phase des Krieges erfolgten die Einrichtung von Besatzungszonen und die Ernennung einer Übergangsregierung. Ruhe kehrte im Irak jedoch nicht ein. Es kam immer wieder zu Terroranschlägen und in der Reaktion darauf zu Militäraktionen der Koalition. Die Besatzungszeit forderte wesentlich mehr Tote als der offene Krieg, an die 5000 Soldaten der Koalitionstruppen sowie über 10 000 Soldaten und Polizisten des neuen irakischen Staates starben während der Besatzungszeit eines gewaltsamen Todes. Ende 2011 zogen die letzten US-Truppen ab.

Für die irakischen Soldaten und Milizionäre gab es in diesem Krieg nicht viel zu jubeln. Diese beiden zeigen sich in der **Pose des Triumphes** auf einem US-amerikanischen Panzer.

Jagd auf Saddam

Im Vorland von Bagdad stießen die Truppen auf den stärksten Widerstand und der zügige Vorstoß geriet Ende März leicht ins Stocken. Der Krieg war im Grunde bereits entschieden, als am 3. April 2003 mit dem Bombardement des internationalen Flughafens die Schlacht um Bagdad begann. Am folgenden Morgen war der Saddam Airport erobert und am Abend des Tages kontrollierten die Verbündeten alle Ausfallstraßen, Bagdad war eingekesselt. Derweil wurden die bekannten Stellungen der Republikanischen Garde bombardiert, um es nicht zu einem verlustreichen Häuserkampf kommen zu lassen. Am 5. April rückten Truppen erstmals auch ins Stadtzentrum vor, um Stärke und Kampfkraft des Gegners in Erfahrung zu bringen: Die Iraker zeigten sich völlig überfordert, konnten nur einen US-amerikanischen Panzer der eindringenden Einheit ausschalten, verloren aber selbst an die 1000 Mann und über 80 Fahrzeuge.

Die Hauptstadt fällt

Zum Häuserkampf kam es nicht. Luftangriffe und Raketenbeschuss schalteten viele irakische Stellungen frühzeitig aus. Den internationalen Flughafen nutzte die Koalition mittlerweile als Nachschubbasis, auch der Militärflughafen konnte bald eingenommen werden. Am 7. und 8. April verloren die Iraker den Präsidentenpalast und alle Brücken über den Tigris, am 9. April auch ihre letzten Bastionen. Als gegen Abend ein Bergepanzer der US Army eine große Saddamstatue niederriss, fand die Schlacht um Bagdad ihr symbolträchtiges Ende.

Nahe dem Flughafen von Bagdad sichern diese US-Soldaten der 101. Airborne Division **ehemalige Stellungen der Republikanischen Garde**.

Am **letzten Tag der Schlacht** sichern diese Soldaten die eroberten Areale in der Innenstadt von Bagdad. Die Statue von Saddam Hussein im Hintergrund wird noch am selben Abend niedergerissen.

Das Ende des Diktators

Nach der Eroberung Bagdads regte sich kaum noch Widerstand gegen die Invasoren. Saddam Hussein hatte sich abgesetzt, seine demoralisierte Armee war ausgeschaltet und nicht mehr in der Lage, größere koordinierte Operationen auszuführen. Nach der Einnahme der Stadt Tikrit am 14. April 2003 erklärten die USA den Krieg offiziell für beendet. Aufseiten der Koalition forderte der Irakkrieg das Leben von 171 Soldaten, auf irakischer Seite starben an die 3000 Soldaten und eine wesentlich höhere, aber nicht bekannte Zahl von Zivilisten. Massenvernichtungswaffen fanden die Sieger im Irak nicht. Saddam Hussein wurde nach langer Suche im Dezember 2003 festgenommen, zum Tod verurteilt und 2006 hingerichtet.

BILDNACHWEIS

Wikimedia: S. 58 o., 58 u. (Mountain), 59 o. (Yan Li-pen), 59 u., 84 o., 93 o. (Adam Stefanović), 110 M. (Hans Krell), 120 o., 120/121 (Sadanobu Kanō), 142 o. (Domenick D'Andrea), 144 o. (Benson John Lossing), 165 o. (François Gérard), 170 o., 171 o., 172 o. (Ricardo Acevedo Bernal), 172 u. (Antonio Herrera Toro), 173 o. (Daniel Hernández), 182 o. (Václav Sochor), 182 M. (Alexander Ritter von Bensa), 208 o. (Agence Rol), 226 o., 227 o., 250 u. (U.S. Navy), 253 o. (U.S. Navy, Kazutoshi Hando), 278 o. (Corporal James Lyle), 279 o. (Corporal Peter McDonald, USMC), 280 u. (Corporal Peter McDonald, USMC)

Alle übrigen Bilder von dpa Picture-Alliance, Frankfurt/Main

Bildunterschriften der Schmuckbilder zu Beginn des Buches und vor den Kapiteln:

S. 2: Die indische Buchmalerei aus dem 17. Jahrhundert zeigt eine Szene aus dem Nationalepos des Iran, dem Schahname, die „Schlacht zwischen indischen und turanischen Truppen".

S. 4: „Napoleon I. auf der Anhöhe von Borodino". Gemälde von Wassili Wereschtschagin (1897). Am 7. September 1812 fand bei dem russischen Dorf Borodino eine der blutigsten Schlachen des 19. Jahrhunderts statt – der französische Feldherr zeigt sich davon völlig ungerührt.

S. 8/9: Im Streitwagen stürmt der ägyptische Pharao Ramses II. auf feindliche Hethiter zu (aus „Histoire de l'Art Égyptien" mit Kopien von altägyptischen Darstellungen).

S. 18/19: In der Schlacht bei Gaugamela begegnen sich Alexander der Große (links) und der persische Großkönig Dareios III. Das berühmte „Alexandermosaik" stammt aus der Casa del Fauno in Pompeji, Museo Archeologico Nazionale, Neapel.

S. 64/65: Der Teppich von Bayeux aus den Jahren 1070 bis 1080 berichtet in rund 60 Szenen von der Eroberung Englands durch die Normannen. Hier kämpft angelsächsisches Fußvolk in der Schlacht bei Hastings (1066) gegen die normannische Reiterei.

S. 106/107: Die Kriegshandlungen des Dreißigjährigen Krieges von 1618 bis 1648 verheerten ganze Landstriche. Der Kupferstich von Matthäus Merian dem Älteren zeigt die Schlacht bei Breitenfeld am 7. September 1631, in der das vereinigte schwedisch-sächsische Heer unter König Gustav II. Adolf von Schweden über das kaiserliche Heer unter dem Heerführer der Katholischen Liga Johann Tserclaes Graf von Tilly siegte.

S. 146/147: Die Niederlage Napoleons in der Schlacht bei Waterloo markiert das Ende der Napoleonischen Kriege (1803–1815). Das Gemälde „Scotland Forever!" aus dem Jahr 1881 von Lady Elizabeth Butler zeigt den Angriff des Kavallerieregiments Royal Scots Greys.

S. 198/199: Die einzige große Seeschlacht des Ersten Weltkriegs war die Schlacht vor dem Skagerrak am 31.5. und 1.6.1916. Das Gemälde von W. Malchin zeigt von links die Schlachtkreuzer „von der Tann", „Moltke", „Seydlitz" und „Derfflinger"; im Hintergrund ist die britische Flotte zu sehen.